PUBLICATIONS
OF THE GREGORIAN RESEARCH CENTRE
ON CULTURES AND RELIGIONS

EDITED BY

ARIJ A. ROEST CROLLIUS, S.J.

INTERRELIGIOUS AND INTERCULTURAL
INVESTIGATIONS

VOLUME 7

PONTIFICIA UNIVERSITÀ GREGORIANA
CENTRO CULTURE E RELIGIONI

INTERRELIGIOUS AND INTERCULTURAL INVESTIGATIONS

VOLUME 7

KIM HAE-KYUNG SERENA

SCIAMANESIMO E CHIESA IN COREA

Per un processo di evangelizzazione inculturata

EDITRICE PONTIFICIA UNIVERSITÀ GREGORIANA
ROMA 2005

© 2005 - E.P.U.G. - ROMA
ISBN 88-7839-025-9

EDITRICE PONTIFICIA UNIVERSITÀ GREGORIANA
Piazza della Pilotta, 35 - 00187 Roma

Ai miei genitori

PRESENTAZIONE

Avendo assistito con grande interesse e non senza ammirazione alla discussione della tesi dottorale di Kim Hae-Kyung Serena, da essa presentata nel 2002 alla Facoltà di Missiologia della Pontificia Università Urbaniana con il titolo "L'influenza dello Sciamanesimo Coreano (Mukyo) nella cultura e nella Chiesa coreana. Per un processo di evangelizzazione inculturata", ho appreso con molto piacere che il testo debitamente rielaborato è stato accolto dal "Centro Cultura e Religioni" della Pontificia Università Gregoriana per la pubblicazione sotto il titolo di "Sciamanesimo e Chiesa in Corea. Per un processo di evangelizzazione inculturata".

Tale iniziativa merita senza dubbio ogni plauso, perché il tema del lavoro può ritenersi nuovo per gran parte del mondo occidentale, sia per lo studio dello Sciamanesimo sia per i legami e le relazioni che esso presenta con la Chiesa missionaria coreana, ed anche perché la trattazione è piacevole e ben fatta.

Il testo, infatti, offre precise e utili informazioni sullo Sciamanesimo coreano ed il suo ruolo nella società coreana e sulle esperienze già fatte nell'incontro della fede con lo Sciamanesimo ed espone poi le prospettive per una maggiore integrazione della vita cristiana e della mentalità sciamanica in Corea, in vista di una più efficiente attività missionaria e di una evangelizzazione più efficace.

Il lavoro va quindi considerato sotto l'ottica missionaria come un valido strumento nel campo dell'evangelizzazione, in quanto può essere di grande utilità per coloro che desiderano conoscere lo Sciamanesimo coreano e il suo impatto con la Chiesa in Corea, ma esse è molto utile anche per coloro che s'impegnano nella ricerca delle vie per una vita cristiana inculturata, che armonizzi la fede con lo Sciamanesimo largamente presente nella mentalità e nella cultura coreana.

Ma oltre a questo il libro è un ottimo contributo nel campo degli studi della religione e della interculturalità, perché il nuovo tipo di rapporto che l'Autrice stabilisce tra l'elemento cosmico e la realtà umana è la radice positiva di una migliore relazione della fede con lo stesso uomo.

Non mi resta quindi che augurare al volume n.7 della Serie edita dal Centro Cultura e Religioni il meritato successo, cioè che abbia un grande numero di lettori e specialmente che la lettura di esso produca i frutti che l'Autrice s'è prefissata nella scelta dell'argomento per la sua tesi di laurea e nella articolata e meticolosa stesura delle sue accurate ricerche sulla natura e l'importanza dello Sciamanesimo in Corea, il quale è alla base della cultura locale, poiché convive con i Coreani e domina la loro mentalità.

In realtà nel trarre le conclusioni del suo lavoro l'Autrice manifesta il desiderio che esso diventi "un'occasione per portare la Chiesa Cattolica romana alla conoscenza della Chiesa coreana e per sollecitare la Chiesa coreana – alla quale appartiene soltanto il 9% dei coreani – che si prenda cura di trovare una via per raggiungere il rimanente 91%".

Non si possono che apprezzare e condividere le elevate aspirazioni della Dott. Kim Hae-Kyung Serena, ma ritengo che, pur non ottenendo l'effetto da essa auspicato, il volume potrà arricchire di nuove importanti conoscenze coloro che lo leggerano.

Città del Vaticano, 15 Gennaio 2005

+ **Oscar Rizzato**
Arcivescovo Elemosiniere
di Sua Santità

INDICE

ABBREVIAZIONE E SIGLA XV
INTRODUZIONE 1

PRIMA PARTE
SCIAMANESIMO E CULTURA COREANA............................3

CAP. I : INTRODUZIONE ALLO SCIAMANESIMO COREANO..... 5
1. Istituzione fondamentale... 6
   1.1. Concetto..8
   1.2. Protagonisti...9
   1.3. Storia..11
2. Funzioni dello sciamano...12
   2.1. Sciamano e l'esperienza religiosa............................... 13
   2.2. Ruolo dello Sciamano...16
3. Espressione dello Sciamanesimo....................................17
   3.1. Espressione ideologica..17
      3.1.1. Visione di Dio...17
      3.1.2. Visione dell'uomo...19
      3.1.3. Visione dello spirito...21
   3.2. Espressione pratica...22

CAP. II : INFLUENZA DELLO SCIAMANESIMO NELLA
          MENTALITÀ COREANA...26
1. *Han*..26
   1.1. Negatività del *Han* dal punto di vista socio-psicologico...........28
      1.1.1. *Han* come rancore..29
      1.1.2. Disposizione ad accogliere il sentimento negativo.................30
   1.2. Positività del *Han* dal punto di vista della morale comune............31
      1.2.1. *Jung-Han* e *Won-Han*.....................................32
      1.2.2. Soddisfazione e Buonsenso................................32
      1.2.3. Conciliazione definitiva....................................33
2. *Bok* e *Jae-su*..34
   2.1. *Jae-su* e la sua radice storica....................................35
   2.2. *Jae-su* realistico..35
3. *Sin-myung*..36
   3.1. *Sin-myung* attraverso il *Kut*..................................37
   3.2. *Sin-myung* attraverso il canto e il ballo.....................38
   3.3. *Sin-myung* comunitario..39

**CAP. III : INFLUENZA DELLO SCIAMANESIMO NELLA
PEDAGOGIA COREANA**...42
1. Mitologia coreana...42
    1.1. *Sam-kuk-yu-sa*...43
    1.2. Pensiero mitologico..45
        1.2.1. Benessere dell'uomo (弘益人間)...................46
        1.2.2. Rispetto del cielo ed amore per l'uomo (敬天愛人)...............46
        1.2.3. Illuminazione del mondo con la ragione (光明二世)..............47
2. Influenza dello Sciamanesimo nelle religioni........................48
    2.1. Sciamanesimo nel Buddismo...................................49
    2.2. Sciamanesimo nel Confucianesimo........................50
    2.3. Sciamanesimo nel Taoismo....................................51
3. Influenza nel costume..52
    3.1. *Dae-dong Kut*..52
    3.2. Culto degli antenati..54

**SECONDA PARTE
INCONTRO TRA SCIAMANESIMO E CRISTIANESIMO**............57

**CAP. I : INCONTRO TRA MENTALITÀ SCIAMANICA
E FEDE CRISTIANA**...58
1. Situazione socio-politica e religiosa al momento
dell'introduzione Cristianesimo..59
2. Vita del popolo..62
3. Incontro tra la cultura tradizionale e il Cristianesimo............63
    3.1. Esigenza del cambiamento della cultura...................66
    3.2. Tendenza dell'unità nella società gerarchica.............67
4. Conoscenza della fede tradizionale..................................68
    4.1. Scoperta del Dio cristiano da parte dei coreani.........70
    4.2. Comprensione del Cristianesimo.............................72
        A. Sull'Incarnazione..72
        B. Sulla religiosità...73
        C. Sul rito e sulla piccola comunità..........................75

**CAP. II. : ATTIVITÀ EVANGELIZZATRICE NELLA
CULTURA SCIAMANICA**...77
1. Significato dell'adattamento per la Chiesa primitiva coreana........78
    1.1. Missione nel periodo della persecuzione..................82
    1.2. Spiritualità missionaria dei martiri coreani................84

2. Nuovo movimento religioso dell'epoca..................................85
   2.1. *Dong-hak* (studio orientale) e il suo Fondatore........................86
   2.2. Dottrina..87
   2.3. Rapporto tra Sciamanesimo, Cristianesimo e *Dong-hak*...............88
3. Atteggiamento della chiesa protestante nei
confronti dello Sciamanesimo..90
   3.1. Scontro con lo Sciamanesimo..91
   3.2. Movimento per l'eliminazione della superstizione...................92
   3.3. Occidentalizzazione della società coreana..........................93

CAP. III. : PRESENZA DELLO SCIAMANESIMO.....................94
1. Naturalismo e realismo..95
   1.1. Adattamento alla natura...95
   1.2. Vita realistica..97
   1.3. Vita comunitaria..98
2. Pacifismo e Umanesimo...99
   2.1. Principio teorico dell'armonia.......................................99
   2.2. *Homo-centrismo*..101
3. Sincretismo...101
   3.1. Flessibilità alla cultura estranea..................................102
   3.2. Carattere sincretico..102
4. Formalismo...103
   4.1. *Ki-bok* e materialismo..104
   4.2. Mancanza d'autonomia..105
5. Neo-Sciamanesimo...106

**PARTE TERZA
REALTÀ DELLA SOCIETÀ COREANA, SCIAMANESIMO
E MISSIONE DELLA CHIESA..109**

**CAP. I. REALTÀ DELLA SOCIETÀ COREANA E
     IL DIALOGO INTERRELIGIOSO..................................110**
1. Situazione politica..110
   1.1. Influenza della guerra del '50......................................112
   1.2. Movimento democratico di unificazione............................112
2. Situazione economica..113
   2.1. La crescita e la crisi..114
3. Situazione socio-culturale..116
   3.1. Movimento etno-culturale..117
4. Situazione religiosa..117

    4.1. Situazione generale..119
    4.2. Situazione dello Sciamanesimo...120
5. Situazione del dialogo interreligioso 121
    5.1. Atteggiamento della Chiesa 122
    5.2. Atteggiamento dello Sciamanesimo..123
    5.3. Livello del dialogo interreligioso..124

CAP. II : PROSPETTIVA DEL DIALOGO TRA CRISTIANESIMO E SCIAMANESIMO... 129

1. Fondamenti mitologici..129
    1.1. *Hong-ik-in-kan* / Incarnazione 130
    1.2. *Kyung-chun-ae-in* / Insegnamento..132
    1.3. *Kwang-myung-ei-sae* / Realizzazione del Regno.....................134
2. Fondamenti della mentalità...135
    2.1. *Han* / Vangelo (al livello della Teologia di *Min-jung*)............. 136
    2.2. *Jae-su* / Sacramento..139
    2.3. *Sin-myung* / Pneumatologia..143
3. Fondamenti rituali...146
    3.1. Devozione / Preghiera..147
    3.2. Attenzione! / Astinenza, Digiuno 148
    3.3. *Kut* / Riti liturgici..149

CAP. III : INCULTURAZIONE E IMPEGNO MISSIONARIO DELLA CHIESA..153

1. Nuovo significato di evangelizzazione.......................................155
    1.1. Ruolo missionario dei laici nel contesto socio-culturale...........156
    1.2. Nuovo movimento di apostolico dei laici................................158
    1.3. Promozione della qualità dei laici..159
2. Vangelo inculturato..161
    2.1. Chiesa del popolo (*Min-jung*)..161
    2.2. Chiesa escatologica rinnovata..163
    2.3. Fratellanza universale..165
3. Inculturazione *ad intra*...166
    3.1. Liturgia...168
    3.2. Teologia...170
    3.3. Spiritualità..172
4. Inculturazione *ad extra*..173
    4.1. Dialogo con la società sciamanica...174
    4.2. Rinnovamento della cultura coreana..175
    4.3. Creazione di una cultura cristianamente ispirata......................177

CONCLUSIONE..181
NOTA BIBLIOGRAFICA..187

SIGLE E ABBREVIAZIONI

1. Bibliche : Seguiamo la maniera consueta nelle abbreviazioni della Bibbia di Gerusalemme [Testo ufficiale della CEI], EDB, Bologna, 1985.

2. Documenti Concilio ecumenico Vaticano II

AA	Decreto *Apostolicam actuositatem* sull'apostolato dei laici, 18.11.1965: AAS 58(1966) 837-864; EV 1/912-1041.
AG	Decreto *Ad gentes* sull'attività missionaria ella Chiesa, 7.12.1965:AAS 58(1966) 947-990; EV 1/1087-1041.
CD	Decreto *Christus Dominus* sull'Ufficio pastorale dei Vescovi, 28.10.1965: AAS 58(1966)673-696; EV 1/573-701.
DH	Dichiarazione *Dignitatis Humanae* sulla libertà religiosa, 7. 12. 1965: AAS 58(1966) 929-941; EV 1/1042-1086.
GE	Dichiarazione *Gravissimum educationis* sull'educazione cristiana, 28. 10. 1965: AAS 58(1966) 728-739; EV 1/ 819-852.
GS	Costituzione pastorale *Gaudium et spes* sulla Chiesa nel mondo contemporaneo, 7. 12. 1965: AAS 58(1966) 1025-1120; EV 1/1319-1644.
LG	Costituzione dogmatica *Lumen gentium* sulla Chiesa: AAS 57(1965) 5-71; EV 1/284-456.
NA	Dichiarazione *Nostra aetate* sulle relazioni della Chiesa con le religioni non cristiane, 28. 20. 2965: AAS 58(1966) 740-744; EV 1/ 853-871.
PO	Decreto *Presbyterorum ordinis* sul ministero e la vita dei presbiteri, 7. 12. 1965: AAS 58(1966) 991-1024; EV 1/1243-1318.
SC	Costituzione *Sacrosanctum concilium* sulla sacra liturgia, 4. 12. 1963: AAS 56(1964) 97-138; EV 1/1-244.
UR	*Unitatis redintegratio* Decreto sull'ecumenismo, 21.11.1964: AAS 75(1965) 90-112; EV 1/ 494-572.

3. Magistero della Santa Sede

CCC	*Catechismo della Chiesa Cattolica* redatto dopo il Concilio ecumenico Vaticano II, 11. 10. 1992: EV 13/ 2047-1069.
ChL	Giovanni Paolo II, Esortazione apostolica post

	sinodale *Chirstifideles laici*, sulla vocazione e missione dei laici nella Chiesa e nel mondo, 30. 12. 1988: AAS 81(1989), 393- 521; EV 11/1606-1900.
CIC	*Codex Iuris Canonici*, Auctoritate Ioannis Pauli PP. II, promulgatus, Libreria Editrice Vaticana, 1983.
CT	Giovanni Paolo II, Esortazione apostolica *Catechesi Tradendae* sulla catechesi nel nostro tempo, 16. 10. 1979: AAS 71(1979), 1277- 1340; EV 6/ 764- 1939.
EN	Paolo VI, Esortazione apostolica *Evangelii muntiandi* sull'evangelizzazione nel mondo contemporaneo, 8. 12. 1975: AAS 68(1976), 5-76; 1 EV 5/ 1588- 1716.
MD	Giovanni Paolo II, Lettera apostolica *Mulieris dignitatem* 15. 8. 1988: AAS 80(1988), 1653- 1729; EV 11/ 1206- 1345.
PdV	Giovanni Paolo II, Esortazione apostolica post sinodale *Pastores dabo vobis*, sulla formazione dei sacerdoti nelle circostanze attuali, 25. 3. 1992: EV 13/ 1154-1553.
RMi	Giovanni Paolo II, Lettera enciclica *Redemptoris missio*: circa la permanente validità del mandato missionario, 7. 12. 1990: AAS 83(1991) 249-340; EV 12/547- 732.
RH	Giovanni Paolo II, Esortazione apostolica *Redemptor Hominis*, 4. 3. 1979: AAS 71(1979) 257-324; EV 6/772-887.
Tma	Giovanni Paolo II, Lettera apostolica *Tertio millennio adveniente*, della preparazione del Giubileo dell'Anno 2000, 10. 11. 1994: AAS 87(1995) 5-41; EV 14/ 1714-1820.

4. Enti e associazioni

CCK	Catholic Conference of Korea (Conferenza cattolica Coreana).
CEI	Conferenza Episcopale Italiana.
EDB	Edizione Dehoniane Bologna.
EMI	Editrice Missionaria Italiana.
FABC	Federation of Asian Bishops' Conferences (Federazione delle Conferenze Episcopali d'Asia).
PUG	Pontificia Università Gregoriana.
PUU	Pontificia Università Urbaniana.

5. Altri

AAS	*Acta Apostolicae Sedis*, Commentarium officiale

	Città del Vaticano 1909ss.
AA,VV.	Autori vari.
Cfr.	Confrontare.
ed.	Edizione.
EV	*Enchiridion vaticanum* 1-17 vol. EDB, Bologna, 1976ss
n./nn.	Numero/i.
op. cit.,	Opera citata.
trad.	Traduzione.
Vol./voll.	Volume/i

INTRODUZIONE

Dio esiste al di sopra di ogni popolo e nazione, perciò l'oggetto della missione evangelizzatrice della Chiesa Universale non può ridursi a un certo luogo o popolo.

Nell'annunzio del Vangelo in una società multi-religiosa come la Corea, ciò che si deve comprendere in primo luogo è il «Coreano» in se stesso. La trasmissione del Messaggio deve, pertanto, fare riferimento all'indole religiosa del Coreano. È la condizione affinché il cristianesimo si possa radicare nella vita e servire alla crescita del Regno in Corea.

Considerando che la Corea è una società multi-religiosa, la missione della Chiesa Cattolica deve avere un carattere totalizzante: deve cioè avere come destinatario «tutto il Coreano». Perciò, come prima cosa, ho voluto cercare "qualcosa" di esistente nella cultura coreana che abbia influito da sempre sulla personalità coreana, ed ho trovato lo Sciamanesimo coreano (*Mukyo*) come fattore comune della mentalità religiosa del popolo coreano.

Allora finalmente si può giungere alla risposta su cui ci si interrogava spesso: Perché i Coreani si interessano tanto allo Sciamanesimo ed alle sue credenze?; Perché le donne più anziane hanno nostalgia della cultura sciamanica (*Musok*) e gli studiosi indagano su questo fenomeno che è tanto lontano dal mondo moderno?

Dunque, il motivo di questa scelta deriva dalla domanda su come possa essere accettato il Vangelo da un popolo che è vissuto e vive in un contesto così complesso e allo stesso tempo su come il Vangelo possa "penetrare" in tale popolo.

Per i Coreani lo Sciamanesimo è un fenomeno quotidiano come sentimento naturale, esiste senza condizionamenti, senza un sistema o un'organizzazione a mo' di religione. Esso esiste a livello individuale o familiare o proprio del villaggio, e forma spesso una sorta di base del nuovo movimento religioso, insinuandosi non di rado nella struttura della religione superiore. Esso differisce dalle altre religioni.

La religione straniera, che ha dovuto svilupparsi in conformità alla credenza sciamanica, si è incontrata con tale tradizione coreana fin dall'inizio ed è riuscita a compiere il processo di inculturazione, mostrando la sua differenza, ma accogliendo anche al suo interno qualche elemento sciamanico. Nella società moderna, lo Sciamanesimo, anche se non ne appaiono i valori, ha tuttavia la sua importanza se lo consideriamo come l'elemento generatore che ha dominato e domina la vita culturale dei Coreani.

Così lo Sciamanesimo è divenuto fondamento della mentalità del popolo, esistendo come fonte di energia della cultura religiosa della Corea e guida del modo di vivere del popolo (*Min-jung*).

Contarne il numero dei seguaci è impossibile, dal momento che non esistono <<fedeli dello Sciamanesimo>>, poiché i fedeli della religione superiore accettano qualche elemento muistico, la cui influenza penetra in essa e nella maggior parte` dei Coreani che l'hanno abbracciata. Questo dimostra che in tutti i Coreani si trova l'elemento muistico a qualsiasi religione essi appartengano.

Ora, all'inizio del nuovo millennio, la Chiesa cattolica è chiamata ad un ulteriore impegno per l'incarnazione del messaggio di Cristo in modo più specifico nella cultura locale, come la Corea che ha una cultura «muistica», per introdurre ogni popolo al cammino della Via, Verità e Vita al fine di promuovere la crescita del Regno di Dio.

Questa ricerca è articolata in tre parti: Prima parte (Introduzione) - Sciamanesimo e cultura coreana. Seconda parte (Svolgimento) - Incontro tra Sciamanesimo e Cristianesimo, attività evangelizzatrice della Chiesa primitiva coreana all'interno della cultura sciamanica. Terza parte (Conclusione) – Realtà della società coreana e Sciamanesimo, e missione della Chiesa.

In questa ricerca ho sottolineato l'importanza della cultura locale, rilevando che colui che aderisce al cristianesimo in terra di Corea non nasce "cristiano", ma "coreano". Ho esaminato accuratamente lo Sciamanesimo e il suo influsso determinante sulla cultura e mentalità coreana.

Questa ricerca, legata alla storia della cultura e del popolo coreano, è stata fatta ovviamente su opere scritte in coreano o in cinese. Perciò ho dovuto tradurre la maggior parte dei testi dalla lingua originale in italiano; nella citazione ho riportato la lingua originale con la traduzione a fianco in modo che sia comprensibile.

Alla soglia del nuovo millennio, desidererei che questo mio lavoro diventasse un'occasione per far conoscere la Chiesa coreana al mondo cattolico.

Mi auguro che il presente lavoro possa essere di aiuto per la causa del Vangelo in Corea, un paese nel quale i cattolici costituiscono il 9% dei suoi abitanti e dove vive un popolo che sperimenta con grande sofferenza la divisione della Patria.

PRIMA PARTE
SCIAMANESIMO E CULTURA COREANA

Il termine *Shaman / Shamanism* ha origine in Asia centro-settentrionale, nella Siberia abitata dai Tungusi. La radice di *Shaman* in lingua mancese è "*sam*" e si trova spesso anche nella lingua mongola. Il termine "*Samarambi*" in lingua mancese vuol dire "eccitare", come il termine mongolo "*Samoromoj*", per cui "*Samagu*" significa "colui che eccita" e "*Sam-dambi*" "colui che danza". Dunque con "*Saman*" si indica una persona in stato di eccitazione.

Sulla nascita dello Sciamanesimo esistono diverse leggende: per i Buriati, il primo Sciamano era un'aquila mandata dal dio buono per proteggere l'uomo dal dio cattivo; ma a causa della diversità della lingua, l'aquila e l'uomo non si compresero; perciò l'aquila chiese al dio buono che insegnasse ad essa la lingua dell'uomo oppure il ruolo dello Sciamano ad un Buriato. Il dio buono accettò la proposta e fece sposare l'aquila con una donna Buriata: da loro nacque il primo Sciamano.

La parola Sciamano è stata usata dagli etnologi e dagli studiosi del XIX sec. per indicare il mago delle zone dell'estremo nord e di quelle nord-orientali. Attraverso lo studio delle religioni, dell'etnologia e dell'antropologia si è poi diffusa come termine che indica un fenomeno analogo alla magia nelle diverse zone nel mondo.

Lo Sciamanesimo è una forma di religione che individua nei fenomeni naturali l'esistenza delle divinità buone e cattive. Ciò che accade alle persone dipende dalla volontà degli dei; l'uomo che manifesta un suo desiderio allo Sciamano, può essere accontentato in tutto.

Secondo la scienza che studia le religioni, il termine Sciamanesimo indica due diversi fenomeni religiosi: a). in senso stretto, una forma di vita religiosa dominante tra le religioni dell'Asia centro-settentrionale; b). per estensione, tipiche esperienze che si presentano, come complessi culturali sciamanici, anche in altre religioni primitive e superiori. In quest'ultimo senso la diffusione dello Sciamanesimo è abbastanza ampia; come sistema tradizionale, esso si ritrova nelle zone dell'estremo-nord, nord-est e centro dell'Asia, tra gli Indiani del nord-America e diversi popoli dell'Assam e delle zone centro-orientali dell'India. Un fenomeno analogo si ritrova anche in vari Paesi dell'Asia, dalla Siberia all'Asia nord orientale: Cina, Manciuria, Corea, Giappone e sud-est asiatico. Soprattutto nelle zone dell'Indonesia e dell'Australia se ne è diffusa una forma molto ben strutturata, mentre dall'Europa all'Africa si possono ritrovare fenomeni di "medium" spiritista.

La particolarità dello Sciamanesimo sta nel modo in cui si entra in contatto con un essere soprannaturale, cioè in maniera diretta, attraverso l'estasi oppure la possessione.

Per lo Sciamanesimo assume rilevanza il concetto di spirito, anima e aldilà; lo Sciamano, indossando un vestito ispirato ad una figura mitologica e suonando uno strumento musicale a percussione, come il tamburo, inizia ad agitarsi per comunicare con lo spirito soprannaturale.

Oggi, gli studiosi hanno diverse opinioni sul fatto che lo Sciamanesimo possa essere considerato una vera e propria religione[1], visto che, oltre la religione, coinvolge vari campi: la cultura, il costume, la mentalità ..., come fonte dell'arte, dell'esoterismo, della religione e della medicina intermediando tra la magia e la religione considerati come componenti di un sistema socioreligioso.

Uno dei numerosi studiosi, Mircea Eliade, circa mezzo secolo fa, riuscì a togliere lo sciamanesimo dalle secche dello psicologismo restituendolo a una prospettiva religiosa.[2] Ma ancora oggi, notiamo fortemente diverse opinioni tra gli studiosi su questo campo.

Malgrado tale considerazione, lo Sciamanesimo tende a risorgere continuamente in ogni ambito culturale moderno mediante l'interesse

---

1. Cfr. AA. VV., Sciamanesimo, in Enciclopedia delle Religioni, Vol. V, Vallecchi editore, 1973, 857-902 : Il padre Schmidt W. sosteneva che lo Sciamanesimo non è una religione a sé stante, ma una degenerazione dell'esperianza culturale dei popoli pastori. In particolare, egli insisteva su una distinzione generale fra sciamani bianchi e sciamani neri, in base alla quale lo "sciamanesimo nero" rappresenta un fenomeno di sovrapposizione della cultura agricola all'originaria cultura dei pastori, in cui l'ideologia del complesso Terra-Luna-Antenati-Mondo infernale si esprime nell'esperienza principale della possessione, con la perdita totale della coscienza, e in altri fenomeni psichici, mentre nello "sciamanesimo bianco" l'estasi non assume i caratteri di perdita della coscienza e si avvale dell'ausilio degli spiriti mediatori buoni. Cfr. SCHMIDT W., Synthese der Shamanism der innerasiatischen Hirtenvölker, UG, XII, 615-761; Anche per lo Schröder lo Sciamanesimo, invece di una vera religione, è una forma di tecnica e di esperienza che viene a inserirsi in religioni già esistenti. Cfr. SCHRÖDER, Zur Struktur des Shamanism, ANT, L (1955), 848-881; ELIADE M., che ha condotto la più ampia e rilevante ricerca sullo Sciamanesimo come fenomeno psicologico-religioso nelle varie culture, conferma, in effetti, queste posizioni, quando dichiara che lo Sciamanesimo, pur essendo la forma dominante della vita religiosa dei popoli dell'Asia centro-settentrionale, non può essere considerato la "religione" di tali popoli. In particolare Eliade è propenso a ritenerlo un'esperienza al limite della vita religiosa, ossia una forma di mistica che si esplica in una "vocazione" e in una "crisi religiosa" come tecniche estatiche "a disposizione di una certa élite, e costituenti, in qualche modo, la mistica della rispettiva religione". Cfr. ELIADE M., Le chamanisme et les techniques archaïques de l'extase, Parigi, 1951; Invece H. Findeisen, con precisi argomenti contro Schmidt e contro Schröder, recupera la caratteristica dello Sciamanesimo come religione a sé stante. Il comportamento sciamanico stabilisce un rapporto diretto con il mondo divino e spirituale, che non può non essere qualificato religione. Cfr. FINDEISEN H., Schamanentum, Kohlhammer, Stuttgart, 1957, 192-213; in un'altra Enciclopedia delle religioni si sostiene che lo Sciamanesimo non è una religione, ma un insieme di metodi estatici e terapeutici, il cui scopo è quello di ottenere il contatto con l'universo parallelo, ma invisibile, degli spiriti e l'appoggio di questi ultimi nella gestione delle cose umane, benché esso sia presente praticamente in tutte le religioni di tutti i continenti e a tutti livelli culturali: Cfr. AA.VV., Enciclopedia delle religioni, ed. Jaca Book, Milano, 1994.

2 M. Eliade, Le chamanisme et les techniques archaïques de l'extase, Parigi, 1951.

odierno, ed in seguito appare un Neo-Sciamanesimo come nuovo fenomeno religioso che vedremo in seguito.

Dunque, lo Sciamanesimo tradizionale coreano è ormai considerato come una religione tradizionale, protetta dal governo, dove alcuni Sciamani sono ritenuti una sorta di patrimonio culturale.

CAPITOLO PRIMO
INTRODUZIONE ALLO SCIAMANESIMO COREANO

Lo Sciamanesimo in coreano si chiama *Mukyo* (巫敎)[3], cioè la "religione (敎) del *Mu* (巫)", la quale si manifesta attraverso il *Mu-dang* (Sciamano), mediatore tra gli dei e gli uomini. Lo Sciamano comunica con dio e assolve il suo impegno religioso attraverso l'estasi per il bene dei singoli e della comunità.

Naturalmente lo Sciamanesimo coreano è una parte dello Sciamanesimo dell'Asia centro-settentrionale, ma ha caratteri propri e specifici.

Col passare del tempo, lo Sciamanesimo in Siberia è ormai pressoché scomparso, mentre lo Sciamanesimo coreano, è ancora vivo ed è rimasto nel cuore di tutti i Coreani, prescindendo dalla religione cui essi appartengono.

Considerando lo Sciamanesimo coreano come un fenomeno religioso indigeno, alcuni studiosi dubitano si tratti di una religione[4], perché non ha una vera e propria struttura, né un fondatore, né una dottrina. Invece altri propongono che venga studiato e si sviluppi addirittura una "*Musoklogia*" come studio sistematico, individuando gli elementi che lo distinguono dagli altri tipi di Sciamanesimo, di seguito elencati:

1) nella celebrazione del culto, l'atteggiamento e il comportamento dei presenti non si dimostra né solenne né imponente;

---

3. La religione popolare coreana, Sciamanesimo o *Musok*, pare sia stata chiamata "Sciamanesimo" dai missionari protestanti in un'epoca fiorente. Uno di essi, H. G. Underwood, ha studiato molto la religione popolare coreana per l'inculturazione col Cristianesimo. Nella sua opera "Nord-est Asia"(1910) il terzo capitolo è stato intitolato proprio "Lo sciamanesimo coreano": per la prima volta la religione popolare coreana veniva chiamata Sciamanesimo.

4. Secondo gli studiosi la struttura religiosa del nord-est dell'Asia (Cina, Mongolia, Han, Giappone) si può chiamare sciamanesimo, mentre il fenomeno religioso coreano non può chiamarsi così, anzi essi pensano che si debba chiamare semplicemente *Mu*. Rispetto allo sciamanesimo siberiano, quello coreano, soprattutto nella Corea meridionale, è stato molto ritualizzato; secondo Yim Suk-jay lo Sciamanesimo coreano è una religione molto particolare che non si può tradurre con un termine nelle lingue occidentali, bisogna quindi chiamarlo soltanto "*Mukyo*" oppure "*Muismo*": Cfr. YIM Suk-jay, Introduction au *Muisme*, La religion populaire Coréenne: Social Compass 25, Louvain, 1978, 175. Tuttavia, in questo testo, per facilitare la lettura, verrà generalizzato con il nome di Sciamanesimo.

2) lo Sciamano, che presiede al culto e ha il ruolo di delegato dell'impegno divino, è disprezzato dalla società;

3) non è l'uomo che va a cercare dio, ma è dio che viene dove vive l'uomo;

4) nella celebrazione del culto gli dei appaiono spesso con l'uniforme dei funzionari statali dell'epoca di *Cho-seon* [5];

5) nella celebrazione del culto si preparano molti cibi con musica, ballo, rappresentazioni teatrali ..., invitando non solo il dio principale ma anche quelli minori e gli spiriti vagabondi dei defunti;

6) non è solo importante chiamare il dio, manifestare il desiderio dell'uomo e ascoltare la risposta divina, ma anche congedarsi pacificamente dagli dei invitati;

7) questi dei non hanno caratteri particolari che li distinguano in buoni e cattivi.

Il rapporto tra lo Sciamanesimo e la cultura coreana è ormai così stretto che la cultura della religiosità dello Sciamanesimo, detta *Mu-sok*, si identifica con grande parte della cultura e della religione tradizionale attraverso la sua capacità di adattamento o meglio il sincretismo con le altre religioni che entrano o nascono continuamente in Corea, costituendo una parte della sua cultura originale.

Bisogna dire che ogni idea religiosa che è entrata nel paese è stata assorbita e fatta «coreana». Si è avuto così un "sincretismo" religioso, perché effettivamente sia il Buddismo sia il Confucianesimo, in Corea, hanno preso un "aspetto" Coreano. Così anche lo Sciamanesimo ha intrapreso lo stesso cammino. Chi esprime molto bene questo concetto è H.B. Hulbert: "Mi sembra che un tipico Coreano sia confuciano nella vita sociale, buddista in filosofia, e adori degli spiriti quando si trova in difficoltà... Secondo me la base della religione dei Coreani è l'adorazione degli spiriti. Questa adorazione degli spiriti include animismo e sciamanesimo".

Lo Sciamanesimo, dunque, è la religione più antica della Corea: esisteva già da prima del IV secolo, quando arrivarono le religioni straniere, per prima il Buddismo, successivamente il Taoismo e il Confucianesimo. I Coreani, attraverso lo Sciamanesimo, con il suo carattere di flessibilità, sono riusciti a sviluppare una mentalità particolare che si manifesta in ogni campo, ed hanno imparato ad accettare altre religioni straniere. Lo Sciamanesimo, perciò, è diventato a sua volta una fonte della religiosità coreana.

---

5. Il periodo di *Cho-seon* va dal 1392 al 1910, con il dominio della dinastia Lee.

1. Istituzione fondamentale

In cinese lo Sciamano si chiama "*Mu* (巫)": la natura dello Sciamanesimo è contenuta nella struttura di questo ideogramma. La linea (−) orizzontale superiore indica il cielo o lo spirito soprannaturale, mentre quella inferiore (−) indica la terra o l'uomo; la linea mediana verticale (|) indica il collegamento tra il cielo e la terra. In entrambe le parti di esso è raffigurato l'uomo (人) che danza. Lo Sciamanesimo è cioè un fenomeno religioso che collega dio e l'uomo per mezzo della danza, ossia dello Sciamano. Quindi lo Sciamanesimo è una religione che entra in contatto con lo spirito soprannaturale attraverso lo Sciamano o la Sciamana.

Lo Sciamanesimo ha avuto e ha un ruolo fondamentale, svolto mediante la comunicazione con le divinità protettrici e gli spiriti dei morti, grazie al tramite di un "medium". La "trance", infatti, è il modo ordinario con cui il medium e la divinità entrano in rapporto.

Lo Sciamanesimo è raffigurato come un cerchio unico intorno alla divinità soprannaturale che funge da asse, intorno al quale girano il cielo, la terra, la natura e l'uomo, l'individuo e il gruppo, la realtà e l'aldilà, il mondo reale e l'altro, la vita e la morte, e così via. I mondi considerati dallo Sciamanesimo sono tre: il mondo superiore in cui vivono i grandi dei e le anime buone, che splende come il paradiso; il mondo intermedio in cui vivono l'uomo e le altre creature; il mondo sotterraneo, l'inferno, in cui vivono le anime cattive.

Tutte le creature sono nate con il sorgere del cielo e della terra dal Caos iniziale: da quel momento è cominciato il tempo; perciò l'inizio dell'esistenza di tutte le creature è il Caos, perché da esso sono scaturite. Questa è la visione che il Sciamanesimo ha del Cosmo; la sua struttura in tre piani è presentata come avvenuta "dietro l'angolo".

Lo Sciamanesimo è una religione antica che crede all'esistenza dello spirito in ogni creatura, come l'animismo: dalla nascita alla morte dell'uomo, la realtà della vita è già nell'aspetto proprio dell'uomo e la vita dell'uomo è una cosa "naturale" e "ovvia"; anche la vecchiaia e la morte dell'uomo sono parte della vita in quanto avvenimenti naturali.

Quindi, per lo Sciamanesimo si nasce secondo la natura e si vive semplicemente senza dolore e senza difficoltà, formando una comunità familiare oppure un villaggio; si muore al momento giusto senza incidenti. Se però il defunto vuole rimanere ancora nella vita terrena, può causare danno per i vivi. Lo Sciamanesimo, perciò, eliminando ogni attaccamento e rancore del defunto, lo fa entrare nell'aldilà a difesa dei vivi.

La cosa "naturale" è equilibrio, quella "innaturale" è squilibrio. Perciò la parola "equilibrio" è una parola complessa e comprende tutta la dottrina dello Sciamanesimo, che consiste nell'equilibrio del cielo, della terra e dell'uomo. Questi deve intendere il mondo come unità ideale ed equilibrata con la volontà di dio, e deve tendere sempre a questo scopo. Nella vita reale l'uomo è in continuo squilibrio, cioè in una situazione innaturale, ma deve desiderare sempre di ritornare alla naturalità, e l'insegnamento dello Sciamanesimo è desiderare e realizzare "la ripresa delle cose naturali" "qui e subito". Non consiste mai nel curare solo un aspetto o solo una parte, ma nell'agire "armoniosamente" su tutti gli aspetti, poiché il problema dell'uomo sta nella possibilità che si rompa l'equilibrio dei rapporti tra uomo, dio, creature, vita ... L'equilibrio si ricostituisce attraverso il Kut^6, in cui si trova tutta la fase del programma, del carattere, della funzione del Sciamano.

Allora perché esistono le cose innaturali nella vita dell'uomo? La causa è il rapporto squilibrato tra "le cose" naturali e l'uomo. E "le cose" sono lo spirito di dio.

Secondo lo Sciamanesimo esistono numerosi dei tra cui esiste anche un dio assoluto: tutti hanno un rapporto diretto con la vita dell'uomo. Se si instaura un rapporto buono essi hanno un influsso favorevole, altrimenti portano sfortuna; in questo caso bisogna ricorrere al Kut, offrendo da mangiare al dio adirato e pregando che si plachi. Questi dei non sono buoni o cattivi "di per sé", ma a seconda del loro umore: anch'essi, infatti, condividono la vita reale insieme con i viventi, ciascuno con il proprio umore e con la propria personalità.

1.1. Concetto
Il fine dello Sciamanesimo si può dire che sia "perseguire il Bok^7 ed evitare la sfortuna". Allora che cosa sono il Bok e la sfortuna? Si possono dare tante definizioni, ma per il Sciamanesimo il Bok è "naturale" e la sfortuna è "innaturale". Pertanto avere una malattia non è naturale, poiché naturale è vivere in salute; ma la vita non va sempre così: sentire freddo o fame sono la medesima cosa, perché non sono una condizione naturale. Inoltre ciò che l'uomo desidera deve essere realizzato, perché il contrario non è naturale e diventa sfortuna. Questa idea si presta benissimo alla comprensione della morte, propria della cultura del Sciamanesimo (*Musok*): in esso non si trova un atteggiamento per evitare o superare la morte in genere, ma per evitare la morte innaturale, cioè per incidente, per suicidio; la morte prematura .... Quello che si desidera è di morire bene.

---

6. È un rito religioso completo dello Sciamanesimo. La parola ha significato di felicità oppure di fortuna. Quindi la parola stessa esprime la speranza dell'uomo.
7 È una parola simile a Jae-su che comprende tutto il significato della Benedizione, della fortuna, della buona sorte.

A questo riguardo, il professore *Jeong Jin-hong*, dell'università di Seoul, dice che:

"l'uomo quando nasce e muore compie cose naturali (equilibrio).... Perciò l'uomo, nella vita reale, incontrando cose innaturali (Squilibrio) cerca ininterrottamente le cose naturali: questa è l'idea fondamentale dello Sciamanesimo.... Dunque, lo Sciamanesimo insegna a desiderare di nuovo le cose naturali, eliminando quelle innaturali, per realizzare 'la ripresa delle cose naturali' 'qui e subito'[8].

Tuttavia le cose naturali non avvengono sempre, come desidera l'uomo; egli le desidera fin dalla nascita, ma non è detto che le ottenga. Perciò la vita reale è difficile e comporta continua sofferenza a causa del peccato originato da questo squilibrio tra il desiderio e la realtà[9].

Quindi, la vita ideale che si desidera nello Sciamanesimo consiste nel cercare sempre il *Bok* con il continuo ritorno al naturale nella vita reale, che è sofferenza e peccato.

1.2. Protagonisti

Protagonisti dello Sciamanesimo sono tre: Sciamano, fedeli (*Tan-gol*) e dio.

In primo luogo, lo Sciamanesimo si trasmette attraverso lo Sciamano, il quale, acquistando il potere divino mediante il processo dell'esperienza religiosa iniziata con la malattia divina[10], bilancia il bene, il male, la fortuna

---

8. Cfr. JUNG Jin-hong, Il carattere della cultura religiosa coreana, ed. Gip-mun-dang, Seoul, 1988, 83.
9. Per i Coreani il peccato è, oltre che il male, anche la sofferenza che ne deriva. Se si chiede agli anziani che cosa è il peccato, la risposta più facile è "la vita stessa". Secondo la mentalità fondamentale che sta a base del Karma, la vita sofferente di questo mondo è il risultato della vita precedente non vissuta bene, perciò è un castigo giusto che bisogna accettare. Dunque, la sofferenza e il castigo sono le conseguenze del peccato, che bisogna compensare vivendo nel dolore.
10. Cfr. AA.VV., Estasi, in Enciclopedia Italiana di scienze, lettere ed arti, pubblicata sotto l'alto patronato di S.M. il Re d'Italia, Treves – Treccani – Tumminelli, Ed. Istituto G. Treccani, MCMXXXII – X, 392-393; Cfr. Enciclopedia delle religioni, Vol. II, Vallecchi editore, 1970, 1255-1268: Si parla di Estasi, in greco "εχσταεις (uscire da sé)", uno stato in cui il soggetto si isola mentalmente da tutto ciò che lo circonda e si concentra su un'idea unica o su un'emozione particolare, spesso considerata come il gradino più alto dell'esperienza mistica. Perciò le religioni superiori la definiscono "esperienza mistica".; Cfr. ELIADE M, Shamanism, Bollinger Foundation, New York, 1964, 4-6: Secondo la sua teoria il più grande carattere dello sciamano è l'Estasi, cioè la *Soul loss*; Cfr. KIM Tae-kon, Una riflessione metodologica del mezzo secolo della ricerca di *Mu-sok*, a cura dell'Istituto delle ricerche tradizionali coreane, in La Fede *Mu-sok*, Enciclopedia dello studio tradizionale della Corea, vol III, Seoul, 1989, 165-166. Invece la teoria di Eliade M. è molto differente da quella della realtà sciamanica coreana, perché lo *Shin-byeong* (la malattia divina) che si trova nello Sciamanesimo non è un'esperienza mistica, manca qualche cosa per definirla Estasi. La causa e il risultato dello *Shin-byeong* sono vaghi e si possono spiegare dal punto di vista medico come una malattia. Perciò l'Estasi sarà più simile allo Shin-myung (vento divino) dello Sciamanesimo, perché nello stato di *Shin-myung* si osserva lo stesso fenomeno dell'Estasi: si arriva alla capacità di profezia preannunciando il *Kong-su* (la parola di dio). Ma il *Shin-*

e la sfortuna dell'uomo. Perciò lo Sciamano si può definire come un capo religioso in mezzo al popolo.

In secondo luogo, vi sono i fedeli che si chiamano *Tan-gol* oppure *Ki-joo*. Il fedele cerca lo Sciamano quando c'è qualche problema innaturale nella vita reale, come nel caso di una malattia, di un incidente, di una morte, nella sfortuna ..., oppure quando sente il pericolo di un incidente oppure la necessità di evitare il male e cercare il *Bok*. Lo Sciamano propone varie soluzioni e decide di celebrare il *Kut* o la divinazione oppure la preghiera, secondo la natura del problema.

In terzo luogo, vi è la divinità concepita in termini politeistici e naturalistici, come fenomeni e come forze appartenenti alla natura. La divinità, come oggetto della fede, si presenta sotto vari aspetti: dio naturale, dio personale[11] e altri. La maggior parte degli dei si presenta con una personalità propria. La concezione del dio come divinità naturale rientra nell'animismo. La maggior parte degli dei dello Sciamanesimo appaiono come figure terrorizzanti che spesso infliggono un castigo invece di guidare l'uomo e operare nei suoi confronti secondo la provvidenza di dio; perciò, anche se il dio è buono, si presenta sempre come un dio terrorizzante. Il destino dell'uomo, la nascita e la morte, il successo e il fallimento, la fortuna e la sfortuna, la salute e la malattia dipendono dunque da dio. Questo argomento sarà trattato meglio illustrando la visione di dio.

Il rapporto tra questi tre protagonisti è raffigurato così:

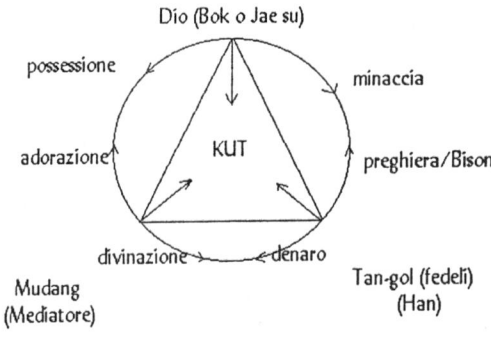

---

myung è anche Possessione in opposizione all'Estasi, che è il *Soul loss*; Mun Sang-hee, invece divide l'estasi in due: Trance e Possessione. Con la prima lo spirito dello Sciamano esce dal suo corpo trasferendosi nell'essenza soprannaturale degli dei, mentre con la seconda sono gli dei che entrano nel suo corpo. Lo Sciamano posseduto coreano generalmente sperimenta il secondo fenomeno.

11. Questo concetto è diverso da quello del Cristianesimo, nello Sciamanesimo infatti, la parola dio personale indica la persona divinizzata dopo la morte.

1.3. Storia

I dati più antichi sullo Sciamanesimo si trovano nel libro *Sam-kuk-yu-sa*, scritto all'epoca di *Sin-ra*, dal monaco buddista *Il-yeon*. Secondo questi dati, lo Sciamanesimo già esisteva in Corea all'inizio del I secolo d.C. Tra le altre religioni provenienti dall'estero, il buddismo giunse nella seconda metà del IV secolo circa, quindi molto tempo dopo lo Sciamanesimo. Quest'ultimo nella società coreana antica era una religione nazionale, a cui si ispiravano la politica e la cultura, con un potere molto forte[12]; ma a causa del Buddismo, accettato sia all'epoca di *Sam-kuk* (tre paesi)[13] sia in quella di *Ko-ryo*[14], lo Sciamanesimo venne respinto. La stessa cosa si è verificata durante la dinastia *Lee, Cho-seon*, durata 500 anni e basata sul Confucianesimo. Il potere dello Sciamanesimo, tuttavia, risiede nel popolo, e, attraverso il popolo, ancora oggi è presente. Successivamente, in seguito all'apertura del Paese verso il mondo occidentale, lo Sciamanesimo è stato emarginato perché ritenuto superstizione dalla cultura cristiana occidentale, ma non è mai scomparso dalla mentalità coreana, ed anzi ha influito persino sul Cristianesimo.

Quindi, sin dall'inizio della storia coreana, lo Sciamanesimo è stato presente nella cultura del popolo e vive tuttora nella società coreana. Questo fatto ci convince che lo Sciamanesimo è una forza religiosa che permea la cultura tradizionale, la lingua e il carattere del popolo. Esso non trova la forza di annunciare e diffondere il proprio credo, ma resta pur sempre accanto alla cultura coreana, come traccia dell'intervento degli dei, quando il popolo ne ha bisogno.

Emarginato dalle religioni straniere, come il Buddismo, il Confucianesimo, il Cristianesimo, ..., lo Sciamanesimo ha, a mano a mano, perso il suo ruolo di nucleo della fede popolare alla base della vita spirituale del carattere dei Coreani e, essendo considerato una "manifestazione di superstizione", sembra essere ormai scomparso.

Nonostante tutto lo Sciamanesimo mostra la sua forza spirituale nei momenti più difficili; si presenta come una religione assoluta dalle origini sconosciute e, quando sembra che non serva più all'uomo, si nasconde. Le religioni venute dall'estero, il Buddismo, il Confucianesimo e il

---

12. Infatti, gli ideogrammi cinesi *Mu* (巫) e re (王) rappresentano lo stesso ruolo dello Sciamano: le linee orizzontali superiori indicano il cielo (天), quelle inferiori la terra (地) e la linea verticale l'uomo, che collega il cielo con la terra: questi tre elementi compongono il cosmo.
13. Da prima di Cristo al 918 d. C.: è un'epoca in cui la Corea è suddivisa in tre Paesi: *Ko-ku-rye, Sin-ra Baek-jae*.
14. Nome originale della Corea. Dal 918 al 1392 d.c., è un'epoca molto fiorente nella storia della Corea; per la prima volta – oltre la Cina - in occidente si parla della Corea; essendo difficile pronunciare il nome originale *Ko-ryo*, fu chiamata Corée, Corea.

Cristianesimo, ufficialmente respingono l'influenza nello Sciamanesimo, ma non riescono a bloccare la sua penetrazione nei valori e nelle pratiche religiose, nelle quali si trova la traccia Sciamanica, che spesso si oppone agli insegnamenti e alle pratiche religiose di tali religioni.

Oggi gli studiosi continuano a discutere ed a polemizzare sul contenuto, sul nome e sul significato dello Sciamanesimo, ma, nonostante le discordanze, sono d'accordo su alcuni punti principali, ossia:

1) lo Sciamanesimo nella cultura coreana è la più radicata tra le religioni;

2) le religioni estranee entrate in Corea, con il tempo, cercano di adattarsi e perdono la loro identità, assorbendo i valori e le pratiche dello Sciamanesimo, oppure, accettando l'insegnamento e le pratiche dello Sciamanesimo, cambiano il loro carattere primitivo;

3) in ogni epoca la vita della maggior parte del popolo coreano è stata in qualche modo collegata con lo Sciamanesimo;

4) avvicinandosi al mondo moderno, la forma esterna e le pratiche dello Sciamanesimo, in quanto religione, si sono modificate, ma l'insegnamento e la sua struttura rimangono costanti;

5) quindi, lo Sciamanesimo è indispensabile per comprendere le caratteristiche della cultura coreana, i modi di comportamento dei Coreani e la storia della società coreana.

Infine, considerando lo Sciamanesimo come radice storica della religiosità coreana, si può comprendere il grafico che segue, relativo alla storia della religione coreana degli ultimi 2000 anni.

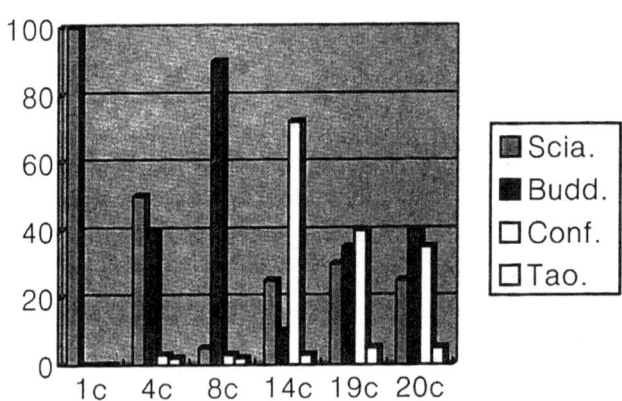

2. Funzioni dello sciamano

La centralità dello sciamano nei rituali e nelle pratiche religiose è dovuta al suo ruolo di mediatore tra il mondo degli umani e quello degli spiriti, tra i vivi e i morti, tra gli animali e la società umana.

In Corea ci sono diversi tipi di Sciamano: ereditario, appreso, posseduto. Lo Sciamano ereditario non subisce la malattia divina, perché riceve la sua investitura per eredità, quindi non passa attraverso una personale esperienza religiosa: questa forma è diffusa nelle zone meridionali marittime. Questo tipo di Sciamano si può considerare semplicemente come un sacerdote che prosegue il lavoro tramandatogli dai genitori, dopo aver imparato come si svolgono le pratiche religiose. Se andiamo ad approfondire, questo Sciamano si chiama anche Sciamano "costruito" e non viene considerato uno Sciamano, mediatore tra dio e l'uomo, è quindi giusto chiamarlo semplicemente sacerdote; lo Sciamano per apprendimento è un individuo che impara il lavoro sciamanistico per farne il proprio mestiere; la forma più diffusa nelle zone centrali e settentrionali della penisola coreana è quello di Sciamano per possessione che si tratta di una persona normale che "un giorno, all'improvviso", sente la chiamata di dio. Per prima cosa bisogna soffrire la malattia detta "divina", "malattia-vocazione" che assolva il ruolo di una iniziazione. Scientificamente questa malattia non si spiega: in medicina viene considerata una specie o addirittura un fenomeno di psicopatologia. La scienza medica in ogni suo ramo non è sufficiente a spiegare una sofferenza di tipo "soprannaturale". Qui vediamo particolarmente questo tipo di Sciamano che oggi rappresenta il tipo maggiormente diffuso in Corea.

2.1. Sciamano e l'esperienza religiosa

All'inizio di questa malattia l'individuo comincia piano piano a soffrire senza una causa particolare; gira per diversi ospedali per curarsi, ma non trova rimedio; il suo corpo si indebolisce ogni giorno di più, non riesce a mangiare, spesso si addormenta e sogna; non riesce a distinguere la realtà dal sogno; gli capita spesso di avere allucinazioni o miraggi e di udire voci strane. Col peggiore di questa situazione, scappa di casa, gira per luoghi impervi; scava la terra e trova attrezzature da Sciamano, come la spada, il tamburo o il campanello, lo specchio e il vestito. Tentate inutilmente diverse cure e in diversi modi, si capisce, infine, che si tratta della "malattia divina". Talvolta, all'inizio di questa malattia, si prova una psicoterapia, ma di solito la malattia corporea diventa una psicopatologia. Una volta effettuata la diagnosi di "malattia divina", è segnato il destino dello Sciamano, che deve servire per tutta la vita gli dei e mangiare soltanto "il cibo di dio". Questi sintomi indicano che è entrato in contatto con gli dei o gli spiriti.

La maggior parte degli individui rifiuta questa vocazione e dice di preferire la morte piuttosto che sopportare il basso stato sociale e la vita difficile riservati al Sciamano. Alla fine, però, le sofferenze della malattia costringono ad accettare questo destino, perché se viene rifiutato oppure se si tentano altre terapie, la malattia peggiora e si muore per la collera del dio.

Nel mondo degli Sciamani la persona che soffre la malattia divina è considerata "posseduta da dio", anche se non sempre deve diventare Sciamano. Secondo il luogo, se l'interessato non è riconosciuto come Sciamano per possessione oppure se non è ancora riuscito ad incontrare la madre divina[15] per imparare il *Kut*, trova spesso altri lavori per mangiare "il cibo di dio" come indovino. Egli viene chiamato con i diversi nomi coreani *Tae-ju, Myung-du, Bo-sal*, ... Se la persona posseduta da dio diventa Sciamano oppure servitore di Sciamano e si dedica all'opera dello Sciamanesimo, la malattia sparisce del tutto.

Considerata dal punto di vista religioso, questa malattia mostra una scelta della provvidenza di dio. Coloro che soffrono e sperimentano la presenza di dio nel sogno e nelle allucinazioni manifestano la religiosità dello Sciamanesimo attraverso la parola del dio o il suono del *Kut*; hanno miraggi e la sensazione di udire voci che invocano il nome del dio o parlano di cose che riguardano il dio ... Perciò, "la malattia divina" per lo Sciamano è un'esperienza simbolica di morte e di risurrezione mistica. Il nucleo della malattia divina è la morte (scioglimento) dell'uomo profano e la risurrezione (rinascita) dell'uomo divino.

E così, si celebra la guarigione e la nascita del nuovo Sciamano attraverso l'investitura oppure la nominazione. Essa è una celebrazione che deve essere fatta dalla persona colpita dalla malattia divina per diventare Sciamano. Il *Kut*, fa in modo che il candidato accolga i grandi dei dello Sciamanesimo nel suo corpo. Generalmente il processo e il dialogo del *Kut* dell'investitura è il seguente:

a) Verifica dell'esperienza di esseri soprannaturali[16];
b) Celebrazione del passaggio della nascita dello Sciamano[17].

Questo è il nucleo del *Kut* dell'investitura, mentre il contenuto del dialogo tra la madre (*Man-shin*[18]) e la figlia o il figlio (candidato[19]) è il

---

15. È la maestra che insegna il *Kut* e aiuta ad iniziare una nuova vita come Sciamano vero e proprio.
16. Mentre balla il "figlio divino" o la "figlia divina" (candidato), il "padre divino" o la "madre divina" nasconde le attrezzature fondamentali come la pertica, il vestito ed altre. Il figlio o la figlia professa il nome del dio che lo ha posseduto e cerca il suo vestito, trovando tutto quello che è stato nascosto. Così si verifica che davvero il suo corpo è posseduto dal dio e che è in grado di essere Sciamano.
17. "Aprire la bocca della parola" vuol dire fare *Kong-su* (la parola divina), che in questo stato verifica la capacità profetica dello Sciamano. Nel caso in cui non si riesce ad aprire la bocca del candidato, il *Nae-rim Kut* dura anche qualche giorno. Ciò è il pronostico di quale vita farà come Sciamano e quali capacità avrà di esercitare questa professione.
18. Uno Sciamano, quando è posseduto dagli dei maggiori, si chiama *Man-shin*, parola che vuol dire che porta nel corpo molti dei o numerosi spiriti adiutori. E tante volte si usa come un'indicazione di Grande

seguente.

>*Man-shin* : "Cosa vuoi diventare?"
>Candidato : "Vorrei diventare il *Man-shin* del paese."
>*Man-shin* : "Che cosa vuoi fare dopo che sei diventato il *Man-shin* del paese?"
>Candidato : "Vorrei aiutare la gente: a chi non ha parenti cercherò di trovare una famiglia, a chi è povero porterò la ricchezza, a chi è malato donerò la guarigione; vorrei servire dio assoluto del cielo (*Ok-Hwang-Sang-jae*) con tutto il potere di dio, insegnare la fedeltà al popolo, educare i figli e vivere per chi è oppresso, per chi soffre e per chi è in difficoltà."
>*Man-shin* : "il dio assoluto del cielo, lo spirito del cielo e della terra ti daranno l'acqua pura e la pace del cuore; quindi non essere egoista. Con un cuore puro aiuta chi ha bisogno e scaccia l'ingiustizia dal cuore."

c) Rito conclusivo[20].

Il candidato canta il suo impegno nel mondo degli uomini diventando un grande Sciamano, balla e chiama ogni spirito fino a invocare quelli più anonimi, fa divertire e offre da mangiare; quindi congeda tutti gli invitati, uomini e dei. Questo rito si chiama il campo (*Ma-dang*) *Kut*, ossia si celebra in un piazza, al termine del quale gli assistenti puliscono tutta la casa e bruciano le carte che hanno usato durante il rito.

Il significato pedagogico del *Kut* dell'investitura è duplice: istruzione pratica dello Sciamanesimo e insegnamento dell'atteggiamento di uno Sciamano. Esso, cioè, trasmette il breve messaggio degno di uno Sciamano attraverso l'istruzione della mente e l'esercizio pratico.

Infine, dopo che è diventato Sciamano con una specie di investitura, ossia il *Kut* dell'investitura, il neofito prepara una saletta in casa oppure all'ingresso della casa con un altare per onorare gli dei e gli spiriti che possiedono il suo corpo. Nella saletta appende i quadri con le figure degli dei

---

Sciamano.
19. La madre divina è una maestra che insegna il *Kut* e apre la via nella quale può vivere uno Sciamano, il candidato che è appena posseduto dal dio dovrà nascere come un nuovo Sciamano attraverso il rito dell'investitura; egli è la figlia o il figlio divini, e il loro rapporto li unisce come genitori (parenti) spirituali. La figlia, rimanendo a casa della madre, dovrà imparare tutto il necessario per essere Sciamano. Oltre al rituale e al contenuto del *Kut*, dovrà anche imparare numerosi canti, il ballo e la musica che variano secondo il tipo di culto. Imparando il rituale e il contenuto del *Kut* il candidato riceve pure l'insegnamento sull'atteggiamento e sulla personalità di uno Sciamano; impara il comportamento e la filosofia di vita di uno Sciamano, che dovrà nascondere la sfortuna e il *Han* (Risentimento) proprio, servire gli dei e vivere per gli altri. Dunque il rapporto tra la madre e la figlia divina si può paragonare al rapporto tra figlioccio e padrini nel Cristianesimo, che aiutano nella vita religiosa, rappresentando dei genitori divini per il battezzato o il cresimato.
20. Il rito consiste nello slegare i capelli e tirarli di nuovo sul capo, il che significa entrare nel mondo degli dei; così si costituisce il rapporto tra la madre e la figlia, simboleggiando lo sposalizio col dio. La madre, lasciando l'attrezzatura nuova oppure usata da lei, cede il grado di Sciamano: è il rito del passaggio.

che sono nel suo corpo[21] oppure le materie che simboleggiano il corpo divino e l'incenso. Lo Sciamano porta l'acqua pura in una ciotola e prega devotamente in modo regolare o no.

Una volta diventato Sciamano prende il suo ruolo principale che può essere analizzato nel suo triplice aspetto: quello sacerdotale, quello di uomo-medicina e quello profetico.

2.2. Ruolo dello Sciamano

Questo triplice aspetto di Sciamano, sacerdotale, uomo-medicina e profetico, manifesta il suo ruolo principale che è mediatore tra gli dei e gli uomini.

Il primo ruolo dello Sciamano, quello sacerdotale, consiste nel compiere due funzioni, *Ki-bok-jae* e *Sa-ryeong-jae*: il *Ki-bok-jae* è un *Kut*, ossia un culto del villaggio per eliminare il malessere e per pregare il *Bok*. In questo modo, lo Sciamano presiede a tutti tipi di *Kut* e al culto del villaggio. Il *Sa-ryeong-jae*, invece, si fonda sulla convinzione che lo spirito del defunto rimane nella casa dove è vissuto fino al momento del funerale. In alcuni luoghi si suppone che vi rimanga anche per tre anni. Se si pensa che il defunto abbia ancora qualcosa da dire, si fa il *Kut* prima del funerale per sciogliere i suoi risentimenti, facendolo parlare per bocca dello Sciamano. Dopo che ha preparato l'altare e ha cominciato a suonare il suo strumento, lo Sciamano chiama lo spirito del defunto, esprimendo la tristezza del morto che non ha potuto realizzare i sogni che aveva avuto in questo mondo, raccomandando ai superstiti della famiglia di vivere bene e con giustizia. Quando poi il defunto dice per bocca dello Sciamano che se ne deve andare, la famiglia lo congeda piangendo.

Per il ruolo di medico dello Sciamano occore spiegare che nell'ideogramma cinese della medicina (醫) si rappresenta nella parte superiore una figura sudicia del *Mu* (巫) e nella parte inferiore il liquore. L'ideogramma della medicina rappresenta cioè il Sciamano che guarisce la malattia bevendo il liquore e ballando. Fin dall'antichità l'uomo ha avuto sempre paura di ammalarsi perché la malattia è un suo limite; perciò egli cerca naturalmente un aiuto, soprattutto tra i suoi simili. In tal caso lo Sciamano essendo il mediatore tra dio e l'uomo gli viene in aiuto. Fin dall'antichità la celebrazione del culto della guarigione è una sua funzione importante. Particolarmente in Corea si è sempre avuto paura del vaiolo più che del colera o di altre malattie; perciò dal quinto giorno dopo l'inizio del vaiolo si dovevano osservare molte proibizioni; dopo il tredicesimo giorno lo

---

21. Questo si chiama pure "*Mom-choo*", cioè signore del corpo.

Sciamano celebrava il *Kut* di guarigione, considerato come un dovere.

Bisogna sottolineare che spesso, nel corso del *Kut*, anche se un solo malato era contagioso e trasmetteva allo Sciamano la malattia, questi, pur sapendolo, celebrava il *Kut* ugualmente per vocazione e come sacrificio.

Il ruolo profetico dello Sciamano si trova nell'idea che in ogni cosa esiste una sorte di bene e di male, di fortuna e di sfortuna, e questa sorte dipende dallo spirito del dio. Essa traspare dagli occhi dello Sciamano, che comunica col dio. Perciò, sin dall'antichità, la divinazione del bene, del male e della fortuna è una delle funzioni più importanti dello Sciamano, il quale, attraverso il *Kut*, compie la sua funzione di profeta, trasmettendo ai concittadini o alla famiglia la parola del dio.

Tutte queste funzioni emergono per la maggior parte dal *Kut* oppure dalla preghiera o da altre azioni pratiche. Pertanto la funzione dello Sciamano è di solito costruttiva, positiva e realistica: mediante la trasformazione della sua vita in sacrificio, egli ottiene la guarigione dello spirito e del fisico del popolo.

Attraverso i diversi ruoli dello Sciamano si dimostra che egli è la guida spirituale della società in cui si trova, il medico ufficiale, l'indovino e durante il rito religioso del *Kut*, appare come un rappresentante teatrale, unico artista, poeta, moralista, cantante e narratore, esso è il custode delle tradizioni religiose popolari, colui che conserva le leggende antiche di molti secoli.

3. Espressione dello Sciamanesimo

La particolarità dello Sciamanesimo sta nel carattere che favorisce la vita in modo semplice, equilibrando la finalità, la soprannaturalità e la sacralità della religione con una forza regolare. Perciò la sua essenza è diversa da quella del Cristianesimo, che cerca nel perdono la risposta al problema del peccato, oppure da quella del Buddismo, che cerca la risposta avvicinandosi alla liberazione (*Nirvana*) dalla vita stessa. Secondo lo Sciamanesimo bisogna cercare nella vita reale tutte le cose che ruotano intorno all'uomo; anche i numerosi dei che vengono venerati ruotano intorno all'uomo, il quale, pure se spesso individualmente cerca di liberarsi dalla sofferenza, allo stesso tempo tenta pur anche di accettarla attraverso la rassegnazione.

3.1. Espressione ideologica
3.1.1. Visione di Dio

Lo Sciamanesimo è la forma religiosa più antica della Corea. Si può dunque intuire la mentalità religiosa dei Coreani, per i quali il dio è uno degli elementi principali.

La visione di dio dello Sciamanesimo è politeistica, ma esiste un'idea di dio assoluto sopra ogni altro. Il dio assoluto domina ogni creatura della terra, ma non interviene nei fatti degli uomini, per i quali concede il suo potere agli dei inferiori. Il dio assoluto è rappresentato da una figura concreta che guarda ai fatti degli uomini ed è una persona come loro.

Secondo un'indagine di *Kim Tae-kon*, grande studioso delle religioni tradizionali coreane, soprattutto dello Sciamanesimo, gli dei esistenti nello Sciamanesimo sono circa 273; ma se ci si basa semplicemente sui loro nomi, essi risulterebbero centinaia o migliaia. Secondo quell'indagine gli dei dello Sciamanesimo si dividono in quattro categorie:

1. quelli che ricevono il culto durante il *Kut*;
2. quelli presenti nel ritratto degli dei[22];
3. quelli che ricevono il culto nella stanzetta sacra;
4. quelli venerati dal popolo.

Secondo queste categorie, gli dei appartenenti alla prima sono 73, alla seconda 115, alla terza 138 e alla quarta 11. Se togliamo quelli contati due volte, in totale sono quasi 273.

La maggior parte degli dei sono maschi. Infatti le femmine sono soltanto 30 su 273. In origine la situazione era diversa: nella società antica la maggior parte degli dei era considerata femmina, ma con il tempo prevalse la mentalità maschilista fino ad influire sul sesso degli dei. In genere gli dei sono individuati come dio naturale, dio personale, dio femmina, dio straniero ...[23].

Gli dei presenti nello Sciamanesimo sono per la maggior parte dei personali e, come gli uomini, hanno aspetti e caratteri diversi. Spesso hanno aspetto positivo: maestoso, nobile, coraggioso, rispettoso, gentile, dignitoso, elegante, splendente, spiritoso, ed appaiono semplici, forti e responsabili. A

---

22. Il quadro in cui è dipinto il volto degli dei cui lo Sciamano è devoto. È diverso dagli altri ritratti ed ha dignità e significato religiosi, perché la maggior parte di quegli dei hanno personalità: come gli uomini che vivono, così anch'essi hanno una figura concreta.

23. Tra questi altri dei ci sono quelli che non si possono considerare né dio naturale né dio personale, perché hanno un carattere vago, come il dio straniero e gli dei dell'animismo nella religione antica, insieme a quelli del Buddismo, del Confucianesimo e del Taoismo; da ciò si deduce che lo Sciamanesimo è penetrato nelle religioni straniere. Se dividiamo correttamente, gli dei sono i seguenti:

Dio drago	Dio del Buddismo	Dio del Taoismo	Dio imperatore o eroe cinese Cina	Spirito che trasmette le malattie contagiose (疫鬼)
13	14	10	7	6

volte possono avere aspetto negativo: presuntuoso, minaccioso, indecente; appaiono spesso anche spregevoli o poveri, vagabondi, affamati.

In questi vari aspetti degli dei e nella loro natura si manifesta anche il carattere, il comportamento, la crisi dei Coreani che vivono e respirano con lo Sciamanesimo. Sebbene tutti gli dei presentino varia personalità e ognuno abbia la propria dignità e forza straordinaria, tutti svolgono per gli uomini la stessa funzione e, in definitiva, servono a proteggere e aiutare la loro vita reale. In ognuna di queste funzioni si può riconoscere la ragione dell'esistenza come dio. Dunque i fedeli che credono negli dei dello Sciamanesimo vogliono essere in pace e divertirsi con loro e approfittare del loro potere, ma nessuno vuole essere loro sottomesso né desidera di essere come loro. Nel *Kut* non si trova la solennità e la grandiosità che si trova spesso nelle altre religioni, perché nello Sciamanesimo l'uomo non è sottomesso al dio ma, blandendolo, si diverte e approfitta del suo potere, e poi lo congeda.

I Coreani, infatti, non adorano gli dei, ma ne approfittano, perché il concetto di dio è limitato soltanto alle necessità della vita reale. Gli dei esercitano il loro potere solo nell'ambito del loro dominio, ma, se lo oltrepassano, non hanno più capacità. Perciò i muisti, quando vogliono avere figli maschi o diventare ricchi, chiamano gli dei e li accolgono piuttosto bene; poi chiedono la realizzazione del loro sogno. Questo tuttavia non è preghiera o adorazione, ma un comando. In ciò c'è molta differenza col Cristianesimo, per il quale, davanti a Dio, l'uomo è un nulla, pur confidando di attuare la volontà di Dio in se stesso.

Molti dei dello Sciamanesimo, invece, trasmettono l'idea di un dio che castiga, che fa paura e impone sofferenze invece di manifestare il suo potere attraverso il lavoro reale. Perciò, anche un dio buono che protegge l'uomo è sempre da temere; motivo per cui l'uomo si deve sforzare incessantemente di stare in pace e in equilibrio con gli dei.

3.1.2. Visione dell'uomo

Spesso l'idea principale della religione si manifesta nelle situazioni concrete dell'estremo limite dell'uomo, come la malattia e la morte, soprattutto anzi nella seconda. Quindi, se si comprende l'idea della morte per l'uomo, si può capire il punto di vista ideologico dell'uomo nello Sciamanesimo.

I sciamanisti non hanno paura della morte né la rifiutano; la accettano come uno dei fatti più naturali dell'uomo. Questa "naturalità" della morte, incluso il raggiungimento del mondo dell'aldilà, senza attaccamento o nostalgia del mondo reale, comporta che il defunto diventi uno degli dei che proteggono la famiglia. L'anima di colui che è morto bene senza rimpianti né rancori non ha attaccamenti o nostalgie. Se, viceversa, si spezza questa "naturalità" della morte, l'anima non raggiunge l'aldilà ed è fonte di paura per i viventi.

Il valore dell'esistenza di un uomo determina ciò che egli diventerà dopo morto, perché l'anima di uno che è morto bene non erra nel mondo dei morti, mentre l'anima di chi è morto male "non chiude gli occhi"[24] ed erra nel mondo dei morti.

Quindi, la maggiore preoccupazione dello Sciamanesimo non è l'idea dell'uomo, ma la libertà dell'uomo dalla sfortuna che governa il mondo degli spiriti. Perciò, per esso esiste soltanto l'uomo presente sulla terra, senza vita soprannaturale, come *Hae-tal*[25], né risurrezione. Qui emerge la mentalità realistica dello Sciamanesimo, che guarda all'uomo dando valore assoluto alla vita reale, nonostante le sofferenze che si devono sopportare e allo stesso tempo accettare, perché in essa si trova ogni cosa. Come si è visto, anche se gli dei hanno dignità e potere soprannaturale, alla fine lo utilizzano per servire l'uomo, e su ciò poggia il loro prestigio. Anche se sofferenti, gli uomini guardano sempre al loro mondo invece che a quello degli dei. Neanche lo Sciamano posseduto ha accettato il dio per sua volontà; la sua vita è stata soltanto un'obbedienza al destino gestito dal dio: anche se dolorosa e sofferente, la vita dell'uomo è sempre più preziosa.

Dunque lo Sciamanesimo chiede di riconoscere e accettare la vita reale dell'uomo e perciò il vero senso della vita lo trova nella vita reale.

L'uomo, dalla nascita alla morte, onora ogni dio che interferisce col suo destino. Per esempio, nascere e crescere fino a 7 anni senza malattie è segno della protezione della dea *Sam-shin*[26], mentre la stessa sorte dall'età di 7 anni fino alla morte dipende dall'aiuto di *Chil-seong-shin*[27], che allunga la vita. Se il destino non si svolge come desiderato, gli dei sono adirati; ma l'uomo, blandendoli, cerca di vivere il meglio possibile. Quindi, ogni fatto non dipende dalla capacità e dallo sforzo dell'uomo, ma da un dio, e l'uomo deve sforzarsi sempre di essere in armonia con questi.

In conclusione, la visione dell'uomo nello Sciamanesimo è totalmente

---

24 Secondo la tradizione coreana è naturale che uno muoia con gli occhi chiusi, se invece non li chiude, vuol dire che nel cuore del defunto è rimasto qualche risentimento, perché non chiudere gli occhi è innaturale.

25. Per il Buddismo che considera il mondo come uno stato della sofferenza, ossia la morte, la liberazione dal mondo, è la liberazione dalla sofferenza, cioè il raggiungimento della *Nirvana*.

26. È una divinità femminile che aiuta la procreazione dal concepimento fino al settimo anno di vita. Se una donna non riesce avere figli, vuol dire che è in disaccordo con la dea *Sam-shin*. Talvolta questa dea viene chiamata "nonna *Sam-shin*", con un significato simile a quello di "befana".

27. È un dio che governa tutti gli aspetti dell'uomo come la vita stessa, la ricchezza ...

non autonoma.

3.1.3. Visione dello spirito

Generalmente, lo spirito viene definito un essere vivo e razionale anche fuori della carne; per questa ragione, sin dall'antichità, l'uomo è vissuto con la religione.

Lo Sciamanesimo considera l'uomo come una combinazione di carne e spirito, ma lo spirito è la forza principale che sostiene l'esistenza della carne: lo spirito è un'energia (氣) senza forma fondamentale nella vita dell'uomo. L'assenza dello spirito dal corpo è la morte, quindi la vita dipende dalla presenza dello spirito.

La carne è un essere che ha forma visibile ma transitoria e può vivere solo per un certo periodo; lo spirito, invece, è un essere che non ha forma, è invisibile, esiste per sempre superando ogni limite di tempo.

Esistono due tipi di spiriti, quello morto (死靈) e quello vivo (生靈)[28]: il primo è quello che va nell'aldilà dopo la morte, il secondo viene considerata una persona, perché sta nel corpo dell'uomo mentre vive. La forma dello spirito riproduce l'immagine stessa del corpo, ma si vede solo nel sogno oppure nell'illusione; di solito infatti è invisibile come l'aria o il respiro, che non hanno una forma. Lo spirito gira liberamente anche nell'aria, senza limiti di tempo e di spazio, è cioè un essere onnipotente ed indistruttibile; ma la paura della morte ha indotto a disprezzare lo spirito.

Lo spirito di chi è vissuto bene e nella buona sorte per tutta la vita senza rancori dopo la morte diventa buono; invece lo spirito di chi ha vissuto una vita insoddisfatta, di chi è morto giovane oppure in un incidente, diventa

---

28. Secondo Platone lo spirito incarcerato nel corpo ha tre aspetti, lo spirito della concupiscenza che sta nel ventre ed è fonte della sensualità, lo spirito dell'energia che sta nel cuore ed è un elemento del coraggio e della mente e lo spirito dell'intelletto che sta nel cervello ed è la natura del pensiero. Lo spirito dell'intelletto ha un carattere divino non trascurabile. Secondo Aristotele, invece, lo spirito si spiega nell'ilemorfismo (*Hylemorphismo*), che è la teoria della filosofia naturale. La natura principale di ogni creatura è composta di natura e forma come principio della sostanza di ogni cosa: questa forma è lo spirito. Perciò nella vegetazione esiste lo spirito della vita, nell'animale esiste lo spirito della mente, che funziona contemporaneamente allo spirito della vita; nell'uomo esiste lo spirito dell'intelletto, che occupa anche lo spirito della vita e della mente. Questa teoria di Aristotele, attraverso il medioevo, ha influenzato, oltre a S. Tommaso d'Aquino, anche la visione dell'uomo cristiano. Anche S. Paolo aveva insegnato la visione dell'uomo strutturato in anima, spirito e carne ai Tessalonicesi (1 Te 5,23). Nella sua parola, però, l'anima indica la vita soprannaturale; prevale una visione dell'uomo religioso che alla vita naturale dello spirito e della carne aggiunge l'anima, che ha ricevuto dallo Spirito Santo. S. Tommaso d'Aquino asserisce che lo spirito dell'uomo ha una sua personalità, che infonde alla carne. Lo spirito esiste pure da solo separato dal corpo dopo la morte, ma durante la vita è unito al corpo, quindi lo spirito è fatto non per se stesso, ma per essere unito al corpo. Lo spirito allora non muore, né si distrugge la pura forma dello spirito, ma esso è diverso dagli angeli che sono puri spiriti: Cfr. S. Tommaso d'Aquino, *Le questioni disputate, De anima*, vol.IV, Edizioni Studio Domenicano, Bologna, 2001, pp. 44-520; Perciò la visione dell'uomo del Sciamanesimo combina dualisticamente la carne e lo spirito.

cattivo e tormenta i vivi. Questi sono, però, casi particolari, perché il limite tra spirito buono e spirito cattivo è vago e spesso anche lo spirito buono, che protegge in vita l'uomo, se questi è diventato cattivo a causa dell'educazione sbagliata, lo corregge, facendolo soffrire.

Lo Sciamanesimo, avendo tanti dei, ha pure tanti spiriti (靈) che sono loro seguaci. Dopo la morte lo spirito dell'uomo buono diventa un dio nell'aldilà, altrimenti diventa un fantasma. In poche parole lo spirito, se non entra nel mondo degli dei, va errando in uno stato intermedio né di dio né di uomo.

Di solito un fantasma si presenta come uno spettro e per i Coreani la maggior parte degli spettri sono quelli della malattia (病鬼) o della malasorte (厄鬼), che è fonte della sfortuna. Il fenomeno è diverso a seconda dei tempi, ma la maggioranza degli spettri ha un carattere distruttivo e negativo.

Lo Sciamano può invocare lo spirito o lo può scacciare attraverso gli dei che possiedono il suo corpo. Si crede anche che lo spirito possa sposarsi e mangiare come un uomo: per questo si prepara sulla tavola il riso per lo spirito del defunto e lo si fa sposare con uno spettro vergine o celibe per seppellirli insieme.

Per esempio, Gesù Cristo, il Figlio di Dio del Cristianesimo, secondo il Sciamanesimo è uno spettro che appartiene alle religioni straniere e che è morto celibe .

3.2. Espressione pratica

Kut : lo Sciamano realizza tutte le sue funzioni attraverso il *Kut* e perciò tutti i processi del rito dello Sciamanesimo si manifestano per mezzo del *Kut*, che è una sua espressione completa. Il rito religioso fatto dal Sciamano è il *Kut*, ma spesso è chiamato "*Pu-ri*", che significa "sciogliere".

Lee Nung-hwa, precursore dello studio delle religioni tradizionali della Corea, conferma che "il *Kut* è un culto che originariamente ha lo scopo di attirare, propiziare la fortuna e allontanare il male; ma se si celebra come *Pu-ri* può allontanare la sfortuna e chiedere la benedizione". Quindi la parola *Kut* è coreana per antonomasia.

Il significato del termine *Kut* va ricercato nelle lingue dell'Asia settentrionale, che appartengono allo stesso ceppo di quella coreana: secondo una ricerca di Ramstedt, il "*kutu*" dei Tungusi, il "*gutug*" dei *Mongoli* e il "*gut*" dei Turchi hanno il comune significato di felicità e di buona fortuna..

Quindi il *Kut* è un culto religioso che ha lo scopo di invocare la fortuna e la felicità in varie forme, a seconda dello scopo desiderato oppure del genere di dio a cui è rivolto. Normalmente il *Kut* è di due tipi: *O-gu Kut* e *Byel-sin Kut*; il primo è un culto familiare che serve a mandare definitivamente nell'aldilà lo spirito di un defunto, ed è lo stesso del *Saryeong*; il secondo è un culto di villaggio per un buon raccolto e per la sicurezza degli abitanti[29]

Nel *Kut* ci sono quattro caratteri particolari: il vestito (巫服), la musica (巫樂), l'attrezzatura (巫舞) e la parola divina oppure il canto. Il vestito è simile all'uniforme degli amministratori, dei soldati oppure dei monaci buddisti, e non è un semplice abbellimento, ma ha un carattere divino molto importante. Gli strumenti musicali di solito sono lo *Jangko* ed il *Daekum*, ossia gli strumenti tradizionali coreani rispettivamente a percussione e a fiato; ma secondo l'importanza del rito si aggiungono altri strumenti a fiato. Il ritmo è molto serrato, affinché lo Sciamano possa entrare facilmente in estasi. Il ballo all'inizio comincia piano piano, con movimenti avanti e indietro, a sinistra e a destra, per poi velocizzarsi cambiando completamente. Se il respiro dello Sciamano accelera, vuol dire che il suo corpo eccitato è posseduto dallo spirito del dio. Il canto ha contenuti diversi e le parole sono un insieme di racconti e di sacra scrittura; la parola divina è la parte più importante del *Kut*, ne è quasi il nucleo, che lo Sciamano posseduto dal dio comunica tra questi e l'uomo.

Lo scopo o la funzione del *Kut* è salvare gli uomini, proteggendoli e dando loro la fortuna, oppure prevenire e respingere il male dagli uomini. Il *Kut* funebre, anche se è per un defunto, ha lo scopo fondamentale di proteggere i vivi, perché lo spirito di un defunto che rimane ancora nel mondo reale provoca malasorte per i vivi e perciò è meglio mandarlo nel mondo dei morti staccandolo dalla vita reale ed eliminando ogni rancore che porta nel cuore.

Divinazione: La divinazione coinvolge Sciamano, fedeli e dio e, secondo il suo risultato, permette di decidere il programma religioso successivo, come *Kut*, preghiera, Amuleti e devozione, di cui parlerò in seguito.

Essa può avvenire attraverso l'ispirazione divina (神占), i libri (作卦占), i sogni (夢占), l'energia del cielo (天氣占), gli uccelli (鳥占)...

L'indovino divino (神占) svela il destino degli uomini con il potere spirituale che possiede in qualità di Sciamano; l'indovino con il libro, che

---

29. KIM Tae-kon include "il *Kut* divino dello Sciamanesimo", che è un *Kut* celebrato per la conferma della vocazione dello Sciamano regolarmente ogni primavera e autunno. Facendo questo regolarmente, lo Sciamano rinnova il suo potere divino e fortifica il proprio potere di Sciamano: Cfr. KIM Tae-kon, La ricerca della fede popolare coreana, op.cit., 23-25; Anche Kim In-heo, professore dell'università I-Wha, divide le forme del *Kut* in tre, come KIM Tae-kon: Cfr. KIM In-heo, La ricerca della mentalità del *Musok* coreano, op.cit., 16-17.

spiega il destino per mezzo della data di nascita scritta nel calendario lunare; l'indovino con il sogno (夢占) spiega l'avvenire attraverso il sogno stesso; l'indovino con l'energia del cielo (天氣占) prevede, per esempio, il raccolto agricolo dell'anno, guardando i raggi della luna nella notte del 15° giorno del 1° mese dell'anno lunare e prevede il tempo, guardando il colore della luna nell'ultima notte del mese lunare e al tramonto. L'indovino, per mezzo di uccelli (鳥占), spiega il destino facendo scegliere una carta da gioco a un uccello uscito dalla gabbia. Esistono inoltre altre forme di divinazione, ad esempio se canta una gazza arriva un ospite, se canta un corvo succede una cosa amara, se di notte scende un ragno si avrà una preoccupazione, se si sogna un maiale entrerà la fortuna (*Bok*), se si sogna una mucca si tratta di un'apparizione di antenati che porterà sfortuna alla famiglia ...

Bi-na-ri : detto anche *Bi-son*, è un culto abbastanza semplice, come una specie di preghiera, perché lo Sciamano prepara le cose o il cibo davanti al dio, suonando uno strumento a percussione, pregando da solo e chiedendo la benedizione. In effetti, è uno dei tanti tipi di *Kut*.

Amuleti : vi sono amuleti efficaci per respingere le divinità cattive e il male: ad esempio quelli costituiti da una serie di caratteri scritti uno sopra l'altro oppure dalla parola *Bok* (福-fortuna), disegnati con un pennello rosso su una striscia di carta speciale che o si attacca capovolta sopra l'ingresso della casa o si porta con sé. I tipi conosciuti di amuleti sono circa 50[30].

Devozione : è un culto semplice, che si rivolge a un dio con tutto il cuore per uno scopo preciso. E' un atto di preghiera compiuto con acqua pura nei locali sacri. Si considera importante "dedicare con tutto il cuore sincero"; durante questo periodo si cerca di stare lontano da ogni occasione di peccare. Ad esempio una coppia resta separata; se c'è una festa o un incontro non si partecipa, possibilmente rimanendo a casa a riflettere nel silenzio ....

Tabù : il Tabù consiste in una limitazione del comportamento e della parola relativamente a certe cose sacre, per esempio nel mettere della terra gialla o del filo per vietare l'ingresso nei luoghi sacri o dopo il parto, o specialmente a chi indossa l'abito funerario. Inoltre esistono diversi credenze: chi si sdraia subito dopo il pasto può diventare mucca; se trema

---

[30]. I tipi che ho citato, cioè 50 sono solo quelli che conosciuti attraverso i documenti, ma sembra che essi siano innumerevoli.

una gamba, scappa via la fortuna, ... Anche oggi in certi grandi alberghi e nei grattacieli, il quarto piano si chiama piano F oppure addirittura <<Quinto piano>>, perché la pronuncia del termine *Sa* (quattro-四) suona come la parola morte (死). Questo tipo di tabù è stato applicato soprattutto negli ospedali, dove ricorre spesso la parola morte. Questi sono gli elementi muistici che ancora oggi influenzano la società coreana.

Lo Sciamanesimo è una religione che ha incontrato tante difficoltà nella storia della Corea. Nonostante sia stato osteggiato, rifiutato e frainteso, lo Sciamanesimo, penetrando profondamente nel cuore dei Coreani, è riuscito a diventare una fonte della cultura popolare coreana. Esso rappresenta il fulcro della religione dei Coreani e costituisce un aspetto fondamentale della società coreana come cultura ben maturata.

L'idea portante dello Sciamanesimo, che si ripresenta costantemente, è quella dell'"equilibrio". Aspirando all'equilibrio e all'unità tra dio, uomo e natura, si ricerca il benessere dell'uomo. Il desiderio dell'equilibrio non determina un atteggiamento attivo di ogni individuo, ma prevale l'idea che tutto dipende solo dal *Kut* dello Sciamano; questo è uno degli aspetti dello Sciamanesimo che ha influenzato ogni religione coreana. Questo fatto deriva dal concetto che la vita dell'uomo dipende dai numerosi spiriti divini, perchè ogni opera dell'uomo è collegata con il mondo dello spirito e solo attraverso lo Sciamano ci si può collegare con il mondo dello spirito, realizzando il desiderio dell'uomo. Quindi, il ruolo dello Sciamano non è soltanto quello di semplice sacerdote, ma è una vocazione a fare da intermediario tra dio e uomo. I tipi di Sciamano e il processo dell'ordinazione sono tipici di un mediatore tra dio e uomo, che sente il suo compito come un diritto-dovere non di un uomo.

La vita personale dello Sciamano non è prestigiosa né privilegiata, ma è una vita di sacrificio, che allevia la sofferenza dell'uomo e gli dà il benessere. Nonostante il disprezzo e l'ostilità dell'uomo e della società, lo Sciamano è rimasto sempre accanto al popolo povero e oppresso. E tutto il bene che porta è incentrato sull'uomo e viene realizzato nella vita reale.

Infatti, tutti gli dei e gli spiriti soprannaturali dello Sciamanesimo esistono solo per l'uomo e tutte le aspirazioni dell'uomo devono essere realizzate "ora e qui", durante la vita. Questi sono gli elementi negativi e positivi dello Sciamanesimo, che ormai è radicato profondamente nella vita dei Coreani.

Dunque, lo Sciamanesimo non è una religione del passato, scomparsa. L'espressione ideologica e il modo di manifestarsi dello Sciamanesimo, a cui ho già accennato, sono gli elementi che ancora si ritrovano nei vari settori della società coreana e nella vita dei Coreani. Il carattere flessibile dello Sciamanesimo è diventato a sua volta la forza più importante perd adattarsi alla cultura coreana.

CAPITOLO SECONDO
INFLUENZZA DELLO SCIAMANESIMO NELLA MENTALITÀ COREANA

Nella mentalità coreana tradizionale non esiste una cosa che abbia opposti inconciliabili, anzi si pensa che le due facce opposte di una stessa cosa diano l'unità. Perciò le due facce di una stessa cosa formano la cosa stessa: due è uno e nell'uno esiste la dualità.

Dunque i Coreani hanno una mentalità propria, come ogni popolo. Con questa mentalità fondamentale si accostano alle religioni e le praticano. Da dove deriva questa mentalità o, possiamo dire, questa personalità propria dei Coreani?

Gli studiosi senza esitazione asseriscono che "la mentalità religiosa fondamentale dei Coreani è piuttosto sciamanica". Il pensiero sciamanistico ha influenzato la religiosità dei Coreani: l'uomo, attraverso la sua cultura, l'arte e la religione, si unisce con la natura e con gli spiriti soprannaturali (l'equilibrio), realizzando il suo desiderio. Anche se spesso l'uomo porta del male nel suo cuore, scacciandolo attraverso il *Kut* (*Han-pu-ri* oppure *Sin-myung*), può godere il "*Jae-su*", cioè il *Bok*.

Tipico dei Coreani è il *Han*[31]. Per il *Han* i Coreani accettano facilmente la tristezza e le lacrime. Il popolo coreano, vivendo una vita difficoltosa e triste, con le sue lacrime esprime la speranza, dicendo: "almeno nel futuro", oppure la rassegnazione. È questo il contenuto del *Han*.

In questo capitolo vorrei dunque trattare della mentalità religiosa che sta alla base del cuore dei Coreani: *Han*, il sentimento più umano e religioso; *Sin-myung*, il sentimento più positivo ed opposto al *Han*, e *Jae-su* (*Bok*), che vedremo oltre.

---

31. Nessuna parola straniera potrebbe tradurre adeguatamente il concetto del *Han*, poiché esso include sfumature diverse, espresse dalle parole rancore, odio, lamento, rimpianto, dolore, autocommiserazione, pathos, mortificazione, risentimento, ecc. Il suo significato esatto può essere afferrato solo con l'esperienza.

1. *Han*

Il termine "*Han*", secondo il dizionario della lingua coreana, ha come primo significato quello di "rancore" o desiderio di "lagnarsi" e come secondo quello di "risentimento", una volta espressa la lamentazione. Nel medioevo e nel tempo moderno, esso è stato usato con i significati di "sentire il peccato", di "tristezza" e di "lamentela".

Per capire meglio il concetto del *Han*, vorrei citare la leggenda seguente, che è una delle più diffuse su tale argomento.

> "Una coppia di sposi novelli stava in attesa che la gente andasse via per la prima notte di matrimonio. Quando lo sposo andò al bagno, mentre usciva in fretta, una parte del suo lungo vestito si impigliò nello stipite della porta, strappandosi.
>
> Allo sposo venne l'idea che l'abito si fosse strappato perché sua moglie, impaziente, glielo aveva tirato da dietro e quindi scappò senza rientrare nella stanza, né salutare. Il giorno seguente, la gente quando aprì la porta della stanza, vide la sposa morta e quella porta restò chiusa per circa 40 anni. Un giorno lo sposo, passando per caso lì vicino, vide la casa e per curiosità aprì la porta di quella stanza e vide la sposa che stava ancora seduta al suo posto come 40 anni fa, con il costume tradizionale del matrimonio e una coroncina sul capo; vide poi il suo vestito strappato vicino alla porta e si pentì per il suo cattivo pensiero. Guardando il volto triste della sposa, rammaricato le si avvicinò e le toccò la spalla; allora quel corpo divenne cenere e sparì".

In questa leggenda possiamo notare che il momento che stava vivendo la sposa sarebbe dovuto essere soltanto bello e memorabile, ma, a causa del malinteso e della vergogna, ella non si poté spiegare, né poté chiedere a qualcuno la ragione del fatto che lo sposo fosse sparito. Questo fu il *Han* della sposa, il cui spirito, anche dopo morta, non poteva entrare nel mondo dei morti, né il suo corpo poteva diventare terra, e perciò resistette per 40 anni in attesa del momento della spiegazione (*Han-pu-ri*) che risolse il suo *Han*.

Da ciò si deduce che il *Han* è diverso dalla semplice vendetta, ma è l'attesa del nuovo incontro, della riparazione e della riconciliazione; esso è uno stato socio-culturale che riguarda la persona.

Lungo i secoli, la società coreana è stata gerarchica, maschilista e continuamente oppressa dalle invasioni degli stranieri. Perciò il *Han* che derivava dall'angosciante esperienza sofferta, accumulata dall'oppressione, affliggeva i poveri e i deboli più che i potenti, le donne più che gli uomini.

I deboli avevano ogni giorno esperienza del divario e dello squilibrio tra il mondo ideale e il mondo reale. Per chi vive una realtà squilibrata, è naturale soffrire, perché, andando distrutto il mondo ideale originariamente equilibrato tra dio, uomo e natura, si accumula il *Han*, si consolidano le malignità, si ammucchiano le malvagità e trionfa il male.

Per lo Sciamanesimo questa sofferenza (*Han*) non è causata da sé, ma è derivata dalla perdita dell'equilibrio nella struttura sociale. Tra la gente "oppressa", solidarizzando attraverso il *Han* (rancore, 怨恨), si realizza un rapporto di solidarietà (情恨): superando ogni negatività del *Han*, si ritrova la speranza (願恨).

1.1. Negatività del *Han* dal punto di vista socio-psicologico

Dal punto di vista sociologico, i Coreani lungo i secoli considerarono *Han* non soltanto la loro esistenza di popolo debole, tormentato continuamente dalle invasioni straniere e da dominatori sempre nuovi, ma anche l'esistenza della donna, dominata dalla mentalità fondata sul detto "importante l'uomo, insignificante la donna (*Nam-Chun-Yeo-Bi*)" dell'idea confuciana; era *Han* la vita stessa dei servi e degli uomini di basso livello sociale, considerati come oggetto di compra-vendita invece che come persone, motivo per cui un terzo della popolazione era legalmente condannato ad essere servo di generazione in generazione.

Il *Han* è una parola dal significato originariamente simbolico, che indica i sentimenti accumulati nel cuore dell'intero popolo sotto l'oppressione e provati lungo i secoli in specie dalle donne e dalla povera gente, che è stata sempre sottomessa; per loro il *Han* è diventato un elemento psicologico, che ne definisce il comportamento. Nella società maschilista i diritti della donna sono stati sempre misconosciuti, tanto da creare una frase che esprime la sostanza del *Han*: "Nella prossima vita vorrei nascere uomo anche se handicappato"[32]. Ciò, ad esempio, spiega come la maggior parte dei fantasmi coreani sia composta da donne.

Per conseguenza lo Sciamanesimo ha carattere femminile, la sua espressione è abbastanza materna e la maggioranza dei fedeli sono donne: ciò testimonia che lo Sciamanesimo è stato sempre più vicino alle donne di quanto non lo fossero le altre religioni. Per esempio, nella cultura confuciana sono stati respinti il desiderio e il sentimento religioso della donna. Le donne perciò, essendo sempre in uno status di inferiorità, cercano di comunicare per mezzo dello Sciamanesimo, che è una religione rispettosa dei loro sentimenti. La cultura confuciana, infatti, condiziona la comunità politica per stabilire una coscienza comune e una ragione assoluta, mentre lo Sciamanesimo, nonostante sia fuori dai centri di potere, è riuscito a conquistare una comunità che privilegia i sentimenti, ricca di religiosità e di espressioni artistiche.

---

32. È una barzelletta tradizionale che si trasmette tra le donne.

Con questi concetti, il *Han* indica uno stato interiore delle persone oppresse o sottomesse da una struttura sociale che genera una situazione tale da respingere i sentimenti individuali: non si trova a chi chiedere né chi può spiegare; in poche parole è uno stato che fa "gridare persino le pietre"(Lc 19,40).

Lo Sciamanesimo è una religione degli "oppressi", perché il *Han* è proprio dei sofferenti, dei poveri e degli oppressi. Per questo lo Sciamanesimo si presenta come una religione popolare, anche perché la cultura del popolo (*Min-jung*[33]) non nasce né cresce né si compie attraverso l'ideologia o i modi propri della nobilità, ma è espressione del linguaggio e dell'atteggiamento riguardanti i problemi più urgenti della vita reale. Esso, infatti, riassume il sentimento comune, dando calore interiore e originando la cultura del popolo.

Quando si scatena la passione nascosta nella pietra del silenzio, si grida, e il fuoco, accumulato in quella pietra, fiammeggia; esplodono perciò la rabbia e il pianto: questo è il cuore del popolo.

Quindi "la cultura del *Han*" è la cultura del popolo, oppresso dalla mano che grava sopra i suoi gemiti (Giobbe 23, 2).

1.1.1. *Han* come rancore (怨恨)

Per il popolo spesso ci si trova in una situazione tale per cui non si può nemmeno protestare apertamente. Rancore è un termine che esprime la sofferenza dei miseri oppressi e il gemito dei poveri (Salmi 12, 5) ed è un sentimento di vendetta, non ancora attuata, ma rimasta nel cuore: questo è lo stato di *Han* (rancore-怨恨). Lo Sciamanesimo è una religione che è vissuta con il popolo, con oppressi e sofferenti; perciò al suo interno c'è la storia del *Han*.

Dunque, il primo significato che il *Han* contiene è quello negativo di rancore e di lamento, che scaturisce dal *Han* esteriore; esso indica anche lo stato di chi, non potendo vendicarsi, considera se stesso come un incapace e si rimprovera e si lamenta. All'inizio questo cruccio si presenta come intenzione di cancellare la vergogna attraverso il contrattacco e la vendetta.

"Il *Han* della donna fa scendere la brina anche in piena estate"[34]

---

33. Il termine coreano ha il significato di gente di basso livello sociale, perché la maggior parte della popolazione era povera e oppressa dal dominio dei potenti. Perciò questo concetto è nato dalla storia e dalla politica della Corea, cioè deriva da un lungo abbandono socio-politico e culturale. È uno stato di gente in cui hanno vissuto l'ambiente non è riguardato dai potenti. D'ora in poi indicherò solo il popolo (coreano).
34. È una sorta di detto tradizionale, che si trasmette tra le donne

Questa frase è nata sotto l'influsso del Confucianesimo, fondato sul detto "importante l'uomo, insignificante la donna", che suscita un sentimento di profondo rancore da parte della donna.

Perciò il sentimento del *Han* può identificarsi col "digrignare i denti" a causa di una oppressione senza motivo.

1.1.2. Disposizione ad accogliere il sentimento negativo

Nonostante la sofferenza, l'ira rimane nell'animo come rancore senza manifestarsi; non trova nemmeno altri sbocchi e perciò il rancore si "scioglie" attraverso i lamenti (嘆) o il *Kut* dello Sciamano. I Coreani, infatti, hanno un sentimento di profondo rancore rispetto ad altri popoli a causa della loro storia. Tuttavia essi hanno sempre cercato di sciogliere quel rancore in qualche modo, ma senza vendetta; il *Han* è una "un accumulatore" di sentimenti negativi che si scarica per mezzo dello "scioglimento".

Si giunge allo scioglimento in due modi, come già detto: attraverso il lamento oppure attraverso il *Kut*. Il lamento significa accettare la situazione del *Han,* dando la colpa al destino invece che alla cattiveria dell'offensore; consolandosi in tal modo si sopporta il proprio *Han* e si va avanti. Questo stato era considerato in passato una virtù morale. Attraverso la sopportazione, i Coreani manifestano diversi atteggiamenti verso l'esistenza, come maturare, auto-abbandonarsi oppure cercare soddisfazione nel blandire il *Han*.

Attraverso la sopportazione si entra nello stato di "rassegnazione". Per i Coreani il significato del termine rassegnazione è duplice: coscienza del dovere o abbandono della speranza, cioè l'idea di "lasciar perdere".

Il primo significato, cioè la coscienza del dovere, fa maturare l'uomo verso il compimento della sopportazione. Se egli ha provato una volta rancore a causa di oppressione o di persecuzione, non esiste altra soluzione che accettare la situazione.

Quindi, soltanto per mezzo di una profonda sopportazione interiore del *Min-jung* si possono percorrere i vari stati d'animo secondo la traccia che segue:

		Rassegnazione
Rancore	Sopportazione	Lasciar perdere (ignorare)
		Soddisfazione (scioglimento)

Il secondo significato, l'idea di lasciar perdere, si ha quando il rancore è originato da un vago senso di tristezza e da un dolore senza nome, che non si sa da dove venga né da chi o da che cosa sia causato; sapendo che la soluzione non esiste e che si danneggia solo se stessi, si preferisce non conoscere l'origine del rancore ed allora si lascia perdere, cioè si ignora. Nei Coreani questi due atteggiamenti si trovano contemporaneamente.

Tutt'altra forma di espressione della sopportazione è il gusto che si può ottenere per mezzo della soddisfazione derivante dall'arte o dalla lettura.

1.2. Positività del *Han* dal punto di vista della morale comune.

Spesso tra la gente oppressa esiste un forte sentimento di solidarietà. Trattando questo argomento, il padre *Dallet Ch.*, francese, appartenente alla Società per le Missioni Esteri di Parigi, primo autore della storia della Chiesa coreana, delinea così, nel suo libro, il carattere dei Coreani[35].

> "Il lato più bello dei Coreani è rispettare e praticare ogni giorno la legge naturale della carità umana...... ci sono diverse associazioni costituite dai sindacati o dalle famiglie per proteggere, sostenere e sollecitare...... l'aiuto reciproco e la generosità per tutti è una caratteristica positiva del popolo coreano che, a dire la verità, lo rende superiore ad altri popoli che pure sono stati trascurati dall'egoismo della civiltà moderna".

Questa solidarietà tra "oppressi" costituisce una comunità. Quindi, come già avevo detto, il *Han* all'inizio può avere un carattere negativo, esprimendo rancore e lamento, ma, sviluppandosene i caratteri positivi, come l'affetto (情) e la speranza (願), si diffonde tra la gente che ha un destino comune. Il *Han*, cioè, in Corea, ha inizio da una natura negativa e tenebrosa, ma procede verso l'amicizia, il progresso e la speranza, che sono caratteri positivi e luminosi.

Le tradizioni antiche, come il *Du-re*[36], il *Kae*[37] e il *Pum-at-si*[38], sono scaturite dalla coscienza comunitaria per l'aiuto reciproco tra "oppressi" e "poveri".

Non possiamo escludere che, per la sua stessa natura, nella comunità esista una coscienza morale che si può definire come l'insegnare il bene ed evitare il male (*Kweon-seon-jing-ak*). Questa frase è spesso associata al concetto di cielo, perché, quando uno è cattivo oppure ha fatto male qualcosa, si dice "non hai paura neppure del cielo!". Infatti il cielo, per i Coreani, non

---

35. DALLET CH., Histoire de l'eglise de Corée, Paris, Librairie Victor Palm Editeur, 1874, in trad. Coreano AN Oel-ryl e CHOI Suk-uoo, La storia della Chiesa coreana, vol. I, Istituto per la ricerca della storia della Chiesa in Corea, Seoul, 1990, 225.
36. È un incontro tra contadini per collaborare nei momenti di bisogno.
37. Una delle associazioni per l'aiuto reciproco sorta nell'antica società coreana; molte persone mettono a disposizione una certa somma di denaro per un determinato scopo; il denaro raccolto è amministrano comunitariamente.
38. Aiuto reciproco nel lavoro più duro.

si presenta mai come una persona, ma è lo stesso dio assoluto che vive nel loro cuore. Quando le persone conducono una vita dignitosa, questa scorre come l'acqua senza riflusso[39], perché in una vita naturale e morale non esiste il *Han* (恨) negativo.

1.2.1. *Jung-Han* e il *Won-Han*

È diffusa l'opinione che il *Han* sia un sentimento propriamente coreano, perché è basato sul *Jung-Han* (情恨, *Han* dell'affetto). Secondo i Coreani, *Jung* (情) vuol dire 1) azione del cuore provocata dai sensi; 2) generosità del cuore per amare e fare amicizia, soprattutto l'amore tra uomo e donna; 3) il buon pensiero venuto dal cuore; 4) dal punto di vista psicologico, il sentimento che alberga nel cuore.

Il *Han* dell'affetto è un sentimento tradizionale condiviso dal popolo oppresso; guardandosi negli occhi senza parole si capisce la situazione e ci si aiuta con tutto il cuore come espressione della carità. È, quindi, un sentimento prettamente popolare. Ma il *Han* dell'affetto, come profondo sentimento del popolo che guarda sempre al passato e non al futuro, non si può considerare progressivo, anzi spesso si presenta regressivo e non realistico. Ciò si collega al fatalismo che lo Sciamanesimo ha impresso negativamente nella società coreana. Questi sono gli elementi positivi, ma anche negativi del *Han* dell'affetto. Lungo i secoli della storia coreana, dunque, tanti eventi importanti non si sono realizzati a causa dell'affettività (情) personale.

Al contrario, la natura del *Won-Han* (願恨, *Han* della speranza) è la speranza degli oppressi che diventa una forza, pur restando nella disperazione; è un sentimento che scatta senza essere provocato da estranei, ma resta solo speranza, senza realizzazione né soddisfazione e quindi rimane nel *Han* (risentimento o delusione). Questo capita a chi ha avuto tanti *Han*, vale a dire tanti sogni e speranze, con la netta intenzione di superare la realtà senza perdere la speranza, cosa che è impossibile. Così il carattere di amicizia e di progressività attraverso la speranza è riuscito a creare il particolare carattere dei Coreani, che è "implicito e perseverante", e anche perché a chi si trova nelle difficoltà permette di superarle con tanta forza per alimentare l'attaccamento alla vita.

---

39. Un esempio molto conosciuto su questo argomento è il suicidio, che è considerato molto importante nel culto *Sa-ryeong*. In genere per i Coreani il suicidio è molto negativo, a causa del pensiero tradizionale che crede che il suicida abbia molto rancore. Se una persona si è suicidata, il resto della famiglia viene emarginato o addirittura cacciato dal villaggio. La casa dove abitava un suicida si considera per lungo tempo maledetta. Questa mentalità deriva dall'idea che la vita deve scorrere nel tempo come l'acqua di un ruscello, anche se è piena di sofferenza e di dolore.

1.2.2. Soddisfazione e Buonsenso

Quando riveste il ruolo di solidarietà tra gli oppressi e i poveri per mezzo dell'arte, il *Han* diventa il culmine della bellezza, della soddisfazione e del fascino del popolo.

Spesso l'arte del popolo comprende il sentimento e la bellezza (美) della vita. Anche se la "bellezza" non è quella che ci si aspettava, è bella lo stesso, perché solo lì si trova la vita autentica ed originale.

Nel corso dei secoli, i Coreani sfortunatamente sono stati costretti a subire molti *Han*, ma allo stesso tempo sono riusciti a vivere superando ogni ostacolo. I mezzi che li hanno aiutati sono stati la letteratura e l'arte; il sentimento del popolo, manifestato attraverso l'abilità letteraria e artistica, ha formato la coscienza della cultura popolare del popolo.

L'arte coreana di solito ha un aspetto abbastanza triste, perché riflette il sentimento profondo di un popolo venuto dalla triste storia del paese, ma il fascino e la bellezza del *Han* superano la tristezza e la rassegnazione, anzi si sviluppano fino alla maturazione del sentimento.

Così si cerca di superare gli aspetti tristi e pesanti che si incontrano nella vita per mezzo della sopportazione, maturando e distraendosi, e finalmente si percepisce il giusto senso della vita, che porta serenità e soddisfazione. Quindi *il Han* è un meccanismo di purificazione che apre l'orizzonte alla vita morale.

E così la saggezza dei Coreani, che hanno potuto elevare il *Han* nel gusto, si chiama buonsenso: il buonsenso del *Han*.

1.2.3. Conciliazione definitiva

Uno dei diversi volti del *Han* è riassunto in una frase che dice "mangia bene e vivi bene!" e che viene spesso usata anche con un senso di minaccia. Nella mentalità e nella letteratura tradizionali, di solito la si trova come buon augurio. All'inizio il *Han* mira soltanto a purificare il sentimento di vendetta degli oppressi, causato dal rancore e dall'odio; poi, attraverso il processo di sopportazione, si sviluppa in uno stato di conciliazione che condivide l'amore e porta ad avere la speranza.

In tal modo, il sentimento del popolo, che è inizialmente negativo (rancore), con la sopportazione si trasforma in comprensione e in perdono e, infine, in felicità.

Lee Bu-young, una psicologa della scuola *Carl Gustav Jung*, definisce il *Kut* del Sciamano come una forma di ottimismo, ossia di *Happy ending*, perché nel *Kut* gli dei all'inizio danno la colpa all'uomo, pigro e indifferente, ma alla fine lo proteggono dalla sfortuna e lo benedicono.

> Minaccia e critica di dio : "È logica codesta situazione di infelicità perché non sei stato devoto a dio".
> Chiede il perdono : "Mi dispiace, non sapevo, perdonami per questa volta ".
> Perdono condizionato del dio : "Ti perdono solo per questa volta".
> Insegnamento e benedizione : "Non ti preoccupare! Tutto andrà bene!".

Attraverso il *Kut* si vuole perciò sciogliere totalmente il *Han* e liberarsene. Il *Kut* cerca di sconfiggere le cose negative della realtà, di riconoscere lo sbaglio e fa chiedere perdono all'ente assoluto (gli dei), dando vita ad un nuovo equilibrio invece di comprometterlo con la realtà ingiusta. Nel *Kut* esiste la forza di riconoscere le cose negative, superando la realtà. Così le persone possono avere un cuore maturo che desidera per tutti il "mangia bene e vivi bene!".

Il *Han* è pertanto un sentimento che continua a crescere, partendo dal profondo del cuore del popolo oppresso, passando per diversi gradi, superando ogni ostacolo fino a dare serenità e soddisfazione, come è giusto che sia.

2. *Bok* e *Jae-su*

Lo Sciamanesimo è un sentimento religioso persistente nella storia della Corea: attraverso lo Sciamano, il popolo coreano instaura un rapporto con gli dei per evitare il maligno, pregare il *Bok* e sciogliere il *Han*.

Per i Coreani, che cosa sono dunque il *Bok* e il *Jae-su*?

Secondo il dizionario della lingua coreana, il *Bok* è la felicità o la buona fortuna. Nella mentalità orientale, per l'uomo ci sono cinque *Bok*: vita lunga, ricchezza, salute fisica, possesso della virtù e morte senza dolore.

La parola *Jae-su*, invece, spesso indica la buona sorte per i beni materiali e per il denaro, ma anche per le cose preziose e importanti. Quest'ultimo significato può essere interpretato in diverse maniere secondo il modo di pensare, ma in genere si può dire che riassuma tutto quello che rende felici gli uomini.

Tuttavia queste fortune sono tutte cose che devono essere realizzate "ora e qui". Perciò fare il *Kut*, chiedere la divinazione, pregare gli dei per la ricchezza, per la lunga vita e altri tabù da rispettare sono tutte cose che servono solo per ottenere il *Jae-su* e il *Bok*.

Spesso, quando il desiderio dell'uomo non è stato esaudito, il *Won-Han* (*Han* di speranza) diventa una parola che indica "rassegnazione", poiché l'uomo vive il suo destino senza alcun coinvolgimento e accetta la situazione in cui si trova. Quando, cioè, qualcuno dice che una situazione è tale "perché non c'era il *Jae-su*!" oppure "a causa dell'assenza del *Bok*!", significa che non c'era il *Jae-su!*" oppure "a causa dell'assenza del *Bok!*", significa che non è stato realizzato il desiderio che aveva espresso.

La parola *Ki-bok* significa cercare la buona sorte (*Haeng-un*) o la fortuna (*Bok*). Per l'uomo cercare la felicità è una cosa logica e naturale; quando egli sente che non potrà acquistare la felicità da solo, si rivolge alla religione. Lo Sciamanesimo è vissuto contribuendo a realizzare i desideri fondamentali dell'uomo.

Le frasi "perché non avevo il *Jae-su*" oppure "a causa dell'assenza del *Bok*" vogliono dire che si è spezzato l'equilibrio tra dio e l'uomo; si tratta di un maleficio mandato dal dio per l'errore dell'uomo, e il modo di liberarsene è il *Kut*.

Perciò il nucleo del *Kut* è acquistare il "*Jae-su*" in un mondo in crisi e pieno di sofferenza. Il concetto del "*Jae-su*" in questo caso è molto ampio e comprende la sicurezza, la protezione e la sopravvivenza, analogamente al significato dello "*Shalom*" nella Bibbia ebraica, che può intendersi come la salvezza che viene dall'Essere assoluto soprannaturale.

2.1. *Jae-su* e la sua radice storica

Allora perché si sente la necessità del potere di un dio per acquistare il *Jae-su* o il *Bok*?

La Corea è una penisola. Lungo i secoli da nord è stata dominata dalla Cina e da sud è stata continuamente invasa dal Giappone, poiché, geograficamente e strategicamente, è molto importante. È stata quindi sempre oppressa e invasa dagli stranieri, in quanto aveva il *Han* di un popolo debole.

Per questa ragione il governo è stato sempre diviso tra i poteri stranieri, generando grandi conflitti: la ribellione del popolo contro l'autocrazia, la lotta del popolo oppresso dalla società feudale, la resa forzata delle donne alla società maschilista. Quindi vi è sempre stato un desiderio di sicurezza e di protezione per la sopravvivenza: questo è il motivo per cui il popolo coreano ha cercato sempre il *Jae-su* e il *Bok*.

Nei diversi *Kut* e nei culti dello Sciamanesimo del villaggio l'unico fine era cercare di evitare il male e pregare il *Bok*. Il 70% della superficie della Corea è montuoso e vi sono circa duemila villaggi con templi dedicati al dio che protegge la montagna. La popolazione locale pratica il *Kut* ogni anno per la sicurezza del villaggio, poiché si crede che in ogni angolo della casa ci siano gli dei domestici che proteggono dal male e danno il *Bok*.

Nonostante tutto, il *Jae-su* non si può acquistare solo con la forza umana; occorre, quindi, il potere degli dei. In ciò risiede il valore dell'esistenza dello Sciamanesimo.

2.2. *Jae-su* realistico

Il nucleo principale dello Sciamanesimo è cercare il *Bok* ed acquistare il *Jae-su* attraverso il *Kut*. Lo Sciamano induce la gente a chiedere il perdono del dio, che va calmato con il cibo e con il ballo, per ricevere il *Bok*, evitando il male e approfittando del suo potere.

Ciò vuol dire che i numerosi dei dello Sciamanesimo, che sono onnipotenti, desiderano una vita serena per l'uomo e quindi lo proteggono e lo aiutano nella realtà, dando vita a un rapporto tra dio, lo Sciamano e l'uomo; se il dio perde la capacità di aiutare la gente, rischia di essere disconosciuto come dio. Anche lo Sciamano, pur essendo chiamato dal dio, ha solo il ruolo di aiutare la gente e non agisce per il suo bene personale, ché il primo ruolo di dio e dello Sciamano è quello di aiutare la gente.

Il desiderio del dio, dello Sciamano e dell'uomo nello Sciamanesimo è che l'uomo riceva tutta la felicità "ora e qui" e che viva con gioia senza covare il *Han* (rancore) e raggiunga bene l'aldilà. Perciò nell'"ora e qui" non esiste il concetto cristiano del "sacrificio". I Coreani, nella loro storia, non hanno mai potuto godere il *Bok* per cause sociali, geografiche e culturali, e hanno accumulato nel loro cuore solo il *Han* (rancore): in realtà sono un popolo che è vissuto sempre nel sacrificio. Malgrado questa realtà, però, i Coreani hanno cercato sempre il benessere della vita reale e l'acquisizione del *Jae-su* nella realtà.

Ciò è dimostrato attraverso la funzione del dio e dello Sciamano. Per loro solo la vita reale è il motivo e il centro dell'esistenza, per cui la dottrina dello Sciamanesimo si può definire l'espressione del desiderio di vivere. *Bok* è una parola che esprime proprio questo desiderio.

Dunque, tutto il culto dello Sciamanesimo ha lo scopo di avere più *Bok* per arricchire la vita ed evitare il pericolo che il maligno possa spezzarla o addirittura far perdere il *Bok* o il *Jae-su*.

3. *Sin-myung*

Lo Sciamanesimo racchiude i vari sentimenti, tipici dei Coreani; tra questi il più allegro, è il *Sin-myung* quasi in opposizione al *Han*. Possiamo dire che il sentimento triste è il *Han*, il sentimento dell'allegria più completa è il *Sin-myung*. Infatti *Han* è covare nel cuore qualcosa di spiacevole, mentre *Sin-myung* è sciogliere quello che è stato covato; *Han* e *Sin-myung* sono termini che riassumono i grandi sentimenti dei Coreani.

"*Sin-myung*" significa "lo spirito del dio del cielo e della terra" oppure "l'eccitazione e il gusto dell'allegria": uno stato, cioè, di massima eccitazione derivante dalla possessione da parte del dio del cielo e della terra.

Secondo gli antichi, il *Sin-myung* ha il significato di un cuore divinizzato che riconosce la provvidenza del cielo e comunica con la gente. Perciò si diceva "il dio è posseduto" oppure "il dio è disceso"; il *Sin-myung*, dunque, è un sentimento che richiama l'unione tra dio e uomo, e la sua fonte si trova nel fenomeno religioso come esperienza mistica. Quando l'uomo sperimenta il potere di dio, raggiunge uno stato di unione profonda con gli dei. Il *Sin-myung* è, quindi, uno stato spirituale che l'uomo sperimenta solo nell'unione con dio.

Il *Sin-myung* è un impegno sacro che, al culmine, determina lo scioglimento del risentimento nascosto nel cuore; è il punto di trasformazione dell'accumulo del rancore in liberazione, che si può indicare come un'energia vitale che scioglie l'accumulo, diversa da quella del sentimento del nobile, che agisce solo dopo lunga riflessione.

In poche parole, la forza vitale, repressa e accumulata nel cuore, scatta improvvisamente, formando un nuovo sentimento creativo.

Il *Sin-myung* è allora un'esperienza spontanea, che porta alla vera conciliazione e alla liberazione; scioglie il groviglio delle repressioni a livello personale e di gruppo attraverso lo sforzo di superare il *Han*, ed è un alto sentimento che rende possibile un assoluto scioglimento del *Han*. A questo livello il *Kut* diventa un atto di speranza religiosa che scioglie il *Han* e guarisce la malattia, che, in questo contesto, non è solo fisica, ma include l'insieme della dimensione affettiva e la situazione di oppressione psicologica e spirituale.

Nel culto del *Sin-myung*, l'espressione divina è molto più attiva rispetto alle altre religioni, e così pure l'equilibrio dello Sciamanesimo è più poderoso e originale che in altre religioni. Quando si considera lo Sciamanesimo dal punto di vista dell'evoluzione, occorre tener presente che esso è una religione molto antica che ha conservato e sviluppato un'antichissima visione del Cosmo come equilibrio di forze.

3.1. *Sin-myung* attraverso il *Kut*

Tradizionalmente i Coreani sciolgono l'accumulo del rancore tramite il *Kut*. Tra i nomi popolari del *Kut* c'è quello di "*Pu-dak-ku-ri*". "*Pu-dak*" è una parola che proviene dal verbo "*pul-da* (sciogliere)" oppure "*pu-da* (togliere)". Il significato di "*pul-da*" è disfare un legame, coltivare la terra, purificare il rancore o liberarsi dalle cose proibite, mentre "*pu-da*" vuol dire prendere l'acqua o il riso .... "*Ku-ri*", poi, è il nome di ogni fase del *Kut*; già il nome del "*pu-dak-ku-ri*" esprime il desiderio di purificare il rancore oppure di eliminare *il Han* accumulato.

Il *Kut* ha lo scopo di sciogliere un accumulo che non può essere sciolto da forze umane, perché il motivo di esso si trova nello squilibrio tra il dio e l'uomo, il quale si può ristabilire soltanto attraverso la conciliazione. Ciò si realizza attraverso lo Sciamano, che è il mediatore tra il dio e l'uomo, anche perché solo per suo mezzo il dio scende e ritorna. Quando il dio entra nello Sciamano, questi si muove freneticamente nel luogo dove ha preparato l'altare e trasmette la parola divina. In questo momento lo Sciamano si libera da tutte le cose che lo circondano ed entra in eccitazione.

Il *Kut* non si svolge solo in comunione con la padrona fedele che ne ha richiesto, ma con tutta la gente che guarda e partecipa. Attraverso il potere degli dei, la solidarietà con la padrona e l'inclusione nell'atmosfera comica della buona parola, tutti i partecipanti vivono nel *Kut*. Così, "guardando", la gente diventa essa stessa la padrona, fedele che partecipa. Per loro non c'è bisogno di battesimo, perché già nella solidarietà del *Kut* il profano diventa sacro, e anche in loro si generano lo scioglimento, l'apertura e la chiusura.

3.2. *Sin-myung* attraverso il canto e il ballo

Di solito, la musica e il ballo coreano esprimono la forza e la tendenza all'accettazione del popolo per superare la vita oppressa e sfruttata. Il ballo è un'espressione del sentimento che deriva dalla vita quotidiana ed è un'imitazione artistica del movimento. Non è un'espressione astratta, ma concreta: è sentimento interiore manifestato con il movimento fisico. Il movimento generale che si trova nel ballo tradizionale è l'espressione del sentimento e dell'antagonismo del popolo oppresso.

Fin dalla remota antichità, in oriente e in occidente, il canto e la danza hanno il significato religioso di onorare Dio o di ringraziarlo. Si pensi a Davide, che, dopo aver portato l'arca di Dio dalla casa di *Obed-Edom* alla città di Gerusalemme, insieme con tutto il popolo danzava e cantava per onorare il Dio d'Israele (II Sam. 6, 5. 14). Gli antichi saggi entrarono nel mondo di dio dopo una lunga esperienza mistica trascorsa nella contemplazione silenziosa, mentre i popoli comunicarono con dio dopo l'esperienza dell'estasi, mediante il ballo rumoroso.

Nello Sciamanesimo questo stato di estasi è fondamentale: lo Sciamano, al forte suono della musica, danza, e il suo dio discende in lui durante l'eccitazione. Il punto d'incontro tra il dio e l'uomo è quindi lo Sciamano.

Questo aspetto dello Sciamanesimo non si può dimostrare scientificamente, ma è insito nella cultura dei Coreani; spesso è considerato un fatto astratto, ma non è solo così, perché per mezzo di esso si può anzi scoprire un aspetto del carattere dei Coreani.

Attraverso lo stato di estasi, momento d'incontro tra il dio e l'uomo, si può notare una peculiarità dei Coreani che è presente anche oggi. Il rapporto interpersonale tra gli individui, o tra l'individuo e il gruppo, o addirittura tra i gruppi, si sviluppa attraverso lo stato di estasi. Passando il tempo, più donne che uomini credono nello Sciamanesimo; esse tramandano la danza del Sciamano stabilendo un atteggiamento positivo con la danza; mentre gli uomini, di solito tendono ad ubriacarsi, ottenendo lo stesso effetto dell'estasi. Anche se non esiste la possessione oppure il contatto con dio durante l'ubriachezza, è abbastanza diffuso dire o fare qualcosa che di solito né si dice né si fa. Quindi lo Sciamanesimo è stato sempre per il popolo una religione originale, fonte di vita e di cultura nuova, che riunisce il cielo, la terra, gli dei e gli uomini, ballo, canto e liquore.

Il *Sin-myung*, attraverso la danza, provoca l'esplosione del *Han* opprimente ed accumulato, e allora il popolo può mutare sentimento e progettare il futuro.

Nella danza rituale ci sono tre figure: "la figura attirata", che si muove poco, in modo semplice e con pochi cambiamenti, tirando la tensione e concentrandola tutta all'interno di sé; "la figura dell'iniziato", che piano piano si scioglie e si tranquillizza, in cui l'elevatezza del sentimento mischia e regolarizza il movimento interiore ed esteriore, generando "la figura della mitigazione"; infine una figura molto allegra e vivace, che scioglie la tensione del sentimento. Il movimento, allora, diventa vivido, brioso e aperto ed ha la funzione di purificare dalle cose cattive, accumulate nel profondo del cuore.

In questo senso la prima forma esprime fortemente il sentimento del Han, la terza presenta la natura del *Sin-myung*, mentre la seconda ha solo una funzione di collegamento tra il *Han* e il *Sin-myung*.

Quindi il ruolo del divertimento mediante il bere e la danza dello Sciamano è uno degli elementi portanti dello Sciamanesimo, che con il ballo e il canto trasmette, attraverso il *Kut*, tutto il sentimento che trasforma la vita quotidiana.

Il *Tal-chum* è una delle danze coreane. *Ryu Tong-shik* sostiene che "il ballo con la maschera è uno sviluppo dell'animazione del *Kut*; perciò l'origine del ballo con la maschera è nel *Kut*".

Quando si balla nel *Kut* è il momento del *Sin-myung* che esplode nel "*Nan-jang*", che significa "orgia" o "frenesia rituale"[40]. Così l'oppressione, il proibito, l'ansia e la tensione, iniziate al momento della possessione del dio nello Sciamano, esplodono all'improvviso verso la liberazione.

---

40. Cfr. Dizionario di psicologia, a cura di Wilhelm Arnold, Hans Jurgen Eysenck, Richard Meili, ed. Paoline, 1975: Orgia (Orgie; Orgy) Evento sociale (festa di gruppi) con alto indice di soddisfazione ottenuta da attività piacevoli e voluttuose, come il bere, il divertirsi, il danzare e la libera attività sessuale. Si presume che fosse un fatto usuale ai tempi dell'impero romano.

3.3. *Sin-myung* comunitario

Sin-myung vuol dire anche equilibrio interno alla persona, o tra persona e natura, oppure con gli dei che creano equilibrio e liberano da un certo problema.

Sin-myung ha due forme, che si verificano nella vita quotidiana: l'intenzione di accettare o di accogliere praticamente la vita, oppure di lasciare e allontanare la vita difficile e sofferente.

Il Sciamano nel *Kut*, contattando e divertendo il dio, tocca anche il cuore e il sentimento dei partecipanti; così il *Sin-myung*, che inizialmente era limitato al solo Sciamano, si trasmette alla comunità, poiché tra i diversi individui oppressi si forma un sentimento comune. In ciò risiede l'anima aperta del popolo e lo Sciamano appare moralista, artista, cantante e narratore. Egli, tra gli atteggiamenti degli uomini, consiglia il bene e condanna il peccato e rimprovera fortemente gli uomini che hanno commesso peccati in nome di dio o degli antenati. L'artista, che recita commedie e parla in modo volgare, all'improvviso diventa moralista durante il *Kut* e getta un ponte tra il dio e l'uomo.

Il popolo ride e piange durante il *Kut*, ma conserva anche un atteggiamento ordinato, sapendo che non si può compiere lo scopo proprio del *Kut* senza la riconciliazione completa con gli dei, con gli uomini e con tante altre creature. Anche se il contenuto del *Kut* logicamente non si comunica e non si spiega bene, il popolo che partecipa totalmente al *Kut* forma concretamente una comunità Sciamanica, che è una comunità non solo di vivi ma anche di morti.

La cultura Sciamanica è del popolo, cioè la cultura del popolo. Essa è la vita stessa: non c'è altro. Questa vita è tutta diversa da quella della cultura aristocratica di un certo livello, che disprezza il lavoro, da quella della cultura che reprime il sentimento per l'etichetta e per le formalità, da quella della cultura di regime, delle classi egemoni e dei mercanti, che fanno sentire inferiori le persone di umile ceto sociale.

Dunque, sciogliendo per mezzo del *Kut* il *Han* dello Sciamano e del popolo della bassa società che è vissuto sempre oppresso, si cerca di dimenticare o di lasciar perdere o di allontanare, accettando praticamente una nuova vita. Questa mentalità si trova facilmente nei vari culti di villaggio, che consistono nello scioglimento del *Sin-myung* collettivo della gente che forma gli strati bassi della società.

Attraverso il culto sciamanistico il popolo ha trovato la possibilità di riconciliazione e riunificazione sociale. Esso racchiude il cuore del popolo e la vita dei Coreani; così si può capire la loro visione della vita e la loro mentalità. Lì si trova la loro vita autentica.

Tuttavia, quando finisce il *Kut*, non rimane nessun legame per tenere vivo e rafforzare il sentimento comune come fosse uno stato che si possa tramandare. Esso aggrega la comunità solo durante il *Kut*, ossia quando è necessario, e perciò può tramandarsi non attraverso la tradizione storica, ma per mezzo di esperienze concrete.

Se sosteniamo che la caratteristica peculiare dello Sciamanesimo è il *Han* e che esso è il sentimento più radicato nel cuore dei Coreani, alcuni studiosi potrebbero non essere d'accordo. Essi escludono che il *Han* sia un sentimento che cresce gradualmente con la maturità dell'uomo, invece di fermarsi ad uno stato della evoluzione nel profondo del cuore del popolo oppresso.

Nel rapporto fra lo Sciamanesimo e il *Han*, il punto di partenza non sta nel Sciamanesimo, ma nel cuore del popolo. Siccome lo Sciamanesimo è sempre vicino al cuore dei Coreani comprendendo e consolando, il *Han*, logicamente, si presenta come un sentimento muistico. Ecco, questa è la convinzione che si è diffusa durante i secoli.

Quindi lo Sciamanesimo non è un luogo del *Han* delle genti oppresse, ma è un luogo di scioglimento (*Han-pu-ri*); cioè il senso del *Han* è popolo, che è un termine storico, psicologico, che manifesta la sua identitià nell'atto di scioglimento.

Lo Sciamanesimo, come scioglimento, ha cercato di riconciliare l'uomo con la realtà ingiusta, di privarlo del malessere, pregando il *Bok*. Il continuo desiderio del popolo, che si presentava come "l'essere *Han*", erano la sicurezza e la protezione della vita. Questo desiderio della vita è *Bok* o *Jae-soo*. Ma questo desiderio è tutto realistico e materialistico, come la natura dello Sciamanesimo è contraria all'idea del Cristianesimo, che promuove il benessere e la pace spirituale e psicologica.

Il popolo era povero e oppresso. Il mondo ideale, che aveva desiderato e in cui aveva sperato, cioè il *Bok* e il *Jae-su*, è stato sempre lontano. Nonostante tutto, per superare la realtà si ricorre al rito religioso ossia al *Kut*, che è un linguaggio popolare in cui si rivela l'idea di *Sin-myung*, riunendo i vari gruppi di popolo con il canto e il ballo.

Il linguaggio popolare, come *Han*, *Bok* e *Sin-myung*, penetrando in una religione come lo Sciamanesimo, ha adattato lo Sciamanesimo alle caratteristiche coreane, delle quali è diventato il corpo. Questo è il motivo per cui si dice che lo Sciamanesimo è la più coreana delle religioni.

CAPITOLO TERZO
INFLUENZA DELLO SCIAMANESIMO NELLA PEDAGOGIA COREANA

Lo Sciamanesimo, pur non avendo una dottrina, un sistema e una struttura sviluppati, ha un carattere particolare che si mescola facilmente con religioni e culture ad esso estranee, penetrando, oltre che nel Confucianesimo, nel Buddismo e nel Taoismo, anche nella vita quotidiana, assorbendo tutto quello che può favorirne lo sviluppo.

Nello Sciamanesimo non si trova un unico elemento religioso peculiare che contribuisca al suo sviluppo. Lo Sciamanesimo è una religione che si tramanda solo oralmente. Nella società antica, la religione era strettamente connessa con la politica, la giustizia e l'amministrazione e non poteva quindi svilupparsi soltanto come religione. Per questo motivo nel Sciamanesimo non si ritrova una cultura religiosa ben sviluppata, ma ciò che si rileva è la forza che sostiene il popolo quando unisce la religione ad un elemento ideologico o sociale importante. Ciò rende possibile la fioritura di una cultura religiosa abbastanza ricca.

1. Mitologia coreana

La mitologia racconta degli dei di una determinata tradizione culturale. Le fonti più importanti che tramandano la mitologia della nascita della Corea sono due: *Sam-kuk-sa-ki* (c.1145) e *Sam-kuk-yu-sa* (c.1280). L'autore di *Sam-kuk-sa-ki* è *Kim Bu-sik*, confuciano, il quale sostiene che la mitologia è una finzione e lo dimostra molto brevemente; invece il *Sam-kuk-yu-sa*, scritto da un monaco buddista, *Il-yeon*, ha un carattere anche muistico, in virtù degli elementi ormai penetrati nel Buddismo.

Questi testi mitologici non sono l'opera propria di monaci, ma sono documenti storici trasmessi dall'antichità e redatti prima del Buddismo, all'incirca nel IV secolo; hanno avuto origine perciò nel periodo dello Sciamanesimo.

Nella mitologia, l'antenato nazionale della Corea odierna è *Tan-kun*. La parola *Tan-kun* è un vocabolo corrispondente a *"Tengri"* in lingua mongola, che ha il significato di Sciamano, cioè Sciamano. Il *Tan-kun* è un re che ha l'ufficio di sacerdote, come il Sciamano nel periodo in cui vi era unità tra politica e religione.

Tan-kun ebbe un ruolo simile allo Sciamano di oggi: guidò e governò la nascita, la vita, le malattie .... degli uomini per 1500 anni e diventò il dio della montagna. La fede nel dio della montagna, che si trova spesso nello Sciamanesimo, deriva da questa storia.

La mitologia di *Tan-kun* ha preso inizio dalla forma religiosa primitiva della cerimonia del *Kut*, che è uno dei rami dello Sciamanesimo. Lo Sciamanesimo è un fenomeno religioso che si trova in vari luoghi e popoli; perciò non si può dire che sia una fede o una religione originariamente coreana, ma è stato sicuramente accettato dalla mitologia di *Tan-kun*, nella quale risiede l'origine dello Sciamanesimo.

La mitologia non è una descrizione del mondo reale, ma è l'espressione simbolica e narrativa degli interessi e della realtà religiosa degli antichi; perciò la sua importanza non sta nel mondo descritto dalle narrazioni, ma nel significato interiore che si vuole esprimere per mezzo di esse.

Gli dei che parlano nella mitologia coreana sono gli stessi dello Sciamanesimo. Dunque, tramite la mitologia, si può delineare la forma originale dello Sciamanesimo e si può sapere da dove derivino gli elementi decisivi che sono tuttora presenti nella mentalità dei Coreani.

1.1. *Sam-kuk-yu-sa*

Il nucleo e la mentalità fondamentale della mitologia coreana derivano dal libro *Sam-kuk-yu-sa*. Anche in diverse fonti successive si trovano i medesimi fatti, dei quali però uno solo è riferito in *Sam-kuk-yu-sa*. Rispetto al *Sam-kuk-sa-ki*[41], esso ricco di storia culturale e sociale della vita quotidiana di allora. Il motivo della pubblicazione del *Sam-kuk-yu-sa* sta nel desiderio di integrare la parte mancante nel testo di *Sam-kuk-sa-ki*, poiché nel primo si trovano narrazioni che non compaiono nel secondo. Tratterò pertanto solo del primo.

Questo libro è stato scritto dal monaco buddista *Il-yeon*[42] all'epoca del re *Chung-yeul* nel *Ko-ryo*, alla fine del XIII sec.; lo stile è un pò forte e diretto, ma il contenuto conserva benissimo tutta l'originalità della mentalità e della cultura del tempo. Il valore più grande del *Sam-kuk-yu-sa*, infatti, sta nella descrizione dell'inizio della storia e della cultura coreane senza ornamenti, soprattutto riguardo alla leggenda del *Tan-kun*, che nel *Sam-kuk-sa-ki* non esiste. Esso riassume la leggenda sull'origine del popolo coreano, affermando in particolare che il *Tan-kun* apparteneva ad una generazione celeste, dimostrando così il rispetto per il cielo (*Kyung-chun*) degli antichi

---

41. È stato scritto dal confuciano KIM Bu-sik nel 1145. Il libro di *Sam-kuk-sa-ki* è la storia nazionale della Corea scritta con i pregiudizi dell'autore che addirittura aveva tolto tutte le leggende tradizionali; perciò il suo valore è minore rispetto a quello di *Sam-kuk-yu-sa*.
42. Il suo nome originale è Kun-myung, nato nella regione di Kyung-sang. Quando scrisse il *Sam-kuk-yu-sa* aveva circa 70 anni, approfittando del tempo libero per 6 o 7 anni, in primo luogo raccolse i documenti della storia del *Sam-kuk* (i tre paesi), poiché la Corea originariamente era divisa in tre, e poi cominciò a scrivere su di essi. In tali scritti si trova qualche argomento documentato sul *Ko-ryo*, naturalmente nell'ottica del Buddismo.

coreani.

Come *Il-yeon* dichiara nell'introduzione, il significato della mitologia del *Tan-kun* è che i Coreani sono una generazione di origine celeste con una storia molto lunga; anche se al momento sono sottomessi ai Mongoli, la loro dignità è nel loro sangue. La linea principale del racconto è la seguente.

> "Secondo il libro cinese *Yui* (魏書), circa 2.000 anni fa c'era *Tan-kun*, che pose la sua residenza nella città di *A-sa-dal* e cominciò a governare il paese chiamato *Cho-seon* quando in Cina governava il re *Yo* (堯).
> Il figlio di *Hwan-in*[43], che si chiama *Hwan-ung*, aveva il desiderio di vivere nel mondo dell'uomo invece che nel cielo. Il Padre, guardando il monte *Tae-baek*[44], una delle tre grandi montagne, sentì che avrebbe potuto essere utile all'uomo (*Hong-ik-in-kan*), perciò consegnò tre segni divini (天符印) al figlio e lo inviò nel mondo dell'uomo. *Hwan-ung* scese con 3.000 seguaci sulla cima del monte *Tae-baek*, che chiamò il paese di dio (桓雄天王) e, collaborando con i comandanti del vento (風伯), della pioggia (雨師) e delle nuvole (雲師), governò e definì circa 360 opere dell'uomo come la vita, il mangiare, la malattia, il castigo, il bene, il male ...
> Un'orsa e una tigre che vivevano nella stessa grotta pregarono *Hwan-ung* di farle diventare uomini. Allora lo spirito sacro, consegnando loro un mazzo di assenzio e 20 teste di aglio, disse: "Se voi non vedrete per cento giorni la luce del sole, mangiando solo questo, diventerete esseri umani". L'orsa e la tigre rispettarono il tabù: l'orsa riuscì a diventare donna, ma la tigre non poté a causa della sua impazienza. L'orsa donna (*Ung-nye*), non avendo un uomo da sposare, pregò di nuovo dio per avere un figlio. *Hwan-ung*, trasformandosi momentaneamente in uomo, si sposò con lei e generò un figlio che chiamò *Tan-kun*: costui fissò la capitale a *Pyeon-yang*[45] nell'anno cinquantesimo del regno del re *Yo* e chiamò *Cho-seon* il suo paese. Dopo 1500 anni il suo governo trasferì la capitale ad *A-sa-dal*. Egli morì quando aveva 1908 anni e diventò il dio della montagna[46]"[47]

---

43. Nel linguaggio confuciano si chiama *Sang-jae*, il Dio assoluto.
44. Si chiama anche monte *Sam-sin*.
45. Attualmente è la capitale della Corea del Nord.
46. Specificamente diventò il dio del monte *Sam-sin*, dove è iniziato il suo regno. In lingua coreana *Sam-sin* vuol dire tre dei; quindi la mitologia presenta il dio personale come trinitario *Hwan-in*, *Hwan-ung* e *Tan-kun*. Nel periodo successivo il nome *Sam-sin* si usa come nome del dio assoluto, spesso come il *Sang-jae* nella dottrina confuciana.
47. IL-Yeon, Sam-kuk-yu-sa (三國遺事):
"魏書云, 乃往二千載에 有檀君王儉하여 立都阿斯達하고 開國號朝鮮이라 하니 與高同時라하며. 古記云 昔有桓因 庶子桓雄하여 數意天下하여 貪求人世하니 父知子意하고 下視三危太伯可以弘益人間이라 乃授天符印三箇하여 遣往理之하다. 雄率徒三千 하여 降於太白山頂神壇樹下하여 謂之神市라하니 是謂桓雄天王也라. 將風伯雨師雲師 而主穀 主命主病主刑 主善惡 凡主人 間三百六十餘事하여 在世理化하다. 時有一熊一虎하여 同穴而居하고 常祈于神 雄하여 願化爲人이라. 時神遺靈艾一炷 蒜二十牧曰 爾輩食之하고 不見日光百日이면 便得人刑하리라. 熊虎而食之하고 忌三七日하여 熊得女身하고 虎不能忌 而不得人身하다. 熊女者 無與爲婚이라 故로 每於壇樹下하여 呪願有孕하니 雄乃假化而婚之하여 孕生子하여 號曰檀君王儉이라 하니 以唐高卽位五十年庚寅이라. 都平壤城하고 始稱朝鮮이라 하다. 又移都於白岳山

In questo testo si possono notare molti elementi, che ancora si conservano nel muismo contemporaneo. Nella mentalità totemica, l'orso era stato indicato e venerato come il dio della terra già nel nord dell'Asia. Il fatto che l'orso diventi donna indica il sortilegio dello Sciamanesimo. Lo specchio, la spada e il tamburo sono segni del potere divino. Essi sono infatti considerati gli strumenti magici per realizzare il mondo ideale del cielo sulla terra. I tremila seguaci sono un simbolo dei seguaci di dio, non dei seguaci dell'uomo; i tre comandanti che dirigono i fenomeni della natura e le 360 opere dell'uomo significano che in quasi tutti i giorni dell'anno c'è un dio che guida la vita umana.

1.2. Pensiero mitologico

La mitologia del *Tan-kun* rappresenta la nascita della Corea e la creazione della cultura coreana. *Tan-kun*, preparando l'altare divino sul monte *Tae-baek*, crea un nuovo ordine per mezzo della collaborazione tra il cielo e la terra, tra dio e l'uomo, possibile solo attraverso la discesa del dio e la santificazione dell'uomo[48]. Questa idea è nella natura della mitologia del *Tan-kun* e si ritrova nei vari racconti mitologici successivi. La sua struttura generale non è tanto diversa, perché in primo luogo c'è la discesa sulla terra del figlio di dio; in secondo luogo c'è la santificazione della terra da parte di dio attraverso la morte[49]; in terzo luogo c'è la creazione della nuova vita e della cultura religiosa attraverso l'unificazione del dio disceso dal cielo e del dio della terra rinata. Perciò il nucleo della mitologia sta nella creazione della vita e della cultura, e la creazione è possibile solo quando si ha l'unificazione tra dio e uomo.

I contenuti della mitologia di *Tan-kun* sono i seguenti: a) per realizzare il mondo ideale il dio discende nel mondo terreno, invece di far salire gli uomini nel mondo divino, secondo un'idea antropocentrica; b) la rinascita dell'orsa donna dopo i patimenti nella grotta; c) il figlio di dio (esattamente il nipote di dio) torna di nuovo al dio della montagna attraverso la rinascita ciclica per proteggere il mondo reale, rimanendovi dentro.

Nella mitologia di *Tan-kun*, pertanto, esiste la fonte dello Sciamanesimo e l'idea dell'equilibrio del cielo, della terra e dell'uomo. Questo equilibrio è

阿斯達하니　　又名弓忽山이요　　又今彌達이라.　　御國一千五百年　　周虎王卽位己卯에
封箕子於朝鮮하니　　　檀君乃移於蔣唐京이라가　　後還隱於阿斯達하여　　爲山神하니
壽一千九百八歲라　　唐裵矩傳云하되　　　高麗本孤竹國이니　　周以封箕子爲朝鮮하고
漢分置三郡하니　謂玄菟樂浪帶方이라　하고 通典亦同此說하다".

48. Nella mitologia coreana la santificazione dell'uomo è diversa da quella del Cristianesimo, perché qui non esiste l'opera dello Spirito Santo e quindi soltanto attraverso il sacrificio dell'uomo si può raggiungere la santificazione.
49. Nella mentalità coreana non guardare la luce del sole vuol dire buio, cioè la morte.

sviluppato in Benessere dell'uomo (弘益人間), in Rispetto del cielo ed amore per l'uomo (敬天愛人) e in Illuminazione del mondo con la ragione (光明二世), che diventano la base della mentalità e della cultura coreane.

1.2.1. Benessere dell'uomo (弘益人間)

Questa parola, oltre che la nuova costruzione del regno di *Hwan-ung*, esprime l'idea principale dell'apertura del paese di *Tan-kun*: il paese di dio, da lui costruito. Esso sarebbe dovuto essere un mondo pieno d'amore e di benessere perché governato secondo la legge del cielo, e perciò *Tan-kun* doveva governare in *Cho-seon* con la stessa idea, instaurando una società di benessere per tutta l'umanità. Quindi il "Benessere dell'uomo" è l'idea della guida e dell'educazione per realizzare il regno ideale.

La parola "Benessere dell'uomo" è un'espressione particolare che non si trova in nessun'altra scrittura del Confucianesimo e del Buddismo. Qui "l'uomo" non indica l'individuo, ma "la società umana" o "il mondo dell'uomo". La realizzazione di una società equilibrata dal benessere comune è l'idea del "Benessere dell'uomo".

"Benessere dell'uomo" è un'espressione che contiene la morale comune che collega in ogni modo e riconosce tutta l'identità personale. Tra i compaesani è difficile comportarsi male o far male agli altri, perché per tanti secoli il popolo coreano ha costruito una società contadina radicata in un luogo, creando una comunità di sangue.

Quindi in essa c'è l'idea di realizzare la carità ad ogni livello per maschi, femmine, ricchi o poveri: è l'idea del bene dell'uomo (弘益). Tra *Hwan-in* e *Hwan-ung*, tra *Hwan-ung* e l'orsa esiste soltanto la fiducia, la clemenza e la carità personale, senza disaccordo, malinteso, odio, gelosia e inimicizia. Questo carattere è molto diverso da quello del mondo classico, in cui spesso impera la violenza. Nella mitologia greca ci sono battaglie, gelosie e uccisioni; in quella della nascita di Roma, Romolo uccide suo fratello Remo per costruire la città.

"Benessere dell'uomo", invece, è un sentimento dell'uomo pieno di amore, di benedizione e di amicizia, un'espressione del mondo pacifico in cui ciascuno aiuta l'altro. Questo è l'amore verso l'uomo (仁愛) che si costruisce con la lealtà (忠), la pietà filiale (孝) e la sincerità (信); e, quando si manifesta il massimo amore in una situazione concreta, diventa fedeltà (義).

"Benessere dell'uomo" è l'idea fondamentale e la fonte di energia che ha sostenuto la Corea per tanti secoli.

1.2.2. Rispetto del cielo ed amore per l'uomo (敬天愛人)

La parola *Hwan* di *Hwan-in* e di suo figlio *Hwan-ung,* significa luce e sembra che sia stata usata per indicare il brillante dio del cielo. La fede antica in dio assoluto (*Han-ul-lim*), incontrandosi con il Buddismo, crea il dio del cielo *Hwan-ung* (桓雄天神), nome che significa figlio del dio assoluto; quindi anche *Hwan-ung* è un dio assoluto.

Il figlio di dio assoluto è disceso nel mondo dell'uomo e, dopo un rapporto con l'orsa, divinità della terra, da loro è nato *Tan-kun*. Quindi *Tan-kun* è nato come uomo, ma aveva anche la natura divina. Perciò se egli è sia uomo sia dio, i Coreani sono suoi figli, cioè figli di dio assoluto, e portano la divinità e l'orgoglio in se stessi. Il popolo coreano, perciò, è la generazione di *Han-ul-lim* (*Tan-kun*): *Tan-kun* è uomo e nello stesso tempo è dio assoluto; è dio assoluto ed è uomo.

Qui troviamo la grande idea secondo cui l'uomo è dio (*Han-ul-lim*). Il dio che ha vita e capacità infinita con il suo valore assoluto, non è fuori dell'uomo, ma è solo un'espressione del suo valore assoluto. I Coreani, dunque, non hanno mai accettato dio come un dio personale, ma hanno usato il suo nome per dimostrare l'eternità del valore di dio che sta all'interno dell'uomo.

Quindi, l'idea che l'uomo è dio indica il valore assoluto e la dignità personale dell'uomo e nello stesso tempo indica la superiorità del popolo coreano e l'eternità della sua storia.

Questa idea coincide con quella secondo cui si deve rispettare e amare l'uomo come dio. Se persino dio (*Hwan-ung*) ha desiderato il mondo dell'uomo, è evidente l'estremo rispetto per l'uomo; se esso è dio, ne consegue che si deve rispettare l'uomo come dio. Quindi l'idea che l'uomo è il cielo dà importanza all'uomo. Il protagonista della mitologia di *Tan-kun* non è *Hwan-ung*, figlio di dio, ma l'uomo *Tan-kun*. Pertanto l'idea che l'uomo è il cielo non è teocentrica, ma antropocentrica. Nello stesso tempo, se dio è amore e se l'uomo è dio, ciò significa che l'uomo è amore. Ciò vuol dire che se dio è oggetto di adorazione e di amore, nello stesso tempo è fonte di carità e pietà.

Qui si ritrova l'idea del Rispetto del cielo ed amore per l'uomo. Rispettare il cielo ed amare l'uomo è una virtù che il popolo coreano pratica da sempre; per questo a chi commetteva un peccato si diceva "non hai paura del cielo!"

1.2.3. Illuminazione del mondo con la ragione (光明二世)

Lo Sciamanesimo appartiene alla cultura "illuminante" dell'Asia centrale, nel cui vocabolario religioso si trova spesso la parola "illuminare".

Questa parola appare, oltre che nella mitologia del *Tan-kun*, anche nella mitologia *Park-huk-gae-sae*[50] dello stesso autore. Il mondo di cui si parla è il mondo reale, "ora e qui", nel quale vi è il centro del mondo muistico derivato dalla mentalità realistica, diventato una delle espressioni dell'idea tradizionale del popolo coreano.

Nella mitologia del *Tan-kun*, il buio vuol dire morte, e il superamento della morte dell'orsa, che da animale diventa un essere umano dotato di ragione e di virtù, indica pazienza, perseveranza e coraggio per costruire il valore dell'uomo. Così la ragione e il cuore virtuoso hanno l'unico scopo di realizzare "l'equilibrio" tra il mondo celeste dell'uomo e l'ordine del mondo terreno.

Hwan-ung, venendo nel mondo degli uomini, ha costruito un regno ideale mediante l'onnipotenza della divinità, perché il suo regno, fondato sul Benessere dell'uomo e Rispetto del cielo ed amore per l'uomo, sarà sicuramente governato con giustizia.

Questo pensiero pone sullo stesso livello la vita degli dei, degli uomini e della natura; l'idea di collaborazione, di stabilità e di unità costituisce un grande equilibrio "respirato" dall'uomo con tutte le creature del cosmo.

Perciò vale molto la riconciliazione e la comprensione tra individui, tra individuo e gruppo e tra gruppo e gruppo, che, collaborando, partecipano alla vita comune; ha lo stesso valore del Benessere dell'uomo, che significa realizzazione del benessere del popolo e per il popolo.

2. Influenza dello Sciamanesimo nelle religioni

Nel corso dei secoli lo Sciamanesimo, è stato sempre condizionato da manovre politico-religiose da parte delle diverse dinastie. Spesso, rifiutandolo, approfittando di esso o proteggendolo, veniva influenzato dalle varie religioni, soprattutto dal Confucianesimo e dal Buddismo. Nelle scene del *Kut* per i defunti oppure nel culto del villaggio, si ritrovano facilmente i caratteri del Confucianesimo, così come si possono ritrovare elementi buddisti in tutta la scena del *Kut*; anche il Taoismo ha avuto grande influenza sullo Sciamanesimo per la concezione di dio.

La flessibilità dello Sciamanesimo, che facilmente si trasforma e si adatta, non permette di discernere esattamente quale religione abbia influito

---

50. Nel sud della Corea c'erano sei stati. Un giorno uno dei loro capi vide un cavallo bianco che piangeva inginocchiato vicino a un pozzo e si avvicinò, ma il cavallo sparì e al suo posto c'era un uovo gigante, rosso; portatolo a casa lo ruppe e vi trovò un bambino, che adottò come il proprio figlio. Il bambino, crescendo, diventava sempre più saggio e robusto; a 13 anni si poteva considerare già un bell'uomo. Il consiglio dei capi dei paesetti decise di incoronarlo re e gli diede come cognome *Park* (朴) e come nome *Huk-gae-sae*, che vuol dire "governare sapientemente il mondo": Il-yeon, Sam-kuk-yu-sa.

sull'altra, in che modo e in che misura. Possiamo solo cercare di individuare gli elementi dello Sciamanesimo che provengono dall'esterno o stabilire quanto lo Sciamanesimo penetri in altre religioni o quanto le diverse religioni si influenzino reciprocamente.

È tuttavia importante che per nessun'altra religione si trova una cultura propria religiosa come quella creata dal Sciamanesimo: il *Musok* (cultura scamanica), nome che spesso si usa per indicare la stessa religione. Esso è una costumanza autentica dello Sciamanesimo, nata durante il processo di adattamento alle religioni straniere e alla cultura coreana.

2.1. Sciamanesimo nel Buddismo

Il Buddismo è entrato in Corea nel 372, secondo anno del regno di So-su-rim di *Ko-ku-ryo*, nel 384 in *Baek-jae* e nel 527 in *Sin-ra*.

Per i Coreani esso ha avuto un grande rilievo nella dimensione spirituale della cultura in quanto importante sotto il duplice aspetto religioso e filosofico[51]. Passato il periodo della fioritura come religione a protezione del paese nel *Sin-ra*, e assorbita la filosofia cinese nel *Ko-ryo*, apparve evidente la corruzione e la degradazione del governo, il quale iniziò una manovra politica tendente ad "accettare il Confucianesimo e rifiutare il Buddismo"; per tale motivo dal XIV sec. il Buddismo ortodosso si ritirò nelle grandi montagne coreane; ma i suoi aspetti popolari, attraverso una continua secolarizzazione, vennero considerati come appartenenti al popolo, penetrati e viventi nel Sciamanesimo.

Quindi, nel corso del processo di secolarizzazione, il Buddismo, anche se ha trasformato la sua identità di fede, ha sostenuto spiritualmente la cultura coreana per lunghi secoli ed è diventato un'eredità culturale del popolo; la quale non può essere ignorata nello studio della religione e della filosofia.

In questo processo, lo Sciamanesimo accetta gli dei del Buddismo, che integra con elementi muistici e, usando la potenza di tali dei, è cresciuto, instaurando un rapporto inseparabile col Buddismo, che è stato cambiato molto dallo Sciamanesimo. Orginariamente il Buddismo si presentava come una grande religione morale che insegnava la via giusta della vita, coltivando l'anima. Questa idea, compresa e praticata nel periodo di *Sin-ra*,

---

51. Il Buddismo è entrato in Corea nel 372, secondo anno di regno di *So-su-rim* di *Ko-ku-ryo*. Ma in *Sin-ra* è entrato per ultimo, poi, passato un periodo di persecuzioni, si è sviluppato molto e il suo fulgore è durato 500 anni e successivamente, nel periodo di *Ko-ryo*, per altri 500 anni. Nel periodo della dinastia *Lee, Cho-seon* si ritira tra il popolo a causa della manovra politica dell' "accettare il Confucianesimo e rifiutare il Buddismo" per 500 anni. Il Buddismo coreano dunque, bene o male è vissuto in Corea per 1.500 anni, diventando un elemento abbastanza importante.

è riuscita a crescere fino a divenire una religione per la protezione del paese; ma nel periodo successivo, uniformandosi alla credenza del desiderio di *Bok* (*Ki-bok*) sciamanico, comincia a modificare il proprio carattere, dando importanza al rito esteriore invece di approfondire l'atteggiamento spirituale, col risultato di subire grande danno.

In particolare, il carattere sciamanistico, penetrato nel Buddismo e accettato dai monaci e dai fedeli non ortodossi, si manifesta nel credere che il bene e il male della vita umana dipendono dalla grazia o dall'ira dei fantasmi e degli spiriti dei defunti; perciò per acquistare la pace reale bisogna chiedere perdono e pregare il *Bok* attraverso il Sciamano e il *Kut*. Per questo motivo è divenuto difficile distinguere ciò che è Buddismo e ciò che è Sciamanesimo. Questo fenomeno si può spiegare col fatto che quando il popolo si trova in situazioni precarie, è necessario un mezzo di consolazione; d'altra parte i Coreani, in genere, non mostrano interesse per il dubbio o la riflessione filosofica; considerano anzi questi pensieri come adatti solo per i nobili.

Così una religione grande, morale e filosofica, incontrando lo Sciamanesimo e la credenza del desiderio di *Bok* sciamanistico, si è evoluta come "Buddismo del *Mu-sok*".

2.2. Sciamanesimo nel Confucianesimo

Nel periodo *Cho-seon* (dal 1392 al 1910), la dinastia *Lee* rifiutò il Buddismo e diffuse il Confucianesimo come religione ufficiale della nazione; perciò, oltre al Buddismo, che ormai si stava secolarizzando confluendo nello Sciamanesimo, tutte le altre religioni furono proibite. In tutto il paese venne diffuso solo il Confucianesimo, ma per la sua natura di filosofia moralistica ed educativa esso si andava diffondendo solo fra gli strati alti della società anziché raggiungere il popolo, che in esso non trovava le consolazioni per i propri bisogni fondamentali.

Il Confucianesimo, infatti, è un insegnamento che ha come obiettivo fondamentale la maturazione personale dell'individuo e la realizzazione dell'ordine sociale, e mira ad unire la coscienza e la pratica alla luce delle virtù naturali che esistono nell'intimo dell'uomo. Confucio, tenendo presenti i doveri dell'uomo, ha inseguito il sogno di una società ideale capace di realizzare le virtù dell'uomo (仁) e la fiducia reciproca (義).

Il Confucianesimo è dunque un insegnamento legato alla morale, alla virtù e alla filosofia, piuttosto che a una religiosità che dia soddisfazione ai desideri interiori dell'uomo. Il popolo, gli oppressi e i poveri hanno ritenuto questo insegnamento morale e filosofico una specie di coscienza burocratica che vale solo per i nobili, perché il Confucianesimo manca degli elementi religiosi che possono soddisfare il popolo, il quale, cercando qualcosa di più adeguato, continua a rivolgersi allo Sciamanesimo. Così si verificano due fenomeni diversi: alcuni continuano a cercare lo Sciamanesimo, altri a perseguitarlo duramente.

La persecuzione dello Sciamanesimo in *Cho-seon* probabilmente non aveva lo scopo di eliminarlo totalmente, ma era una manovra politica, allo scopo di limitarlo, per conservare conseguentemente il potere politico e la protezione del sistema o per garantire la convivenza tra le persone. Il fatto che si facessero pagare le imposte agli Sciamani, e, in caso di calamità o per eliminare una malattia, si facesse fare il *Kut*, sono la testimonianza che la cultura confuciana di *Cho-seon* non rifiutava totalmente la coesistenza con lo Sciamanesimo, ma voleva una convivenza a livello adeguato. Per questo la società *Cho-seon* ha potuto conservare l'omogeneità culturale, mantenendo l'ordine sociale e l'equilibrio psicologico del popolo.

La coscienza morale confuciana che si trova nello Sciamanesimo, e il culto degli antenati da essa derivato, lo hanno innalzato da credenza popolare a religione rituale. Questi caratteri si trovano facilmente nel canto dello Sciamanesimo che assomiglia molto a quello confuciano, le cui parole infatti derivano dalla Sacra Scrittura confuciana e anche dallo sviluppo del *Kut*.

Quindi, si può dire che il Confucianesimo, incontrandosi con il fenomeno religioso del Sciamanesimo, ha riportato qualche danno alla sua esistenza privilegiata, mentre per il Sciamanesimo il Confucianesimo ha avuto grande influenza sul *Kut* e sulla credenza del dio domestico. Questo significa che il fenomeno religioso dello Sciamanesimo esteriormente appare molto flessibile, ma in realtà non cambia la sua natura; subisce l'influenza di altre religioni, ma conserva la sua identità.

2.3. Sciamanesimo nel Taoismo

Il Taoismo è una religione naturalistica che persegue la convenienza reale ed ha lo scopo di far vivere a lungo senza invecchiare, imitando e accettando il sistema e la struttura del Buddismo, associati con la mentalità antica del popolo cinese e dello Sciamanesimo.

Il Taoismo è entrato in Corea dalla Cina nel periodo di *Ko-ku-ryo*; successivamente, nel *Ko-ryo*, è stato adottato dalla famiglia reale. In realtà, convivendo col Buddismo e col Confucianesimo, non è mai potuto fiorire. Nella famiglia reale, per l'invito di dottori provenienti dalla Cina e per la costruzione del palazzo dei dottori dai nomi diversi, come *Bok-won-kung*, *Sam-chun-kung* e *Sok-aek-jun*, esso ha avuto maggiore fortuna. Il Taoismo non si è diffuso tra il popolo, ma, incontrando lo Sciamanesimo, vi è penetrato totalmente, perché, con il tempo, vi ha inserito anche i propri dei, tanto che, successivamente, non si trova più la forma originaria. Oggi si possono notare nei templi Buddisti le tracce del Taoismo penetrato nel Buddismo attraverso lo Sciamanesimo, come il *Chil-sung-kak*, la credenza di *Si-wang*, ...

La parte negromantica del Taoismo è fatta di incantesimi, divinazioni, amuleti, profezie, esorcismi ..., che costituiscono la sua preghiera e la sua liturgia. Le parole magiche e i tabù usati per evitare calamità e per ottenere una lunga vita, il portare l'amuleto con sé oppure l'attaccarlo all'ingresso della casa, sulla porta e sulla colonna per chiedere il *Bok* ed eliminare gli spiriti cattivi, i fantasmi ..., sono tutti elementi del Sciamanesimo derivati dal Taoismo.

3. Influenza nel costume

La cultura sciamanica (*Mu-sok*) costituisce la base dell'esistenza dei Coreani: è la culla dell'arte e della letteratura ed è la forza nascosta che domina i loro rapporti e le loro attività; è quindi anche una fonte di storia religiosa. Il gesto, il suono e il colore dello Sciamanesimo sono la Corea stessa, perché l'attività del *Kut* sembra scomparire, ma il suo significato, trasferito a livello della conoscenza, raggiunge "tutte le cose".

3.1. *Dae-dong Kut*

"*Dae-dong*" significa realizzare il mondo ideale che vive nell'unità della comunità del villaggio; è una parola che include concretamente la speranza del popolo di liberare le persone dallo squilibrio gerarchico a favore dell'equilibrio nella distribuzione economica.

Su quest'argomento Confucio aveva detto:

> "quando è stata realizzata la Grande Via il mondo era di tutti, il governo era affidato a un saggio e il comportamento della gente era armonioso, poiché si rispettavano non solo i genitori propri ma anche quelli degli altri, si amavano non solo i figli propri ma anche quelli degli altri. Per gli anziani si preparava un posto per una morte pacifica, per i giovani si trovava facilmente il lavoro, per i bambini c'era un luogo dove potessero crescere, per i vedovi, le vedove, gli orfani, le persone rimaste sole e i malati c'erano luoghi di accoglienza, per gli uomini c'era l'impegno e per le donne c'era un luogo dove stare. ...... Ecco, questa è la società di *Dae-dong*"[52].

Si può dire che *Dae-dong kut* è il fiore della cultura comunitaria del villaggio. Il santuario (堂) è il luogo più sacro, che conserva la funzione

---

52. Confucio, *Li Chi* (禮記), è regola dei riti civili, una delle *Wu Ching* (五經) che abbaracia cinque libri.

autonoma dello *Dae-dong Kut*. Il *Kut* stesso ha un carattere comunitario e la comunità del villaggio che partecipa al *Kut* lo dimostra. Il carattere comunitario e il carattere del *Kut* della comunità, mediante il *Dae-dong Kut* aperto, definiscono la fede, la storia e il lavoro degli abitanti. L'azione del *Dae-dong Kut* è il momento di *Shin-myung* che elimina l'oppressione sociale, fisica e psicologica.

A differenza dei riti o delle feste stagionali agricole, il *Dae-dong Kut* viene eseguito annualmente, oppure ogni 5 o 10 anni, a seconda delle necessità del villaggio. Si possono distinguere due tipi di *Kut* di villaggio: il primo viene eseguito da uno Sciamano e richiede la partecipazione in un luogo sacro di tutti gli abitanti del villaggio; il secondo viene eseguito dalla banda *Nong-ak*[53], che gira di casa in casa all'interno del villaggio. In entrambi i *Kut*, il consiglio *Dae-dong*, composto dagli abitanti del villaggio, sceglie un capo tra quelli che non sono malati o la cui famiglia non sia stata soggetta alla sfortuna o a cattivi presagi.

Generalmente il *Dae-dong Kut* si attua tra la fine di un anno e l'inizio del successivo, secondo il calendario lunare, stabilendo una settimana santa. Tutto si compie come previsto con la collaborazione di tutti gli abitanti.

Gli dei che vengono venerati a seconda delle necessità ed esigenze concrete della comunità sono considerati indispensabili per la sopravvivenza dell'individuo e dell'intero villaggio. In ogni caso i soggetti del *Kut* sono tutti gli abitanti del villaggio e il *Kut* è legato direttamente alla vita comunitaria di ogni regione. Lo scopo è quello di rinnovare il legame dei componenti la comunità, di rafforzare la coscienza comune attraverso la devozione agli stessi dei, di difendersi dai nemici comuni, di promuovere il benessere della comunità, di eliminare gli influssi malevoli e ottenere nuovamente il *Bok*.

Il *Kut* di villaggio, cioè il *Dae-dong Kut*, è un rituale comunitario che integra il lavoro e il gioco comuni e quindi viene generalmente accompagnato da incontri e divertimenti. In alcune regioni il *Kut* viene diretto da una banda musicale campagnola, detta *Nong-ak*, nella quale i sciamanistici utilizzano strumenti tradizionali coreani, inclusi i gong e i cembali. Il *Kut* quindi è parte integrante della cultura popolo, che alimenta l'energia della vita in comune, ossia lo *Sin-myung*. Il gioco *Dae-dong* (analogo al divertimento) fa parte del *Dae-dong Kut*, al fine di coltivare lo spirito comunitario all'interno del villaggio e formare le basi per la creazione e lo sviluppo dell'arte nel popolo. Il gioco, guidato dal *Nong-ak*, comprende

---

53 Una festa con tanti strumenti e giochi, in cui si attraversa l'intero villaggio, tenuta dalla società agricola per incoraggiare i contadini nel duro lavoro e per ringraziare del raccolto.

il tiro alla fune, balli in maschera, battaglie con sassi e la lotta; esso sviluppa un acuto senso critico e un intenso spirito di lotta. Il popolo, rilevando e denunciando le oppressioni, apre, con i giochi, una via di uscita da esse.

La cosa più importante è che il soggetto, l'energia e la forza vitale che guidano il *Dae-dong Kut* non sono le divinità, gli spiriti dei defunti o lo Sciamano, ma lo spirito del popolo che vive nella comunità *Sin-myung*. Esso, come già detto, non solo dirige il *Dae-dong Kut*, ma ne è anche una conseguenza. In questo caso il *Shin-myung* dello Sciamanesimo si trasferisce nella comunità e diventa fonte di energia. Analogamente alla "Festa dei Folli", che aveva luogo nel Medioevo in Europa occidentale, anche il *Dae-dong Kut* è una forma di caos che ricrea la forza della vita.

3.2. Culto degli antenati

Il culto degli antenati in Corea potrebbe trovare le sue origini nel "rito del cielo", come regolare culto religioso dello Sciamanesimo, perché prima che arrivasse il Confucianesimo, la società Sciamanica già celebrava un culto simile che si chiamava *Ko-sa*. Il culto confuciano era limitato solo agli uomini della linea paterna, mentre il *Ko-sa* poteva essere celebrato direttamente dalla moglie del capofamiglia e dedicato agli dei della casa.

La differenza del culto tra le due religioni sta nello scopo: nel Confucianesimo si desidera la grazia degli antenati, mentre nello Sciamanesimo si cerca si allontanare l'influsso maligno degli antenati, e perciò chi è morto deve stare nel mondo dei morti. Chi invece è morto in modo non naturale non raggiunge l'aldilà, ma vaga nel mondo dei vivi provocando violenza e malasorte ai parenti. Perciò il culto funebre dello Sciamanesimo mira a far transitare lo spirito del defunto nel mondo dei morti, sciogliendo il suo *Han*; ciò ha uno scopo pedagogico, poiché insegna agli uomini vivi di prendersi cura dello spirito del morto, ma in realtà, oltre a sciogliere il *Han* del morto, contribuisce anche a purificare la coscienza dei vivi dal peccato, facendo loro comprendere che in punto di morte sarebbero potuto essere migliori. È quindi un ammonimento a vivere secondo le regole.

Il Confucianesimo invita gli antenati e li accoglie cortesemente; essi mangiano e poi vanno via gentilmente; gli antenati dello Sciamanesimo, invece, hanno solitamente un aspetto negativo. Infatti gli antenati venerati dai confuciani sono gente normale ed ideale, che ha vissuto tutte le fasi della vita (si è sposata, ha avuto figli maschi ed è morta pacificamente), mentre nello Sciamanesimo l'importanza che viene attribuita agli antenati si basa su motivi opposti, ossia riguarda coloro che non si sono potuti sposare, non hanno avuto figli maschi e sono morti in modo non naturale, come in un incidente o in gioventù. Il culto funebre è occasione di dialogo tra i vivi e i morti. Se il culto confuciano ha un forte carattere commemorativo, il culto funebre vuole definire i sentimenti di entrambe le parti attraverso il dialogo diretto.

Dunque, per il culto degli antenati, le due religioni si somigliano, ma nello Sciamanesimo non si crede agli antenati che si venerano[54]. Nel culto degli antenati il Confucianesimo considera l'importanza del dovere dei figli, come pietà filiale, mentre lo Sciamanesimo cerca di acquistare il benessere della realtà mediante l'aiuto dello spirito degli antenati.

Lo Sciamanesimo desidera l'equilibrio tra gli antenati e i vivi e nell'equilibrio cerca la forza creativa della vita; perciò il suo culto non si celebra soltanto nel giorno della morte, ma anche nei momenti più importanti dell'anno: capodanno, *Han-shik*[55], *Dan-oh*[56] e *Chu-suk*[57] del calendario lunare.

La celebrazione del culto degli antenati, influenzata dallo Sciamanesimo, è dedicata non solo agli antenati della linea paterna, ma anche a quelli della linea materna, estendendosi agli stranieri, che, stando in Corea, hanno aiutato la gente. Tale celebrazione comprende anche le anime dei defunti in condizione di oppressione o accusati ingiustamente e di basso livello sociale. Costoro hanno comunque tutti il carattere degli antenati, in senso lato, perché hanno contribuito a realizzare in qualche modo la realtà attuale. Infatti, diversamente dal Confucianesimo, l'idea e il ruolo degli antenati nello Sciamanesimo sono molto più profondi e ampi.

I Coreani dedicano molto tempo e denaro ai morti, perché pensano che essi influenzino i vivi nei vari campi; pensano pure che tutti i loro problemi sono collegati con i morti. Per conseguenza, rispettano più i morti che i vivi. Da ciò è nato il detto "quando capita la buona sorte è per grazia degli

---

54. Nella mentalità orientale il venerare gli antenati non vuol dire renderli oggetto della propria fede, ma adempiere il dovere del figlio, che è uno dei principi fondamentali dell'educazione.
55. Una delle grandi feste della Corea che ricorre 105 giorni dopo il solstizio d'inverno. Nell'antichità in questa stagione c'era molto freddo con pioggia e vento forte, quindi non si poteva accendere il fuoco, perché poteva provocare l'incendio delle case fatte di paglia. Si dovevano, quindi, mangiare i cibi freddi.
56. Si festeggia il 5 maggio, il mese in cui inizia il periodo delle pioggie durante il quale si possono diffondere diverse malattie. Perciò è considerato il mese per allontanare il maligno e dare inizio a vari sistemi di prevenzione, quali bere liquori come medicina e utilizzare l'assenzio (in Corea è molto usato come medicina naturale) in modi diversi. Inoltre, si prega affinché le piogge abbondanti portino un buon raccolto, perché la pioggia rende feconda la campagna; si celebra il culto per gli dei; la festa dura diversi giorni e notti con balli e libagioni.
57. Si festeggia il 15 agosto. È la festa più amata dai Coreani; si dice infatti: «sia sempre come questo giorno, non di più e non di meno!». Generalmente la festa dura per diversi giorni secondo le circostanze, provocando un grande esodo dalla città verso la campagna in cui vivevano gli antenati. Si preparano dolci speciali fatti con i prodotti del nuovo raccolto, si celebra solennemente il culto degli antenati e si visitano le persone anziani e care, si aspetta anche la luna piena facendo dei giochi, come il girotondo. Sembra che il paese intero viva solo per questo giorno.

antenati, quando capita la sfortuna è colpa degli antenati!", che dimostra Sciamanicamente l'importanza del culto degli antenati.

Dunque, concludendo questo capitolo, possiamo notare che gli antichi coreani concepivano la vita e la mitologia come intimamente fuse con il rito religioso e vedevano i fatti religiosi soprannaturali come un fenomeno reale.

Secondo Eliade "la maggiore funzione della mitologia è costruire un modello paradigmatico del rito e delle attività importanti dell'uomo, come mangiare, unirsi sessualmente, lavorare ed educare". Perciò lo Sciamanesimo, ricreando il modello mitico, ha fatto rinascere il rito e la vita; esso è stato la religione e la vita dell'antico popolo coreano, poiché il cielo è il futuro della vita e contemporaneamente il punto di riferimento da cui si snoda l'ordine della vita; quindi l'esperienza dell'uomo sul cielo, mediante la mitologia, diventa esperienza religiosa fondamentale e universale. Considerando lo Sciamanesimo la religione più antica della Corea, bisogna capire che la mitologia ne contiene l'aspetto originario e la struttura fondamentale.

Lo Sciamanesimo, diffondendosi già dalla prima metà del IV secolo, ha influenzato tutti i settori della cultura coreana. È diventato la religione e la cultura dei Coreani soprattutto collegandosi con il costume di vita del popolo,. È riuscito a modificare la religione e ad adeguare alla mentalità dei Coreani persino le religioni straniere, come il Buddismo, il Confucianesimo e il Taoismo, ed è riuscito a dimostrare che si può convivere in un ambiente interreligioso.

Con diverse feste legate al popolo, lo Sciamanesimo, ha formato la cultura e l'arte dei Coreani e, attraverso il culto degli antenati, è riuscito ad arricchire la coscienza morale, chiarendo quale sia il dovere dell'uomo.

SECONDA PARTE
INCONTRO TRA SCIAMANESIMO E CRISTIANESIMO

I Gesuiti che svolgevano attività missionaria in Asia dal XVI sec., soprattutto in Cina, erano persone colte ed educate nello spirito dell'umanesimo, con la mentalità scientifica europea, unito all'ortodossia dovuta alla conoscenza profonda della religione, superato il vortice della Riforma. Tra costoro c'era Padre Matteo Ricci, che ha avuto grande influenza sulla Chiesa Cattolica coreana.

Nel 1540, l'anno in cui Francesco Saverio partiva da Roma, già da alcune decine d'anni era in atto nell'India orientale l'attività missionaria degli Ordini mendicanti. Francesco Saverio si dedicò all'attività missionaria per sette anni, soprattutto a Goa, in Malacca ed a Seiron. Un giorno incontrò un ragazzo giapponese di nome *Ancharang* (安次郎) che andava in cerca di affari e, grazie alla sua guida, Francesco Saverio entrò in Giappone: era il 15 Agosto del 1549. Appena conobbe la lingua, la letteratura, l'arte, il culto degli antenati e la cultura del buddismo giapponese, egli intuì che tutto dipendeva dalla cultura cinese, poiché la cultura giapponese si rifà ad essa. Dopo due anni di soggiorno in Giappone, egli manifestò la sua opinione a Ignazio di Loyola:

"Penso che se i Giapponesi sapessero che la Buona Novella della salvezza e la verità di Dio sono state accolte in Cina, rifiuterebbero subito gli idoli".[58]

Nel novembre del 1551, lasciato il Giappone, Francesco Saverio arrivò all'isola di *Sangchun* (上川), distante solo 7 km dalla riva della Grande Cina. Tentò per quattro mesi di entrarvi, ma a causa di una legge che proibiva agli stranieri di entrare in quella terra, non ci riuscì. Il 3 Dicembre del 1552, assistito da un commerciante cinese, morì di malattia a 46 anni, in una capanna di bambù, guardando di lontano la riva della Cina a cui non si era potuto avvicinare.

L'ultimo sogno di Francesco Saverio si realizzò dopo 31 anni per opera di Padre Alessandro Valignani, superiore provinciale dei Gesuiti in Asia, e di Padre Matteo Ricci, nato a Macerata lo stesso anno della morte di Francesco Saverio. P. Alessandro Valignani, esaminando il motivo del fallimento della missione in Cina, comprese l'importanza di conoscere la lingua e le usanze cinesi, e chiamò Michele Ruggieri (1543-1607), suo alunno all'Università di Roma, e il suo confratello Matteo Ricci (1552-1610)[59].

---

58. CROS L.J.M.,S.I., S. François de Xavier, sa vie et ses lettres, Privat, Toulouse, 1900, 206.
59. Il suo nome cinese era *Lee Ma-Du* (利瑪竇).

Lee Ma-Du (Matteo Ricci) studiò geometria piana, astronomia, e altre materie affini presso il noto professore matematico e sacerdote tedesco *Christopher Clavius,* dimostrando un talento particolare per il campo scientifico. Apprese il funzionamento dell'orologio solare e di quello meccanico e anche l'uso del telescopio, e si dedicò allo studio del globo terrestre.

La cultura e la tecnica, apprese all'università di Roma "La Sapienza", la padronanza della lingua e la logicità del pensiero dei Gesuiti, per i quali senza la conoscenza della lingua non si può trasmettere la cultura, furono la base della missione in Cina, divenuta occasione di stimolo e di sfida per la scienza sia in Corea sia in Giappone.

P. Ricci e i primi missionari Gesuiti che svolsero la loro attività in Cina scrissero o tradussero in cinese tutti i libri più rappresentativi della mentalità occidentale nei campi della scienza, della morale, dell'astronomia, della geografia, della religione, della filosofia, ... Tali libri, poi, entrarono in Corea attraverso gli ambasciatori di *Cho-seon* (Dinastia *Lee*), che frequentavano spesso *Pechino*[60], apportando nuova vitalità agli studiosi confuciani, chiamati neoconfuciani, impegnati nello studio del Confucianesimo e del sistema politico, i quali diedero origine al movimento di *Sil-hak*[61].

La critica al Confucianesimo tradizionale e la volontà di riforma sociale, espresse da letterati esclusi dal potere, causarono la nascita del movimento *Sil-hak*. In tale situazione, i libri cristiani e scientifici ebbero un forte impatto culturale in Corea, soprattutto sugli studiosi.

CAPITOLO PRIMO
INCONTRO TRA LA MENTALITÀ SCIAMANESTA E LA FEDE CRISTIANA

Il Confucianesimo è originariamente lo studio di una morale che ricerca le regole naturali su cui modellare il dovere dell'uomo. Nell'era di *Cho-seon*, questa morale diventò il principio ispiratore del potere del governo *Lee Seong-kae,* sulla base di una giustificazione ragionevole della rivoluzione che rovesciò la dinastia di *Ko-rye*. Si sostenne che gli ultimi due re del periodo di *Ko-rye* non erano di sangue reale, ma discendenti dal monaco

---

60. Già prima del XVII secolo, il re di Corea era obbligato a mandare ogni anno a Pechino ambasciatori, incaricati di offrire un tributo all'Imperatore. Dal 1636, dopo l'invasione dei Mongoli "丙子胡亂", fino al 1783, i re di Corea mandarono 167 volte gli ambasciatori in Cina.
61. Era un movimento scientifico che, sforzandosi di rinnovare il Confucianesimo, studiava e cercava una nuova via della verità e la novità da utilizzare nella vita, era cioè una corrente di tendenza pragmatica.

Shin-don, e si diede vita cosi ad una nuova nazione, il *Cho-seon* (1392).

I nuovi nobili che fondarono la dinastia *Lee, Cho-seon,* adottarono il Confucianesimo tradizionale (*Chuxismo*) a livello religioso, a livello di studio e di vita morale, rifiutando, oltre allo Sciamanesimo, il Buddismo, il Taoismo e tutte le altre religioni tradizionali, ritenendole nocive alla società.

Nella seconda metà del XVI sec., *Lee Su-kwang*, precursore dello studio del *Sil-hak*, nel suo libro "*Zi-bong-yu-syel*" parlò per la prima volta del Cattolicesimo come religione occidentale, di quel cattolicesimo, ricercato e studiato dai nobili allontanati dal potere e insoddisfatti del governo, che, nella metà del XVIII sec., si diffuse in quasi tutta la Corea.

1. Situazione socio-politica e religiosa al momento dell'introduzione Cristianesimo

Come già detto, nel periodo di *Cho-seon,* tutto, nella società, era dominato dalla dottrina confuciana[62].

Il pensiero dominante di quel periodo, il *Chuxismo*, prendeva in considerazione soltanto i doveri dei ministri verso i re, dei figli verso i genitori e delle mogli verso i mariti, soffocando la personalità dell'individuo[63]. Questo pensiero diventava, per il popolo, l'obbligo di sottomettersi al potere dominante, accettando la superiorità della persona più potente e dei nobili. Esso si basa sulla convinzione che il Cielo è la ragione e la ragione, per l'uomo, è la natura; perciò l'uomo, disciplinando la ragione e dedicandole tutta la sua natura, si uniforma all'azione del Cielo, che è la meta dello studio; l'educazione dell'uomo è, quindi, l'unione della norma del Cielo con la coscienza della regola morale, cioè l'unione tra il Cielo e l'uomo. Il pensiero *Chuxi,* enfatizzando la fedeltà amicale e l'ossequio esterno, definisce l'idea centrale di nazione e determina i doveri del popolo in ogni campo. Esso è stato condiviso facilmente dagli studiosi confuciani, ai quali piaceva il formalismo, dando molta importanza al culto degli antenati, come già nella cultura coreana. Per conseguenza il governo respinse ogni tipo di religione; rispettò solo il Confucianesimo, servendosi del suo pensiero come norma e principio da insegnare per guidare il popolo.

Quindi il Confucianesimo di *Cho-seon* non era solo religione, ma

---

62. Particolarmente lo *Chuxismo*, che è la parte del pensiero confuciano che ha dominato tutto il periodo del *Cho-seon*.
63. Cinque leggi fondamentali di questo pensiero sono:
    1. la giustizia fra il re e i sottoposti;
    2. la familiarità fra il padre e il figlio;
    3. la differenza fra il marito e la moglie;
    4. l'ordine fra il maggiore e il minore;
    5. la fedeltà fra gli amici.

definiva l'educazione e le norme più importanti della società, conferendo potere ai nobili e orientando anche la mentalità politica per determinare la continuità e la direzione della nazione. L'importanza dell'ordine e di un certo tipo di educazione favorirono una struttura rigida, che impediva ogni cambiamento della società; per questo il governo *Cho-seon* osteggiava, oltre al Buddismo, che aveva dominato nella vita spirituale del popolo per più di mille anni, ogni tipo di religione popolare come lo Sciamanesimo, che poteva essere uno stimolo al cuore del popolo.

Del resto lo stesso Buddismo mischiandosi con le componenti magiche dello Sciamanesimo, si basava supinamente sulla ricerca del merito nel mondo reale, assecondando la società vecchia e la sua stessa struttura, e non riusciva a fortificare la protesta per farla diventare forza di contrasto al potere dominante. Per questa ragione, la struttura del Buddismo era rimasta debole per tutto il periodo di *Cho-seon* anche nella manovra politica del "Rispetta il Confucianesimo e rifiuta Buddismo (崇儒抑佛)". Anche lo Sciamanesimo, considerato una religione senza struttura e organizzazione, fu sottomesso a tale politica.

Il campo politico era così confuso che la dinastia e coloro che guidavano la nazione si divisero in diversi gruppi: i *Dong-in*, letteralmente gli uomini dell'oriente; i *Seu-in*, gli uomini dell'occidente; i *Nam-in*, gli uomini del sud; i *Puk-in*, gli uomini del nord; i *Noron* che sostenevano le opinioni dei vecchi, e i *Soron* che sostenevano le opinioni dei giovani. Questa suddivisione durò per quasi 300 anni. Gli studiosi confuciani si limitavano a discutere sul potere della politica, non dando peso ad alcuni precursori avveduti,[64] che sostenevano la necessità di prestare attenzione alla fortificazione e alla difesa del paese, al regolamento della lotta tra i diversi gruppi e di badare alla Mongolia, considerata pericolosa. Si dovette così subire, con grande vergogna nazionale e per ben due volte, l'invasione dei Giapponesi (壬辰倭亂 1592-1598) e quella dei Mongoli (丙子胡亂 1627, 1636-1637).

Il periodo di confusione socio-politica e religiosa portò all'impoverimento finanziario del paese, per superare il quale i contadini si impegnarono ad affinare la tecnica agricola, allo scopo di ottenere due raccolti l'anno, mentre i commercianti aprivano i mercati allo sviluppo dell'economia.

La nuova nazione di *Cho-seon* da allora in poi ha avuto una struttura

---

64. YI Ei Yeul-kok, grande studioso e politico del medio periodo di *Cho-seon*, lasciò il governo che aveva rifiutato le sue idee, riguardo alla difesa nazionale e al movimento dell'intervento dei partiti. HUH Kyun, grande scrittore, sempre nel periodo medio di *Cho-seon*, morì a causa della sua teoria sulla difesa dall'invasione dai Mongoli, considerata dal governo un'idea balzana.

sociale gerarchica, suddivisa in quattro diversi livelli: i nobili come ceto dominante (*Yang-ban*); il ceto medio composto da aministratori, tecnici, professionisti (*Jung-in*); i commercianti (*Sang-in*) e gli artigiani, le persone di basso livello come servi (detto *Nobi*), attori, macellai, Sciamano e prostitute (*Chun-min*).

Occupazione   Status[65]

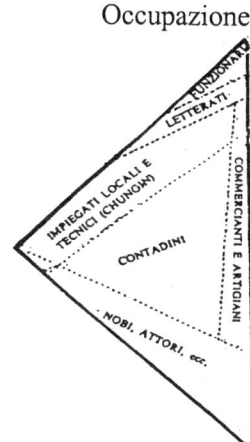 

Al termine delle due invasioni, tale gerarchia cominciò a crollare in seguito alla diffusione della ricchezza tra i comuni cittadini, gli operatori dell'agricoltura, dell'industria e del commercio. Essendo la moneta considerata un valore fisso, chi tra i comuni cittadini aveva del denaro poteva diventare nobile, mentre chi non ne aveva da nobile doveva essere declassato a cittadino comune.

Malgrado le diverse proposte degli studiosi *Sil-hak* per superare questa crisi, il gruppo dominante sfruttava i beni materiali e il sudore del popolo, sostenendo il *Se-do*[66].

Alcuni giovani studiosi confuciani, appartenenti a famiglie nobili, detti neoconfuciani, cominciarono però ad avere una nuova visione dei valori, esaminandoli in base alla stessa scuola *Chuxi*.

Sorse così una nuova corrente di pensiero, che criticava l'errore presente nella teoria della scuola *Chuxi*. Attraverso un ampio settore dei propri studi essa divenne portavoce del Popolo, rimanendo dalla parte del popolo, prendendo in considerazione i segni dei tempi nuovi, la teoria

---

65. SANTANGELO P., La vita e l'opera di YU Su-won, pensatore coreano del XVIII sec., Istituto Universitario Orientale, Seminario di Studi Asiatici, Napoli, 1981, 49.
66. Esso consisteva nel far sposare una figlia con il re, per impadronirsi del potere ed usarlo senza controllo.

dell'economia e della tecnica, e anche l'atteggiamento dei ministri. Caratteristica particolare del *Sil-hak*, in questo periodo, è la conoscenza della visione moderna, opposta a quella del periodo feudale. La ricerca dello studio occidentale (*Seo-hak*) è cominciata dagli studiosi del gruppo sud (*Nam-in*), che erano rimasti isolati dal potere politico, ma collegati con i pensatori del *Sil-hak*.

2. La vita del Popolo

Il perdurare dello stato di confusione politica nella società *Cho-seon* e le conseguenze delle due invasioni fecero diffondere a poco a poco lo Sciamanesimo e le religioni popolari tra il Popolo, che aveva perso il suo appoggio spirituale, e i nuovi movimenti religiosi popolari tra gli studiosi, motivo per cui la vecchia organizzazione della società andò crollando rapidamente. Questo fenomeno fu agevolato persino dal movimento rivoluzionario del Popolo, inteso come insurrezione popolare contro la struttura del potere vigente.

Tra i nobili dominanti e il Popolo c'era grande diversità negli usi e costumi quotidiani, come in quelli relativi al mangiare, al vestire e al dormire, fondamentali per la vita dell'uomo. Per esempio, mentre il Popolo non aveva da mangiare, i nobili potevano scegliere il cibo; mentre il Popolo non aveva da vestire, i nobili prendevano i tessuti migliori. Le differenze emergevano anche dal tipo e dal colore del vestito, dalla grandezza del cappello e dalla copertura della casa (tegole o paglia).

Secondo una storia popolare, nel 1786, durante una grande carestia, un contadino vendette la moglie e i cinque figli come schiavi in cambio di una mucca[67], e negli anni 1821 e 1822, quando infuriò il colera, centinaia di cadaveri rimasero sulla strada senza che qualcuno se ne occupasse.

In realtà, nella società di *Cho-seon*, quanto più aumentava il potere dei ceti dominanti con la conservazione del vecchio ordine filosofico e politico confuciano, tanto più la vita del Popolo diventava difficile. Per esempio, riguardo alla tassa che ogni uomo dai 16 ai 60 anni doveva pagare, il governo ne stabiliva l'importo per ogni regione o paese senza tener conto del numero degli abitanti. Perciò gli importi da pagare per persona erano enormi. Coloro che si rifugiavano in montagna per evitare questo sfruttamento erano sempre di più, facendo così aumentare il gravame per chi rimaneva in paese, dato che le tasse da pagare erano a carico di chi era rimasto, parenti o compaesani. Quindi il lamento (*Han*) del Popolo in questo periodo si faceva sempre più accorato.

---

67. La mucca è stata considerata sempre un bene di gran valore per la società agricola della Corea.

Un grande studioso di questo periodo, *Chung Yak-yong*[68], così si esprimeva sulla sofferenza del popolo di allora:

> Spogliato il vestito di lutto per la morte del suocero,
> Ed ancora non asciutto il primo vestito del mio figlio, neonato,
> Ma il mio nominativo era scritto sull'elenco delle tasse per tre generazioni.
>
> Andavo in municipio per reclamare, ma un guardiano spietato non mi faceva nemmeno entrare.
> Mentre discutevo con lui, un amministratore, strillando solo a me,
> fece portare via anche la mucca dalla mia stalla.[69]

La sofferenza del Popolo era estrema e, non trovando una possibilità di conforto nel confucianesimo, esso cercava di nuovo lo Sciamanesimo, che in realtà era rimasto in fondo al suo cuore. Risorgevano anche il Buddismo e il Taoismo. Il popolo interpretava questo fenomeno come ribellione ai dominatori. Ai vari movimenti popolari iniziati secoli addietro, nel XVII sec., parteciparono molti monaci buddisti, Sciamani e geomanti.

3. Incontro tra la cultura tradizionale e il Cristianesimo

L'incontro tra la religione occidentale, cioè il Cristianesimo, e la Corea, come già detto, si è realizzato attraverso i libri tradotti dai missionari Gesuiti, che gli studiosi di *Sil-hak* adottarono, sviluppando un movimento che divenne religione.

Tra questi libri, quelli che hanno avuto più successo in Corea furono quelli di religione, di morale e di scienza occidentale[70]. I libri di scienza e di

---

68. Si tratta del grande studioso neo confuciano che raccoglie e completa l'idea del *Sil-hak*. Istruito nella scienza occidentale da Yi-byeok, si convertì al cristianesimo e fu battezzato col nome di Giovanni. Il suo studio contribuì a visione soggettiva della storia, col dare rilievo al fatto e alla geografia; la sua idea scientifica e realistica contribuì a favorire la comprensione della scienza occidentale attraverso il Cristianesimo. Essendo fratello di Chung Yak-Jong, durante la persecuzione fu mandato in esilio a *Kang-jin*, nella Corea del Nord, dove scrisse centinaia di volumi durante diciotto anni.
69. Cfr. PARK Jae-yong, Chung Yak-yong e l'insegnamento per gli amministratori, ed. You-han-mun-hwa-sa, Seoul, 1993.286.
70. Con intelligente ed ardente attività missionaria i padri Gesuiti erano riusciti a rimanere in Cina anche dopo la morte di padre Ricci fino al 1742. Durante questi 150 anni tradussero tanti libri, che ebbero grande diffusione in Corea, specialmente i seguenti: 畸人十規 (Dieci paradossi) di Ricci, 1584; 交友論 (Dell'amicizia) di Ricci, 1595; 天主實義 (La Vera Dottrina della Chiesa Cattolica) di Ricci, 1603; 二十五言 (Venticinque frasi) di Ricci, 1604. : è stato citato da Cfr. CHOI Dong-hee, Reazione dello studio realistico di Cho-seon sulla scienza occidentale, op. cit. 14-15; Cfr. BAE Hyon-sook, Books on Catholicism introduced in Korea, in Collection of dissertation of Korean Church History, vol I., Published by The Research Institute for Korean Church History, Seoul, 1984, 4-8. Secondo questa autrice la diffusione dei libri missionari in Corea si divide cronologicamente in tre parti: il periodo dello studio delle scienze dal 1610 al 1783; il periodo della pratica dello pseudo-sacramento dal 1784 al 1791; il periodo dell'apostolato del missionario cinese dal 1794 al 1834. I libri cristiani e scientifici furono 37 nel primo periodo, 13 nel secondo e 20 (più 200 libri e libretti anonimi) nel terzo. Quelli che hanno avuto più

tecnica sono stati fondamentali per accettare la cultura occidentale, mentre quelli di religione e di morale hanno influito in vario modo sul movimento di *Sil-hak*.

Inoltre, con una tempestività notevole, venne presentato in Corea già nel 1603, nello stesso anno di pubblicazione in Cina, il libro "La vera dottrina su Dio" di P. Matteo Ricci. Si può notare che i primi cristiani accolsero questo nuovo studio dividendolo in due parti, quella riguardante la religione e quella sulla scienza, continuando a leggerlo, apprezzandolo per ben duecento anni.

Le idee del Cristianesimo furono accettate da alcuni *Sil-hak* letterati, attraverso i suddetti libri, come un sistema che aveva un valido fondamento ideale. Vivendo essi in ambiente confuciano, l'idea del Cristianesimo, che affermava l'esistenza di un Dio unico, l'immortalità dell'anima e la salvezza nell'aldilà, apparve loro molto strana. Pertanto, benché la curiosità per il Cristianesimo crescesse nella classe intellettuale, la conversione alla fede cattolica, cioè l'accettazione culturale, avvenne, all'inizio, limitatamente. L'atteggiamento di accoglienza e di critica verso queste idee fu così immediato che non possiamo considerarlo del tutto nuovo; anzi, esso sembrava già preparato da anni nella storia della Corea. Perciò la nuova religione fu accettata senza esitazione e, una volta accettata, fa riesaminata nei vari aspetti e adattata alla tradizione interreligiosa preparata nei secoli attraverso il Sciamanesimo.

Il motivo di sì pronta accoglienza si può trovare nell'ardente desiderio di rivoluzione della società *Cho-seon*. Se guardiamo al pensiero di Dio, che i Coreani hanno cercato per secoli, si può dire che il risultato è stato abbastanza ovvio, perché nel cuore dei Coreani il Dio, padrone del mondo celeste, già esisteva fin dalla nascita del paese.

A coloro che osteggiavano il Cristianesimo, ritenendolo una religione estranea, dell'ovest, i primi cristiani coreani ribattevano benissimo, cantando, come segue:

Cambio il rito tradizionale del ChouKung[71] o quello familiare del Chung-joo[72]?,
Se non rispetti il culto dei tre anni[73], chi ti dice che sei uno della famiglia?,

---

influenza per la cristianità della Corea sono i libri elencati sopra.
71. È il figlio di re *Wen* (文) nel periodo di *Chou* (周) in Cina, che aiutò il re, suo padre, a stabilire una regola per la famiglia reale e contribuì allo sviluppo della cultura ideando il sistema della legge e dell'educazione.
72. Grande studioso cinese nel periodo di *Song*, che escogitò il sistema filosofico confuciano detto *Song-Hsüeh* (宋學).
73. Tradizionalmente, in Corea, i riti funebri per la morte dei genitori duravano tre anni, durante i quali il figlio curava la loro tomba, vivendo in una casetta costruita vicino ad essa, lontano dalla moglie e da ogni

Anche se la ragione è il dovere, perché bisogna fare ciò che altri non fanno?
Nato e cresciuto in un paese dell'est[74], ti comporti secondo la legge del paese dell'ovest[75], quindi non agire come se fossi in un paese dell'est.
Se il tuo dovere è la ragione, perché uccidi?
Se tradisci i tuoi genitori e fratelli, non sei un grande peccatore?
Siamo felici con i nostri fratelli della comunità religiosa[76], abbiamo preso un tesoro tra tutte le creature,
Ho imparato le cose che non sapevo, ho capito le cose oscure,
Come fai a non sapere che questa è la Via della Verità?
Se dici che è stolto e rifiuti di considerare la via dello straniero, perché usi la sua letteratura?[77]
La divinazione e il rito per il bene e il male, l'insegnamento del Tao e Budda non sono dei paesi dell'est.
Se una cosa è secondo ragione, bisogna seguire quell'insegnamento senza discutere da dove viene!
Guarda, guarda bene! Conta, conta bene!
Degli insegnamenti che tu osservi per tutta la vita, non sono pochi quelli stranieri:
Il rito familiare o quello funebre non sono mica nostri,
La divinazione e l'esorcismo non venivano dall'estero?
Il Buddismo in cui tu credi non viene da un paese dell'ovest?
Perché ho creduto all'incantesimo degli spiriti maligni?
Perché parlate male di una religione retta[78] che è stata fondata dal Figlio di Dio?

Con ciò si esorta a seguire ogni insegnamento vero, anche se non è del proprio paese, e si rileva che molti costumi e religioni diffusi in *Cho-seon* non erano autoctoni.

Così il popolo manifestava la propria fede, superando il pregiudizio del governo sulla nuova cultura. Inoltre, le parole di questo canto erano scritte nella lingua del popolo diffusa in tutta la Corea, con la quale si preparò la riforma del movimento religioso popolare; se fosse stato tramandato in cinese, sarebbe stato compreso solo dai nobili.

Infatti, l'uso della lingua coreana[79] è un altro elemento di rilievo,

---

impurità.
74. Cioè la Corea.
75. In questa frase si intende "la Cina", ma generalmente per il paese dell'ovest, si intendono tutti i paesi situati ad occidente della Corea. A quell'epoca in Corea, con la manovra politica confuciana, si diffondevano vari influssi cinesi, soprattutto tra i nobili. Perciò spesso comportarsi in modo cinese era un simbolo di nobiltà.
76. Cioè la comunità cristiana.
77. A quel tempi in Corea si usavano la lingua e la letteratura cinese da parte degli aristocratici, mentre il Popolo usava la lingua volgare, ossia il coreano. Con questa frase si vuol dire che se credere al Cristianesimo è errato perché esso è straniero, neanche i nobili devono conoscere la letteratura cinese, che è pur essa straniera.
78. Cioè il Cristianesimo.
79. Al momento era considerata come lingua volgare.

tenuto presente che, per i letterati, la lingua cinese era un orgoglioso privilegio, mentre la lingua coreana era quella del popolo, usata solo nel canto del Sciamanesimo.

3.1. L'esigenza del cambiamento della cultura coreana

La società *Cho-seon* era così chiusa che si poteva agire solo in modi determinati, rispettando la rigida gerarchia della società, che stabiliva ogni comportamento dell'uomo secondo l'insegnamento del Confucianesimo.

Essendo due fedi diverse, Cristianesimo e Confucianesimo presentano molte differenze quanto al modo di pensare e di agire. I cristiani, ad esempio, durante la persecuzione erano presenti nei diversi strati della società: persone nobili[80], del ceto medio[81], persone comuni[82] e del ceto inferiore[83]; non così invece, per i confuciani.

Era un periodo in cui veniva respinta la tradizione sciamanica, la religione antica del dio che cercava di comprendere e di porre in equilibrio l'uomo tra le norme del cielo e della terra, con la conseguenza che l'uomo, legato alla posizione sociale, perdeva la libertà; si valorizzava la tendenza confuciana all'immobilismo nello squilibrio e nell'ingiustizia, tipico di una società che privilegiava solo certe posizioni; perciò c'era forte esigenza di una nuova visione del mondo, affinché tutto il popolo potesse godere la parità e la libertà, necessari per la felicità dell'uomo. Solo abbracciando il Cristianesimo e accogliendo il frutto della fede, si sarebbe potuto finalmente credere e celebrare tutti insieme il Signore del cielo e della terra.

Il rifiuto e la persecuzione del Buddismo e dello Sciamanesimo, secondo l'idea confuciana nella società *Cho-seon*, non riuscirono a spezzare ed eliminare la fede, ormai radicata profondamente nel popolo.

Gli studiosi confuciani criticarono la teoria del paradiso e dell'inferno del Cristianesimo, ritenendola simile a quella del Buddismo.

Gli studiosi che, invece, avevano una visione positiva della scienza occidentale (Cristianesimo), erano realistici e cercavano un modo per superare l'idea chiusa del Confucianesimo e l'ingiustizia del modello ideale di società che questo proponeva. Essi erano esclusi dal potere politico e dovevano lavorare per vivere; sentivano ormai di appartenere al Popolo, e perciò si dedicavano all'istruzione del popolo contadino.

---

80. Il termine coreano *Yang-ban* indica le persone nobili o l'aristocrazia.
81. Il termine coreano *Chung-in* indica impiegati locali e tecnici.
82. Il termine coreano *Sang-min* il cui significato originale è "uomini liberi", indica un gruppo formato prevalentemente da contadini, commercianti ed artigiani, generalmente contrapposto all'aristocrazia, *Yang-ban*.
83. Il termine coreano *Chun-min* indica *No-bi* (servi), attori, artisti, prostitute, *Mu-dang* ...

La loro idea si può ritrovare nella letteratura, ad esempio, nella storia di *Hong-kil-dong*[84], nel canto tradizionale detto *Pan-so-ri*, e nel ballo in maschera (*Tal-chum*).

Perciò, gli studiosi del gruppo Sud (*Nam-in*) studiarono e proposero una nuova visione della società, facendo reagire il Popolo e contribuendo allo sviluppo del *Sil-hak* con un atteggiamento diretto e positivo verso la scienza occidentale (Cristianesimo) piuttosto che verso l'opinione prevalente e i pregiudizi.

Infatti, il cambiamento della società e della cultura nell'ultimo periodo di *Cho-seon* furono determinanti per far accettare la fede cristiana senza l'aiuto dei missionari; il professor *Rho Kil-myung* nel suo libro si esprime come segue:[85]

> " L'accettazione del Cristianesimo in Corea era un'esigenza interna alla società di allora, e si può definire come una forma di integrazione culturale e di inculturazione spontanea. La realtà dell'ingresso del Cristianesimo nella società coreana per esigenza interna e lo sforzo spontaneo dei Coreani, ha dato al Cristianesimo la possibilità di contribuire, in quel periodo, al cambiamento della società. E la coincidenza tra il declino della società tradizionale e lo sviluppo della Chiesa cattolica, fu dovuta al contributo del Cristianesimo nello strutturare e nel cambiare la società coreana in tutte le forme".

3.2. Tendenza dell'unità nella società gerarchica

La causa prima dell'accettazione del Cristianesimo in Corea fu il rifiuto della burocrazia confuciana che dominava in ogni campo, perché esso era una proposta alternativa per gli studiosi di *Sil-hak*, ormai insoddisfatti dell'insegnamento confuciano. Il passaggio dall'idea dualistica del sistema gerarchico della società divisa tra aristocratici e plebei a quella della parità e della carità del Cristianesimo, segnò la nascita di una grande speranza *messianica* verso una nuova era futura.

Nello stesso tempo, il sistema gerarchico che sosteneva la società di *Cho-seon* cominciò a vacillare a causa dello sviluppo economico. I ricchi commercianti, che avevano accumulato fondi, comprarono i terreni dei

---

84. *Hong Kil-dong* era nato dalla seconda moglie del padre, per cui non poteva avere lo status del padre che era di famiglia nobile. Perciò scappò da casa e costituì il gruppo *Hwal-bin*, che voleva punire i cattivi dominanti ed aiutare i poveri. Nel romanzo si tenta di costruire un mondo nuovo dove tutti gli uomini possano vivere in stato di parità: Hui Kyun, La storia di *Hong Kil-dong*, 1606-1618(?). Lo scrittore, Hui Kyun, durante il suo ministero di *Ji-joo*, andò in Cina e lì diventò cristiano; al suo ritorno in Corea iniziò la resistenza contro la tirannia di re Kwang-hse-kun; scoperto, fu condannato a morte. È un genio della letteratura e della poesia; la sua storia è un capolavoro, in cui si critica l'ingiustizia del sistema sociale di allora.
85. RHO Kil-myung, Cattolicesimo e il cambiamento sociale dell'ultimo periodo di Cho-seon, op.cit., 10.

nobili sconfitti nella lotta intestina tra i governanti e modificarono il loro stato sociale, diventando modesti proprietari. Aumentando nel Popolo le persone istruite, si sviluppò la letteratura popolare, che denunciava gli errori e l'ingiustizia dei dominatori.

Così i primi fedeli della Chiesa cattolica in Corea, abbracciando una religione vera e giusta, rifiutarono la società di allora, che era irrealistica e ingiusta, formarono una comunità fraterna, distruggendo il rigido sistema gerarchico e la poligamia.

Le donne e le persone di livello medio, alle quali nel sistema tradizionale era spesso impedito di esprimere la loro volontà e il sentimento personale, trovarono il senso della libertà e dell'essere grazie alla conoscenza della centralità della persona umana sostenuta dalla scienza occidentale (Cristianesimo). Per le persone di livello medio e per le donne oppresse da secoli, l'idea dell'uguaglianza propugnata dal Cristianesimo fu la guida per liberarsi dal sistema tradizionale gerarchico e di disuguaglianza tra l'uomo e la donna.

Quindi, la riforma sociale determinata dal diffondersi del Cristianesimo fu molto profonda, perché sosteneva la cognizione della libertà e della parità derivanti dalla visione cristiana dell'uomo, creato a immagine di Dio e secondo la volontà di Dio. Il propagarsi di questo pensiero minava alla base la struttura gerarchica, rigidamente ripartita per strati sociali; dava un colpo alla società tradizionale, che si manteneva nel sistema dello stato chiuso, diffondendo invece la verità che tutti gli uomini sono figli di Dio, che l'universo è salvato dalla fede e che tutti hanno la stessa dignità e gli stessi diritti.

La propagazione del Cristianesimo era una sfida alla società di *Choseon* e al Confucianesimo, ai quali contrapponeva la certezza che lo spirito dell'uomo è stato dato a tutti da Dio in modo uniforme.

In altre parole, l'influenza del pensiero e l'accoglienza del Cristianesimo in Corea sono state un'apertura istintiva del pensiero tradizionale verso il mondo moderno, al passo con i tempi.

4. Conoscenza della fede tradizionale

La fede, sperimentata dai primi cristiani in Corea, era fede nell'esistenza di Dio, dello spirito, e del bene e del male. Quest'idea si ritrova anche nella lettera che i fedeli avevano mandato al Papa nel 1811,[86]

---

86. Le lettere dei Coreani indirizzate alla Chiesa Universale sono 14, di cui 3 scritte al Papa e 11 ai vescovi della Cina. Esse si trovano nell'archivio di Propaganda Fide e nell'archivio della Società delle Missioni Estere di Parigi. Qui mi riferisco alla lettera dei Coreani indirizzata al Papa Pio VII nel 1811, che fu scritta nella parte interna dei pantaloni di un messaggero affinché non venisse scoperta e arrivasse

nella quale si confessò la conoscenza di queste tre dottrine, pur ignorandone altre più complesse.

Questa dottrina dei primi cristiani non è una professione di fede che si trova solo nel Cristianesimo. Essa è l'idea principale di varie religioni popolari, sulla quale si imperniò il nucleo della fede cristiana. Questa mentalità religiosa è presente in tutto il processo di adattamento alla cultura coreana.

Paradossalmente, quindi, è bene cercare l'identità della cultura coreana e gli insegnamenti morali in essa compresi, non solo nelle religioni, ma anche nella stessa cultura sciamanica che è presente nella musica, nel ballo e nella letteratura tradizionali. Infatti, nella cultura tradizionale esistono parecchi sintomi, i quali indicano che la mentalità religiosa dei Coreani era già da secoli preparata ad accettare la novità. Nella musica e nel ballo si trova l'esteticità che purifica a mano a mano la mentalità dell'uomo, diversamente dall'arte occidentale che è estroversa e diretta. Nella letteratura tradizionale, come la storia di *Chun-hyang*[87] e di *Shim-chung*[88], c'è il pilastro dello spirito dei Coreani, che rispetta la lealtà, la pietà filiale e la fedeltà; nel racconto tradizionale, poi, è presentato tutto *l'Han* ed il rancore

---

a destinazione: Cfr. DALLET Ch., Histoire dell'eglise de Corée, Vol II, Paris, Librairie Victor Palm Editeur, 1874/trad. coreano AN Oel-ryl e Choi Suk-u, Storia della Chiesa coreana, vol. II, Istituto per la ricerca della storia della Chiesa in Corea, Seoul, 1990, 35.

87. É un grande romanzo coreano dell'700. Il nome dell'autore e il periodo sono sconosciuti. All'inizio sembra un'opera musicale divenuta romanzo. In seguito, tocca i vari generi: dramma – cinema – teatro – musical play – opera ... Inizialmente, essendo una semplice musica, è stato cantato dai cantanti, detti in coreano *Kwang-dae* (ceto inferiore), del Popolo. La storia è questa: il figlio di un governatore di *Nam-won*, *Lee Mong-ryong* e l'unica figlia dell'ex prostituta *Wuol-mae*, *Chun-hyang*, si innamorarono, superando tutti i limiti di ceto e del credo confuciano, ma quando il padre di *Lee* si trasferì a Seoul dovettero separarsi. Con il nuovo governatore *Byun Hak-do*, la vita di *Chun-hyang* cominciò ad essere difficile, poiché, essendo di ceto inferiore ma bella, costui le chiese di servirlo. *Chun-hyang* si rifiutò e allora venne messa alla prova da *Byun*, che alla fine la incarcerò. Intanto *Lee*, a Seoul, vinse un concorso nazionale e diventò ispettore del Re. *Byun* da parte sua giurava ai suoi amici che se *Chung-hyang* non si fosse piegata al suo volere nel giorno del suo compleanno l'avrebbe condannata a morte. *Chun-hyang* per fedeltà verso *Lee*, rifiutò tutto quello che voleva *Byun* da lei, rischiando la morte, ma in quell'istante un funzionario annunciò l'arrivo dell'ispettore del Re. Tremando di paura, tutti gli ospiti scesero dal trono e si inginocchiarono per terra, e *Lee*, salendo, vide l'innamorata in un angolo, dimessa e chiese a un funzionario chi fosse. Ascoltata la storia del suo amore sfortunato, *Lee* cominciò a scendere e le chiese di alzare la testa per guardarla bene negli occhi, e così si incontrarono di nuovo e vissero felici e contenti! Questa storia racchiude il sogno del Popolo riguardo all'amore fedele, che supera tutte le difficoltà legate alla posizione sociale.

88. Anche di questa storia l'autore e il periodo sono sconosciuti. La brava figlia, *Shim-chung*, si vende per far riacquistare la vista al padre, offrendo in cambio al drago del mare 300 sacchi di riso. Salvatasi dal Re del mare, ne diventa la figlia. Il Re del mare comprende il suo desiderio di rivedere il padre e la manda sulla terra come moglie del Re Seoul. La regina fa una grande festa per tutti i ciechi del paese e lì incontra suo padre ed insieme vissero felici e contenti!: Dalla storia emergono l'insegnamento della pietà filiale del Confucianesimo e il complesso dei motivi e della finalità del Buddismo, in base alla mentalità sciamanica.

del Popolo.

4.1. Scoperta del Dio cristiano da parte dei Coreani

Il concetto di Dio si trova già nella mitologia di *Tan-kun*. Il Dio, descritto in essa, è un dio che aiuta e dona la grazia all'uomo. *Hwang-ung*, il figlio del re del cielo, inviato dal dio (*Hwan-in*) suo padre, è disceso nel mondo degli uomini per governarli nel bene. Egli porta con sé la pioggia, le nubi e il vento, che sono indispensabili al contadino, e dispone sia quanto riguarda i frutti, la vita, la malattia, l'errore, il bene e il male ..., sia l'orsa, che rende donna per far nascere un figlio, *Tan-kun*, il primo antenato del popolo *Han* (韓), quello coreano. *Tan-kun* è un personaggio che ha contemporaneamente la dignità di dio e di uomo e che, dopo la morte, ridiventa il dio della montagna, il dio più importante nello Sciamanesimo.

Così, se si guarda al mito della nascita della Corea, si nota l'equilibrio tra il dio e l'uomo, tra l'uomo e la donna da cui è nato il primo uomo di una nazione; ciò indica che nei Coreani è radicata profondamente la mentalità dell'equilibrio e dell'armonia, perché questo dio è tutto dell'uomo e della pace. In Corea non è mai esistito un dio che sta dalla parte della guerra o della diversità.

Dunque, il dio conosciuto dai primi cristiani è un Dio interpretato sulla base della preesistente mentalità religiosa dei Coreani; in altre parole, il concetto di *Zian-zhu* (Signore del cielo),[89] scoperto dai primi cristiani, è diventato il concetto di Dio nel cristianesimo sovrapponendosi al principio di dio nella tradizione coreana. Ne sono una prova testi "Inno di Adorazione a Dio" e "la Dottrina della Chiesa Cattolica (*SeungGyo-YooGi*)" di *Yi Byok*. Quest'ultimo tenta di far comprendere Dio agli uomini e in particolare spiega tutto su Gesù Cristo in una visione Cristocentrica[90]; il testo di *Chung Yak-jong*, "Le principali Dottrine della Chiesa (*JuGyo-YooGi*)", invece, può essere considerato Teocentrico, "La lettera indirizzata al Re" (*Sang-Jae-Sang-Seo*) di *Chung Ha-sang*, spiega l'uguaglianza del Dio del

---

89. La parola *Zian* (天) si trova originariamente ne "*Chung Yung*(中庸), L'Invariabile Mezzo" per spiegare i due concetti di cielo, quello naturale, che è visibile ed ha una sua forma, l'altro, soprannaturale e metafisico, cioè *Sang-jae*. Questo secondo concetto si trova in vari testi, come *Shih Ching*(詩經), il Libro delle Odi, *Shu Ching*(書經) il Libro dei Documenti, ... Anche P. Matteo Ricci dimostra che il Sang-jae non è uguale a quello del Cielo e con varie citazioni della Sacra Scrittura confuciana sottolinea che il Dio del Cristianesimo è identico a quello del *Sang-jae*: Cfr. RICCI M., Vera dottrina di Dio, trad. in coreano Lee Su-ung, ed. S. Benedetto, serie di Teologia n.23, Seoul, 1984, 29-42; Cfr. KUM Jang-tae, L'incontro tra Est ed Ovest e la mentalità coreana nel mondo moderno, 1993, 82-86.
90. Yi Byok, La Dottrina della Chiesa Cattolica (*SeungGyo-YooGi*), 1779: Questo libro si divide in due parti: la prima va dalla Creazione alla Resurrezione di Gesù, la seconda illustra il Catechismo del Cristianesimo e la morale cristiana. Su quindici versetti nella prima parte, ce ne sono solo due relativi all'Antico Testamento, il resto è tutto incentrato su Gesù.

Cristianesimo e del *Sang-jae* (Dominus supremus), dio del Confucianesimo, ed interpreta Dio in modo analogo al dio che si trova nelle religioni popolari della Corea.[91]

Questo fatto può riscontrarsi benissimo nell' "Inno di adorazione a Dio" di *Yi Byok,* che riconosce l'esistenza di Dio, senza spiegare come esiste:

> *Come il padre nella sua famiglia,*
> *come il re nel suo regno,*
> *come l'anima nel corpo,*
> *così Dio è in Cielo*
> *......,,*[92]

Anche ne "Le principali dottrine della Chiesa" di *Chung Yak-jong* si trova un'espressione "Esiste il padrone del cosmo", e inoltre nella lettera indirizzata al Re di *Chung Ha-sang* si spiega che la parola *Tian-zhu* è una semplice traduzione in cinese del Dio tradizionale, nel quale hanno creduto i Coreani da tanto tempo.

Dunque, il Dio del Cristianesimo, che era stato scoperto dai primi cristiani attraverso i libri occidentali, è stato accettato secondo la concezione culturale coreana, cioè un "dio per l'uomo". Inoltre, nonostante il contrasto tra vari aspetti dello Sciamanesimo, religione che pensa alle cose del mondo reale più che all'aldilà, il Cristianesimo è stato accettato senza grandi problemi dalla mentalità coreana, che vagamente aveva la fede nell'esistenza del "potere supremo" del "Dio supremo" e nel fatto che il destino dell'uomo dipende da loro. Quindi la fede nel "Dio supremo" può essere assimilata al concetto monoteistico del cristianesimo.

Vediamo un esempio di questa fede monoteistica:

> *"O voi tutti uomini del mondo e studiosi,*
> *non sono ridicole queste cose?*
> *Fin dalla nascita dell'uomo, e lungo tutta la sua vita,*
> *Quanti sono gli spiriti maligni*[93] *? Oh, sono tanti!*

---

91. Il prof. Kum Jang-tae nel suo libro, sull'incontro tra Est ed Ovest e la mentalità coreana nel mondo moderno, citando il concetto di *Lee Ik*, studioso confuciano di *Cho-seon* sul Dio del Cristianesimo, dice chiaramente che il *Sang-jae* – personaggio soprannaturale del Confucianesimo – anche se è soprannaturale non viene ritenuto un essere personale. Il *Sang-jae* ha la capacità di dominio come *Zianzhu* – Dio nel Cristianesimo - ma si è molto lontani dal credere che Dio è creatore del cielo e della terra, si è incarnato in Gesù e costituisce la Trinità. Quest'idea contiene il concetto di dio della credenza antica ed è molto lontana dal significato del Cielo o *Sang-jae*: Cfr. KUM Jang-tae, L'incontro tra Est ed Ovest e la mentalità coreana nel mondo moderno, op.cit., 67-68.
92. Yi Byok, Inno d'adorazione a Dio, trad. ital. YOUN Min-ku, I padri della Chiesa coreana, ed. O.C.D., Roma, 1984, 23-24.
93. Indica tutti gli dei del Mukyo.

Dal mattino alla sera, per tutta la giornata,
Pregate con le mani giunte, recitando mille invocazioni
Sperperate tutti i soldi e buttate al vento i beni.

Dal risveglio, tutti gli atti e le parole
sono al servizio delle credenze superstiziose.
Come sono vani gli spiriti maligni!
Come sono sciocchi gli uomini!

Lasciamo perdere le loro vanità e le loro falsità.
Non crediamo più alle superstizioni, ma crediamo in Dio.
........"

Questa è la prima parte del "canto dei dieci comandamenti" di *Yi Byok*. In esso affiora la fede monoteistica del cristianesimo, che crede in un solo Dio, *Zian-zhu*, respingendo la credenza politeistica tradizionale. Anche la seconda parte si fonda su *Zian-zhu*, coincidendo con il credo tradizionale ed escludendo solo il concetto di "Dio supremo" tradizionale:

Voi, peccatori piangenti, perché cercate Zian-gi-shin-myung (dio del cielo e della terra)[94]?
Voi, poveri affamati, perché cercate il Creatore?
Voi, studiosi di Yim-Yang, Tae-kuk[95], non discutete del dio supremo, sang-jae![96]
Anche se i nomi sono diversi, si tratta dello stesso Zian-zhu (Dominus coeli)[97]

Sembra che per le genti dell'Antico Testamento, il "dio supremo" della gente di *Canaan*, popolo pagano, *El* oppure *Elohim,* coincidesse con l'unico Dio d'Israele, *Yahweh.*

Nella credenza indigena di ogni popolo vi è la traccia della provvidenza di Dio, che continua a manifestare se stesso attraverso il linguaggio e il costume.

4.2. Comprensione del Cristianesimo
A. Sull'Incarnazione

Lo Sciamanesimo è una religione basata sul rituale, quindi importante è il linguaggio del corpo e della parola, diverso pertanto da una religione incentrata sulla lettura di una "Sacra Scrittura". Lo Sciamano, nel rito della

---

94. E' il nome di dio, tipico dello Sciamanesimo.
95. Ci si riferisce al simbolo nella S. Scrittura cinese.
96. E' il nome del dio supremo tipico del Confucianesimo.
97. E' il Dio del Cristianesimo.

morte, è un personaggio in cui si incontrano e dialogano i vivi e i morti, perché il morto desidera il dialogo, non il silenzio. Secondo questo rito, importante è partire da questo mondo, piuttosto che arrivare bene nell'aldilà. Col dialogo si scioglie il *Han* di questo mondo e si parte definitivamente in pace; quindi il dialogare (誠) indica voglia di equilibrio.

"Fare il dialogo" oppure "fare il verbo" è una locuzione orientale con un senso molto coreano, come il *Han*. Questa frase, presente per la prima volta nel libro dell' "Invariabile Mezzo", significa attuare la parola o realizzare il verbo (言 + 成), e si può interpretare in tanti modi, con i significati di schiettezza, devozione, dedizione, ...

Nella tradizione c'è una frase "il dedicarsi con tutto il cuore a ...(fare qualcosa)...fa emozionare anche il Cielo", che è una delle più usate nel Sciamanesimo con lo stesso significato di "dedizione con cura", "il cielo" esprimendo equilibrio tra dio, uomo e natura.

Anche la parola *Seong* (誠) è stata spiegata di nuovo in modo cristiano dai precursori della Chiesa cattolica coreana. Infatti nel periodo *Cho-seon*, in cui dominava la teoria e la morale del Confucianesimo, *Yi Byok* definiva, nel suo libro "La Dottrina della Chiesa Cattolica", la parola *Seong* (誠) come concentrazione dell'atteggiamento e della personalità di Cristo, verificando ampiamente il concetto cristiano per cui Gesù Cristo, secondo il Vangelo di Giovanni, coincide con il "verbo" "incarnato"[98].

Chung Yak-yong, che è stato convertito da *Yi Byok* e battezzato col nome di Giovanni, asserisce che l'oggetto della fede della Chiesa Cattolica è il *Verbum Factum*, cioè *Seong* (誠), e su tale verità ha meditato per tutta la vita.

Così la più importante dottrina della Chiesa Cattolica penetrò nella mentalità coreana, preparata dall'idea d'equilibrio dello Sciamanesimo e dall'insegnamento del Confucianesimo ad accettare il mistero dell'incarnazione e a costruire lo spazio favorevole alla comprensione.

B. Sulla religiosità

Nello Sciamanesimo, l'uomo, attraverso la cultura, l'arte e la religione, si unisce con la natura e si congiunge con gli dei per risolvere tutti i suoi problemi e realizzare i suoi desideri: ricevere il "*Bok*" o "*Jae-su*".

Se un uomo professa una certa religione e desidera ricevere il suo "*Bok*", guarda il mondo e cerca il significato e la soddisfazione della vita seguendo i suoi insegnamenti. Il carattere dello Sciamanesimo ha permesso

---

98. YI Byok, La dottrina della Chiesa Cattolica, cap.1 Versetto 26: è stato citato da LEE Seong-bae, Confucianesimo e Cristianesimo, Elementi teologici Coreani di Yi-Byok, ed. S. Benedetto, 1979, 93-94, che secondo Yi Byok dice chiarametnte che il *Seong* (誠) è la via giusta per vivere in Cristo che è la Via e la Vita.

ai Coreani di avere un atteggiamento flessibile nell'accettazione delle altre religioni. Per esempio, la comunione e l'unione della comunità, allargata all'intero villaggio, che sono vicine alla comunione e all'unione fraterna della comunità cristiana, praticate durante la persecuzione e nelle difficoltà reali, dimostrano il carattere di *Dae-dong Kut*, che ha contribuito a far comprendere ed accettare la nuova ricchezza del compimento della vita attraverso l'incontro.

La tendenza religiosa dell'accettazione con il cuore, che si trova nello Sciamanesimo, si fonda sull'esperienza religiosa dello Sciamano, basata sull'idea di armonia tra gli dei, la natura e l'uomo. Quest'idea, applicata ai cristiani durante la persecuzione, quando si sperimentava veramente il limite della fede, è diventata un elemento per spiegare che cosa è il martirio. Dirigendosi l'adorazione dello Sciamanesimo a un oggetto "concreto", i Coreani, fin dal primo incontro hanno interpretato il Cristianesimo come una religione concreta, che si collega scientificamente alla vita reale, rifiutando l'astrattismo del Confucianesimo.

La maggior parte dei testi scritti dai primi cristiani asserisce che lo Sciamanesimo è una religione superstiziosa legata all'idolatria, a cui solo gli stupidi possono credere. Per esempio:

> 1. "Ora, sapendo che esiste il Signore della terra e del cielo, celebra il *Kut* ed altri culti rituali degli spiriti per pregare il *Bok* ed allontanare il maligno: come non sarà peccato onorare due re nello stesso tempo? La vita e la morte e la fortuna e la sfortuna dell'uomo, tutto dipende da Dio, gli spiriti inferiori non hanno alcun potere; come è possibile far dipendere le cose dell'uomo dal potere di essi?"[99]

> 2. "I Coreani spesso ripetono il *Pudakuri* (*Kut*) e il culto degli antenati per pregare il *Bok* e far allontanare il maligno prima, durante e dopo ogni occasione importante. Ci sono almeno una o due giare in ogni famiglia, in cui si posano gli dei che proteggono la vita e la morte dell'uomo e la terra dove vive, e davanti a tali giare spesso fanno il saluto rituale. Fanno il rito e l'offerta agli dei della montagna, al vento, alla stella, alla terra, all'acqua ... ... gli studiosi non credono in tali superstizioni e le rifiutano, ma le donne vi sono attaccate come alla loro stessa vita, qualunque sia il ceto sociale. ... Si trovano in ogni dove persone che indicano il posto migliore per costruire una casa o una tomba in cambio di denaro, pronosticano il giorno fortunato per gli affari, predicono il destino ai futuri sposi, difendono dall'infortunio e dagli incidenti, cacciano gli spiriti maligni, dicono le parole magiche per le diverse malattie e scacciano gli dei cattivi. Ogni volta celebrano il rito solennemente, creano scene

---

99. CHUNG Yak-jong, Le principali Dottrine della Chiesa, I martiri e testimoni, Istituto per la ricerca della storia della Chiesa Cattolica in Corea, 1982, 29.

> fragorose e preparano tanti cibi. ..."[100]

Al momento dell'entrata del Cristianesimo in Corea, era abbastanza diffuso lo Sciamanesimo, considerato dal Confucianesimo e dal Cristianesimo espressione di superstizione. Le frasi che ho citato denunciano l'insensato comportamento di devozione agli dei dello Sciamanesimo; per questo i cristiani rifiutano ogni credenza sciamanica. Si può notare altresì lo sforzo da parte degli autori di comprendere ed accettare l'insegnamento del Cristianesimo in modo ragionato e scientifico, non senza spunti critici nei confronti dello Sciamanesimo, poiché la mentalità religiosa dei Coreani era talmente sciamanica da recepire immediatamente qualsiasi riferimento ad esso.

Considerando la capacità di adattamento dello Sciamanesimo alle varie religioni, non si può escludere il suo influsso sul processo di accettazione del Cristianesimo in Corea, perché anche i primi cristiani ne erano apparentemente o celatamente influenzati.

C. Sul rito e sulla piccola comunità

La religione si può definire la somma della fede, del rito e della pratica, uniti al soprannaturale e alla santità. In particolare i vari riti, che si celebrano per mettersi in contatto con l'essere *dio* o con l'essere *santo* manifestano molto bene il carattere della religione stessa.

Il rito, un luogo d'incontro con l'Essere assoluto, svolge all'interno della comunità sia funzioni individuali (per il sacerdote-Sciamano), sia sociali (per la comunità del villaggio).

La società *Cho-seon* seguiva l'insegnamento del Confucianesimo, ma il Popolo non aveva occasione di partecipare al rito confuciano, perché esso non era per il Popolo, ma riservato ad un certo strato sociale. Le donne, in particolare, non potevano partecipare né al rito comunitario né al rito familiare, cioè al culto degli antenati.

I cristiani invece, credendo nell'uguaglianza degli esseri umani davanti al Creatore, consentivano alle donne addirittura di guidare la vita dei fedeli, celebravano il rito religioso in comune e chiamavano "amici nella fede" persino gli appartenenti ai ceti inferiori. In questo modo riconoscevano la dignità dell'individuo, uomo, donna o bambino che fosse, in quanto dotato di coscienza. Quindi il Cattolicesimo contribuì al riconoscimento del valore dell'uomo attraverso la conoscenza di *Zian-zhu* (Dio del cristianesimo).

In questo modo lo Sciamanesimo è riuscito a mediare tra la cultura

---

100. Cfr. DALLET Ch., Histoire de l'Église de Corée, Paris, Librairie Victor Palmé, éditeur, vol I, 1874, 219-221.

confuciana e il cristianesimo.

Il rito dello Sciamanesimo si divide generalmente in divinazione e *Kut*. La divinazione è il primo incontro tra il Sciamano, i fedeli e il dio, e ha un carattere semplice, mentre il *Kut* può essere di tanti tipi, dal *Pu-da-ku-ri* o *Bi-son,* celebrato solo dallo Sciamano con un fedele, al grande *Kut,* che si celebra con tre o quattro Sciamano, due o tre musicisti, collaboratori e tanti altri ospiti e partecipanti, i quali preparano cibo, balli, canti e parole.

Al rito dello Sciamanesimo si partecipa con tutta l'anima, anche se è un rito semplice. Trattandosi di un rito comunitario, possono parteciparvi tutti senza distinzione di condizioni sociali. Ciò precorre l'atteggiamento dei primi cristiani, che, avendo una visione evangelica dell'uomo, superano le rigide partizioni della società del *Cho-seon*. Il vero pastore desiderava ardentemente la verità per la salvezza di tutto il popolo; ciò avrebbe cancellato ogni differenza di ceto nella società.

Nel periodo di *Cho-seon* la società era gerarchica e confuciana, fondata sull'educazione come principio dell'uomo e sostenitrice di una cultura filosofica limitata ai ceti nobili invece che estesa a tutta la società. Questo fatto spiega perché nel Confucianesino non esiste una religiosità che possa consolare l'anima del Popolo oppresso, e rappresenta un'occasione per ritrovare il Buddismo ormai assorbito dal Sciamanesimo, con il quale ha convissuto per tanto tempo, col compito di alleviare le sofferenze.

Infatti, nella società di *Cho-seon*, il Confucianesino coesisteva con lo Sciamanesimo e col Buddismo, e perciò il Cristianesimo andò a mescolarsi non solo con il Confucianesimo, ma anche con le religioni tradizionali dei Coreani, che influenzavano la visione del mondo e della vita.

Come ho già detto, il padre *Dallet Ch.,* nel suo libro *Histoire de l'Église de Corée,* scrive che gli studiosi non credevano alle superstizioni muistiche perché condividevano gli insegnamenti confuciani, mentre le donne vi erano attaccate come alla loro stessa vita, qualunque ne fosse il ceto sociale.

Yoo Hong-yeol, ex professore di storia coreana all'Università di Seoul ed ex Rettore dell'Università di *SungKyunKwan*, nel suo libro "Storia della Chiesa Cattolica in Corea", illustra la situazione della società di allora con queste parole:[101]

> "Allora, i Coreani non riuscivano a individuare la via giusta nel bosco della superstizione. Invece, *Yi Byok* e *Lee Sung-hun*, leggendo i libri che illustravano la mentalità della scienza occidentale, poterono trovare la risposta sull'idolatria e sulla superstizione e alla fine capirono tutta la verità della Chiesa

---

101. YOU Hong-yul, La storia della Chiesa Cattolica in Corea, ed. S. Giuseppe, 1983, 420.

Cattolica. ..."

CAPITOLO SECONDO
ATTIVITÀ EVANGELIZZATRICE NELLA CULTURA SCIAMANICA

L'entrata del Cristianesimo in *Cho-seon* avvenne verso i primi anni del XVII sec., quando fu pubblicato in Cina il libro "La Vera Dottrina di Dio" di P. Matteo Ricci. Il periodo di accettazione del Cristianesimo in Corea va dal 1784, quando *Lee Sung-hun* tornò da Pechino, fino al 1801, quando si scatenò la persecuzione in cui morirono oltre 300 persone, tra cui *Lee Sung-hun, Chung Yak-jong* e padre *Chu Mun-mo,* e furono esiliati altri 300 tra nobili e studiosi.

In quel periodo gli studiosi di mentalità e ideologia tradizionali, si accostavano spontaneamente al Cristianesimo e ne sviluppavano la dottrina fondandola sulla conoscenza religiosa tradizionale.

Papa Giovanni Paolo II, che, nel maggio del 1984, aveva canonizzato in Corea 103 martiri, durante l'omelia della Messa solenne in onore dei nuovi santi, celebrata il 15 Ottobre 1984 in Piazza S. Pietro, diceva :

> "In Corea la fede fu cercata – caso unico nella storia – spontaneamente dai Coreani: la fede cristiana, infatti, è cominciata grazie all'iniziativa autonoma di alcuni laici. Tale cammino ci fa comprendere di quanta importanza, ai fini della salvezza eterna, sia rivestita l'aspirazione naturale della ragione umana alla verità. Fu infatti, come sappiamo, una leale ricerca della verità a spingere quei laici – era un gruppo di letterati e "filosofi" - a prendere contatti, non senza gravi rischi, con Pechino, là dove avevano sentito parlare della presenza di uomini, alcuni dei quali cattolici, che avrebbero potuto illuminarli sulla nuova fede da essi conosciuta mediante i libri.
>
> Questi laici, uomini e donne, giustamente considerati i "Fondatori della Chiesa" in Corea, per ben 56 anni, dal 1779 al 1835, senza l'aiuto di sacerdoti – tranne la presenza assai breve di due sacerdoti cinesi – hanno diffuso il Vangelo nella loro Patria fino all'arrivo dei Missionari Francesi nel 1836, ed hanno offerto e sacrificato la vita per la loro fede in Cristo".[102]

Il Cristianesimo in Corea crebbe senza distinzione di ceto o di sesso, con un atteggiamento di rifiuto del culto degli antenati, sfidando apertamente

---

102. Giovanni Paolo II, Pietro è andato a visitare la Chiesa di Corea. Ora è la Chiesa di Corea che rende visita a Pietro, durante la celebrazione in onore dei martiri Coreani per ricambiare la visita che Papa Giovanni Paolo II aveva compiuto dal 3 al 7 maggio del 1984 nel Paese del "calmo mattino", L'osservatore Romano, Roma, 15-16 Ottobre 1984, 1.

ogni visione confuciana tradizionale. Perciò il governo, sostenendo che i cristiani negavano i fondamenti stessi della società di *Cho-seon*, scatenò una forte persecuzione. Secondo le autorità di allora, il Dio dei cristiani non era diverso dal coacervo di feticci del Buddismo; quello che essi dicevano era uguale alla parola dei Sciamano[103] e andava rifiutato come il Buddismo e il Sciamanesimo.

Malgrado questa persecuzione, la dottrina cristiana, ragionevole e logica, penetrò tra il Popolo, che aveva sete di Verità, ed ebbe un grande influsso sullo sviluppo della dottrina sistematica di *Dong-hak*, la scienza orientale, che diventò così un'altra nuova religione popolare. Anche se chiamato *Dong-hak*, con significato opposto a *Seo-hak*, tale dottrina contiene gli insegnamenti più importanti di *Seo-hak,* con i quali attirò il cuore del Popolo; infatti il fondatore *Choi Jae-woo* fu arrestato e condannato a morte perché considerato appartenente al gruppo dei cristiani.

Per tale ragione, in questo capitolo vorrei parlare della persecuzione subita durante il processo di evangelizzazione, per evidenziare la spiritualità dei martiri, fondata sul *Jung-Han*,[104] e l'influenza del Cristianesimo sul nuovo movimento religioso, *Dong-hak*. Trattando del contrasto tra protestantesimo e cultura coreana, sorto dopo il patto tra la Corea e la Francia[105], vorrei parlare della sottovalutazione della cultura propria della Corea sciamanica e della tendenza alla rapida occidentalizzazione della società coreana. Questa tendenza riguarda anche il Cattolicesimo, che perde la sua identità primitiva, diventando "una Chiesa più romana di quella di Roma".

1. Significato dell'adattamento per la Chiesa primitiva coreana

L'aspetto più significativo per definire il processo di accettazione del Cristianesimo in Corea è la ricerca e la discussione sui libri di scienza occidentale, tradotti in cinese, protrattasi per più di un secolo, prima della fondazione della Chiesa in Corea.

---

103. Cfr. Documento del re *Soon-cho*, n. 3, Dicembre del Primo anno di Regno di *Soon-cho*.
104. È un sentimento tradizionale condiviso dal popolo oppresso; guardandosi negli occhi senza parlare, si capisce la situazione e ci si aiuta con tutto il cuore, come espressione della carità. Quindi è un sentimento prettamente popolare. Vedi cap.2 della Prima parte.
105. Il patto fu fatto nel 1886 tra *Cho-seon* e la Francia a garanzia delle relazioni commerciali. Rispetto ad altri paesi, U.S.A., Inghilterra, Germania e Russia, il patto fu realizzato un po' tardi, a causa della persecuzione, perché durante tale periodo morirono molti missionari francesi e questo diede pretesto alla Francia di accedere al porto con le armi. Nell'aprile del 1886, il governo di *Cho-seon* accordò il permesso alle missioni cristiane e garantì la protezione dei fedeli secondo le richieste della Francia. Finalmente il 4 giugno fu concluso il contratto, malgrado la disugualianza sancita dall'articolo: "il governo di *Cho-seon* garantisce la protezione dei francesi che vengono nel suo paese per motivi culturali, dando alla Francia il privilegio di costruire chiese, scuole ... che altri paesi non avevano allora.

Nel processo di sviluppo dall'oggetto dello studio primitivo all'oggetto della fede, i precursori della Chiesa coreana ebbero l'intenzione di trasmettere questa nuova religione senza superfluità. Ecco, dunque, le caratteristiche della missione prima della persecuzione:

In primo luogo, gli stessi precursori diventarono missionari, distribuendo i libri di dottrina e catechesi tradoti in cinese, distribuendoli agli amici dello stesso ceto, introducendo così la fede nel Signore del Cielo (*Zian Zhu*).[106]

In secondo luogo, essi scrissero e pubblicarono diversi libri di catechesi tradotti in coreano, detto volgare, per i Popolo e le donne, come il "Canto del Signore del Cielo (*Zian-Zhu Ka-Sa*)" di *Lee Mun-ku* e di *Min Kuk-Ka*, "La Dottrina della Chiesa Cattolica (*Sungkyo-Yogi*)" di *Yi Byok* e "il Principio della Dottrina della Chiesa Cattolica (*JooKyo-Yogi*)" di *Chung Yak-jong*.

Specialmente "L'inno di Adorazione di Dio (*Zian-Zhu Kong-Kyung-Ka*)" di *Yi Byok* è molto simile al cantico tradizionale del Popolo sia nel ritmo delle parole a quattro a quattro, sia particolarmente nel canto d'ingresso del *Kut* di rasserenamento per lo spirito del defunto.

Vorrei ora porre a confronto i ritmi e lo stile dei canti dell'inno di Adorazione di Dio (*Zian-Zhu Kong-Kyung-Ka*)" di *Yi Byok* (prima colonna), del canto d'ingresso del *Kut* di rasserenamento per lo spirito del defunto (seconda colonna) e dell'inno dei "Dieci Comandamenti" di *Chong Yak-jeon* (terza colonna).

어와 세상 벗님네야 이내말씀 들어보소 Ecco, amici miei, a voi	세상 사람들아 이내 말씀 들어보오 Voi, tutti uomini del mondo,	세상사람 선비님네 이 아니 우스운가 O voi tutti uomini del mondo

---

106. Cfr. DALLET Ch., Histoire de l'Église de Corée, Paris, Librairie Victor Palm Editeur, 1874, trad. in coreano AN Oel-ryl e CHOI Suk-uoo, Storia della Chiesa coreana, vol. I, Istituto per la ricerca della storia della Chiesa in Corea, Seoul, 1990, 312-314: in particolare Kwon Il-sin e i suoi discepoli ebbero gran successo per la propagazione della fede.
107. Altro nome del monte *Kum-kang*, che è la più bella montagna della Corea; qui rappresenta il monte dell'aldilà.
108. Questo è il fiume che passa tra questo mondo e quello dell'aldilà, cioè il fiume che non si può riattraversare, dove cade persino una piuma.
109. Dieci *Ri* è pari a 4 chilometri.
110. La parte della roccia più bella del monte Kum-kang, che qui simboleggia uno specchio.
111. È il grande imperatore cinese che governò dal 246 AC al 210 AC il paese del *Ch'in* (秦). Facendo leva sulla forza militare riuscì ad unificare i paesi di *Han* (韓), *Yi* (魏), *Ch'u* (楚), *Yeon* (燕), *Cho* (趙) e *Chi* (齊) dal 230 AC al 221 AC. Dopo l'unificazione, proclamandosi imperatore del Si, riorganizzò la legge, realizzò una divisione del territorio, l'unificazione della scrittura, delle misure e della moneta; stabilì la rete stradale del paese e distrusse le vecchie fortezze dei vecchi domini. Eliminò, inoltre, i focolai di ribellione, proibendo l'uso delle armi ai singoli e bruciò tutti i libri ideologici; costruì la grande muraglia cinese. Verso la fine della vita, assunse un atteggiamento strano, cercando la medicina degli eremiti taoisti, che hanno capacità soprannaturali, per vivere a lungo e bene la vecchiaia.

tutti nel mondo,
ascoltate un attimo la mia parola:

집안에는 어른 있고
나라에는 임금 있네
내 몸에는 영혼 있고
하늘에는 천주 있네
come il padre nella famiglia,
come il re nel regno,
come l'anima nel mio corpo,
così è Dio in cielo.

부모에게 효도하고
임금에는 충성하세
삼강오륜 지켜가자
천주공경 으뜸일세
Rispettate i vostri genitori,
servite il vostro re,
osservate le regole fondamentali del confucianesimo,
ma l'adorazione di Dio è la prima

이내몸은 죽어져도
영혼남아 무궁하리
인륜도덕 천주공경
영혼불멸 모르면은
살아서는 목석이요
죽어서는 지옥이라
A questo mio corpo giungerà la morte,
  la mia anima durerà in eterno.
Se non conoscete l'umanità, la moralità, l'adorazione di Dio, l'immortalità dell'anima,
in questa vita sarete una parte del bosco e della pietra,
e dopo la morte, vi troverete nell'inferno.

천주 있다 알고서도
불사공경 하지마소
알고서도 아니하면
죄만 점점 쌓인다네

ascoltate un attimo le mie parole:

사생을 생각함이
그 아니 서글픈가
Non è triste pensare alla vita e alla morte?

추상에 지는 잎은
해마다 피어나고
춘풍에 지는 꽃은
명춘에 다시 피고
나그네 같은 세상살이에
뜬구름 같은 이 인생이
초록같이 사라지니
어느 때에 돌아오리
Le foglie che cadono alla brina dell'autunno, rinascono ogni anno,
i fiori che cadono al vento della primavera, rinascono alla prossima primavera.
La vita di questo mondo è come un viandante,
e la vita dell'uomo è come una nuvola che sparisce come il verde; quando ritornerà?

인간세상을 하직하고
북만산 들어갈 때,
명전이 앞에서니
행색이 처량하다.
……
Dopo il saluto del mondo degli uomini,
quando entra nella montagna dell'aldilà,
vedere avanti la tavoletta memoriale del defunto,
è così triste il suo aspetto.
……
아마도 허사로다
사후면 허사로다.
……
Forse vanità.
Dopo la morte è tutta vanità.
……
봉래산 찾아가니
약수가 삼천리요,
백옥경을 바라보니

e studiosi, non sono ridicole queste cose?

사람 나자 한평생의
무슨 귀신 그리 많노.
Fin dalla nascita dell'uomo, e lungo tutta la sua vita,
quanti sono gli spiriti maligni! Oh, sono tanti!

아침저녁 종일토록
합장배례 주문외고
자고깨자 행신언동
각기귀신 모셔봐도
허위허례 마귀미신
믿지 말고 천주 믿세.
Dal mattino alla sera, per tutta la giornata,
con le mani giunte pregate, recitando mille invocazioni,
sperperate tutti i soldi,
e buttate al vento i beni.
Dal risveglio, tutti gli atti e le parole sono al servizio delle credenze superstiziose.
Come sono vani gli spiriti maligni!
Come sono sciocchi gli uomini!
Lasciamo perdere le loro vanità e le loro falsità.
Non crediamo più alle superstizioni, ma crediamo in Dio.

하늘 위에 계신 천주
벌레 같은 우리 보소.
Il Signore, che è al di sopra del Cielo,
guarda a noi, che siamo come vermi,

광대무한 이 우주에
인간목숨 내어주셔
in questo universo così vasto e grande, e dà la vita all'uomo!

대혜 지각 깨뜨르며
우주섭리 알고 나면
천주은혜 밝은 빛을
무궁토록 받드런가.
Se aprite la vostra

Conoscendo l'esistenza di Dio, non adorate le superstizioni del buddismo. Avendo questa conoscenza di Dio, se non la mettete in pratica, a man a mano ammucchiate i peccati. 죄짓고서 두려운 자 천주 없다 시비마소 아비 없는 자식 봤나 양지 없는 음지 있나 임금용안 못 뵈었다 나라백성 아니런가 Voi, che siete presi dal timore, dopo aver peccato non discutete dell'assenza di Dio. Si vede un bambino senza il padre? C'è un'ombra senza la luce? Se non vedete il viso del re, non siete forse popolo del suo regno? 천당지옥 가보았나 세상사람 시비마소 있는 천당 모른 선비 천당 없다 어이 아노 "Chi è andato in paradiso o nell'inferno?" voi, non discutete! Il letterato che ignora l'esistenza del paradiso, Come conoscete la sua assenza? 시비마소 천주공경 믿어보고 깨달으면 영원무궁 영광일세. Non impedire l'adorazione di Dio. Se, credendo in lui, lo conoscete, ci sarà la gloria eterna e infinita.	청천이 구만리라. Quando va al monte *Bong-rae*[107] trova il fiume[108] da tre mila *Ri*[109], quando vede lo specchio *Baek-ok*[110] trova cielo trasparente novantamila *Ri*. 진시황 한무제도 죽음을 못 벗어나고 여산 무덤 송백천에 황제 무덤 묻혀있고 하물며 우리 인생이야 다 일러 무엇하리. Se l'imperatore *Jin-si*[111] non è riuscito a scampare alla morte, e nel bosco dei pini si trova nelle tombe degli imperatori, altrettanto, noi come potremo fare diversamente? 아마도 단구 적송자를 좇아 청백하게 살기를 원하노라. Forse è meglio vivere come un albero di pino, semplice e povero!	intelligenza per capire la Sapienza e conoscere la provvidenza dell'universo, senza fine dal Signore riceverete benedizione e luce splendente. 사람지혜 우둔하여 꼭두각시 나무 신막 외고 우리 복바드나 절한다고 효자 되나 Come è stolta la sapienza dell'uomo, che idoli superstiziosi e pezzi di legno invoca! Pensate forse di avere la felicità o di diventare pii verso i genitori con le vostre prostrazioni? 잘 되여서 진복 이라 못되면은 남 탓하네. Il successo sarà per voi motivo di orgoglio; ma il fallimento solo colpa degli altri!

Nonostante il canto sia così diverso, si nota la somiglianza di stile, ritmo, idea e insegnamenti fra "L'inno di Adorazione di Dio" di *Yi Byok* e uno dei canti del *Kut,* spesso eseguito dallo Sciamano durante la cerimonia, che ormai si può considerare come espressione dello stile della parola del Popolo. Richiamo soprattutto l'attenzione sull'annuncio che viene rivolto a tutti: "Ecco, amici miei di tutto il mondo, ascoltate un momento le mie parole!", che è anche nell'inno dei "Dieci Comandamenti" di *Chong Yakjeon*. L'annuncio del messaggio evangelico è indirizzato a tutti gli uomini con queste parole: "Voi, uomini e letterati del mondo!". Essendo la lingua coreana quella del popolo, con questa frase veramente si chiamavano tutti gli uomini al Vangelo per avvicinarli a Dio, che li accetta con grande amore, con particolare benevolenza per i poveri, per quelli del ceto inferiore e per gli illetterati. Tale comportamento è dunque un cambiamento derivato dalla fede cristiana.

Dunque, *Yi Byok* e i precursori della Chiesa coreana, essendo studiosi neo-confuciani, ovviamente conoscevano bene tale dottrina e benissimo lo stile del linguaggio del Popolo; ciò dimostra la loro apertura al ceto inferiore.

In terzo luogo, i precursori della Chiesa coreana scrissero e distribuirono i canti, detti "dello *Zian-Zhu* (Signore del Cielo)", che esprimono il sentimento tradizionale del Popolo, che non è istruito, e cercarono di diffonderli tra la gente di basso ceto. Questo tipo di canto viene considerato come la più importante testimonianza per capire la profondità della fede dei cristiani di allora, grazie al contenuto di "zelante fede verso i martiri", "desiderio di essere martirizzati" e "rigido rispetto della dottrina".

1.1. Missione nel periodo della persecuzione

Il periodo di persecuzione in Corea va dal 1785[112], l'anno successivo al ritorno di *Lee Sung-hun* battezzato a Pechino, in cui scoppiò la persecuzione di *Ul-sa,* al 1886, quando si ebbe la libertà dell'attività missionaria in conseguenza del patto tra Corea e Francia.

I motivi apparenti delle quattro grandi persecuzioni subite dai cristiani erano parecchi: andavano da motivi di carattere personale (per esempio, rifiuto del culto degli antenati, incontri segreti) a motivi più futili, che i gruppi detentori del potere politico adducevano per eliminare gli oppositori.

Il sistema politico di persecuzione continua, provocando numerosi

---

112. E' l'anno in cui si scatenò la prima persecuzione, a causa di un incontro religioso nella casa di Kim Bum-woo fra traduttori dei libri occidentali e ceto medio, nel luogo dove è oggi la parrocchia di *Myungdong*; Kim Bum-woo, dopo crudeli torture fu mandato in esilio, dove morì dopo 2 anni e diventò il primo martire della Corea: Cfr. DALLET Ch., Histoire de l'Église de Corée, Paris, Librairie Victor Palm Editeur, 1874, trad. in coreano, op.cit., Seoul, 1980, 318.

martiri sembrò far sparire completamente l'organizzazione della Chiesa coreana, ma, grazie all'attività missionaria di animatori laici, la Chiesa invece si radicò prevalentemente nel Popolo.

I caratteri dell'attività missionaria, promossa in questo periodo, sono i seguenti:

1. Conoscenza della comunità cristiana. I precursori che guidavano la Chiesa di allora avevano una profonda conoscenza del gruppo al quale appartenevano. Gli studi fatti insieme, il paese di provenienza e il legame di sangue contribuirono a far accogliere la nuova religione della carità e della parità. Sorgeva una comunità sociale legata ad una nuova visione dei valori, che non distingueva la differenza tra i figli della prima moglie e quelli della seconda, tra i nobili e le persone di basso livello, tra gli uomini e le donne, tra i ricchi e i poveri. I primi cristiani, durante la tempesta della persecuzione, costruirono tra le montagne "il villaggio degli amici fedeli";

2. Attività missionaria clandestina che, in una situazione di emergenza, continuò a propagare con gli scritti, la parola e il canto, la vita religiosa cui s'aggiunse la testimonianza dei martiri.[113]

3. Attività apostolica laicale. Infatti la Chiesa Cattolica in Corea ebbe un sacerdote solamente dopo 10 anni dalla sua fondazione, ossia nel 1795, e per appena 6 anni, poiché nel 1801, durante la persecuzione, quel sacerdote, il cinese *Chu Mun-mo,* morì e i fedeli rimasero di nuovo, e per 33 anni, senza alcun sacerdote. I laici, in questo periodo così difficile, sia per la persecuzione sia per l'assenza del pastore, promossero una attiva relazione con la Chiesa di Pechino apportandovi la spiritualità dello zelo missionario, sviluppando nella Chiesa una profonda fede.

4. Attività missionaria profetica, protesa verso la Chiesa Universale. Dopo aver conosciuto la dottrina sulla gerarchia della Chiesa, i laici chiesero un sacerdote alla diocesi di Pechino, che inviò il padre *Chu Mun-mo.* Dopo la sua morte nuovamente si adoperarono per avere uno che lo sostituisse e, consapevoli della difficoltà di ottenerlo, *Chung Ha-sang* e *Yoo Jin-kil,* due dei capi cristiani di allora, supplicarono addirittura il Papa. Fu un atto straordinario avvenuto in un periodo in cui era severamente vietato comunicare con l'estero, particolarmente per questioni personali. Fu un atteggiamento missionario molto evoluto e coraggioso. Le continue visite di *Chung Ha-sang* a *Pechino* (più di 10) per la riorganizzazione della Chiesa,

---

113. Il gruppo di *Myung-do*, organizzato da una decina di fedeli, che aveva Chung Yak-jung come presidente, curò efficacemente la vita religiosa dei componenti e assunse la responsabilità della missione incontrando diverse volte il padre Chu Mun-mo, missionario cinese: Cfr. DALLET Ch., Histoire dell'Église de Corée, Paris, Librairie Victor Palm Editeur, 1874, trad. in coreano, op.cit., Seoul, 1980, p. 443.

furono un evento eccezionale, che fece conoscere la situazione della Chiesa coreana nel mondo.

Infine, e malgrado la persecuzione, la Santa Sede autorizzò nel 1831 la costituzione della Diocesi di *Cho-seon*.

1.2. Spiritualità missionaria dei martiri coreani

Durante la persecuzione, e per diversi anni, continuò a diminuire la produzione agricola e, conseguentemente, la carestia colpì proprio in un periodo in cui dominatori spietati estorcevano i beni alla povera gente. In particolare la vita dei cristiani era più dura, perché la legge permetteva di confiscare i loro beni; quindi essi dovettero soffrire la povertà e la fame a motivo della fede.

Molti cristiani, lasciando i loro paesi, edificarono nuovi villaggi in luoghi sconosciuti; li abitavano soltanto i fedeli e vi praticavano la fraternità, l'aiuto vicendevole nella carità, la fedeltà leale e comunitaria alla celebrazione degli esercizi pii. Non trascurando mai il desiderio di unione con la Chiesa Madre, i fedeli inviarono tantissime volte a Pechino messaggeri, che, a piedi e in segreto, rischiando sempre la vita, portavano al Vescovo il resoconto fedele della situazione dei cristiani in Corea ed anche le lettere di petizione indirizzate a Roma, al Sommo Pontefice, per loro così lontano, pregandolo insistentemente di inviare dei sacerdoti.

Gli altri fedeli, nonostante le difficoltà, mantenevano un comportamento cristiano da testimoni di Cristo: insegnavano alla gente analfabeta, consolavano i sofferenti, curavano i malati, battezzavano i moribondi, visitavano i fratelli carcerati portando loro indumenti e cibi, e raccoglievano le salme dei martiri per seppellirle cristianamente.

Essi dividevano i loro beni con i poveri e, diventando cristiani, davano la libertà ai propri servi e predicavano le verità del cristianesimo fra i non credenti.

La maggior parte dei martiri, nel corso degli interrogatori e davanti agli strumenti di tortura, spiegavano la dottrina della Chiesa, poiché erano ben preparati e ricchi di fede, qualunque fossero il ceto, l'età o il sesso.

Così la gente comune continuava la ricerca dei libri occidentali, che studiava personalmente, dedicando cuore e tempo a scoprire la nuova verità da libri scritti in coreano, nonostante la difficoltà di trovarli. I perseguitati dicevano che, diventando cristiani, ci si univa agli spiriti ritenuti sciamanistici, che li aiutavano a radicare la loro fede.

Il loro zelo era tale che affrontavano il martirio senza paura per testimoniare la verità con il sangue, persistendo nella fede contro qualunque oppressione e difficoltà. Perciò la riforma, in senso sociale, della struttura feudale fu realizzata con il sacrificio dei cristiani, affinché il Popolo venisse salvato tutto, nessuno escluso, con l'accoglienza della Buona Novella, che diventò fondamentale per la modernizzazione della Corea.

Dunque, caratteristiche della comunità cristiana durante la persecuzione furono: 1. la fraternità vera, senza barriere, che fece cadere la millenaria distinzione in classi, a volte con meraviglia, a volte con scandalo; 2. l'aiuto vicendevole nella carità, che portò a mettere i beni in comune e ad istituire una rete di soccorsi che operò anche nella estrema necessità[114]; 3. la fedeltà leale e comunitaria alla celebrazione della Parola di Dio, fonte della vita cristiana, anche con il continuo pericolo dell'arresto. I perseguitati si sentivano onorati di accogliere nelle loro case i fratelli per tenervi l'assemblea liturgica come Chiesa domestica, sebbene corressero sempre il rischio di perdere la vita. Essi mettevano in atto anche una ben organizzata collaborazione con la trasmissione di informazioni sul luogo e sull'orario delle loro assemblee allo scopo di sfuggire agli occhi dei persecutori; 4. lo zelo missionario nell'annunziare il Vangelo e nell'iniziare anche altri alla fede, malgrado l'incessante e crudele imperversare della persecuzione; 5. lo sforzo di inculturazione e di "popolarizzazione", che assimilò valori, sentimenti e termini validi del patrimonio etico e culturale del popolo coreano, e che diffuse canti e testi comprensibili per la gente comune.

2. Nuovo movimento religioso dell'epoca

Nell'ultimo periodo di *Cho-seon*, durante la denuncia degli studi di Confucianesimo da parte degli studiosi di *Sil-hak,* con l'entrata della religione occidentale, la ricerca di una nuova direzione per la vita del popolo esigeva l'adozione di un nuovo sistema di valori. Per soddisfare a questa esigenza, lo Sciamanesimo, oscurato dal Confucianesimo, non essendo capace di proporre una dottrina o di costruire una struttura adatta alle

---

114. Tra i cristiani, c'erano anche alcuni ricchi: il Ministro dei lavori pubblici, Lee Ka-hwan che "offriva non solo l'elemosina ai poveri, ma anche le spese per la attività dei missionari" (Interrogatorio di Lee Ka-hwan, in AICC, 40); il grande mercante Han Jae-kyun, "grande ricco di Song-do che partecipava al complotto dei "traditori" – cioè all'attività per l'accoglimento di un missionario e alla richiesta delle navi europee – pagò la maggior parte delle spese per realizzarlo" (Interrogatorio di Han Jae-kyun, in AICC, p.85); il grande proprietario terriero You Hang-keum, condannato come "colui che pagò le spese dell'attività di P. Chou", "colui che introduceva, distribuendo i propri beni, numerose persone nella religione perversa" (Interrogatorio dei criminali cristiani delle diverse province, in AICC, 192-193): Cfr. KIM Han-kyu, Questioni sulla primitiva Chiesa alla luce degli Annali degli Interrogatori dei Criminali Cristiani, in AA.VV., Ricerca della Storia della Chiesa coreana, II, Seoul, IRSCC, 1979, pp.49-87): YOU Hong-yeul, Storia del cattolicesimo, 342-344, 513-514: C. Dallet, Histoire de l'Église de Corée, I, Paris, Librairie Victor Palm Editeur, 1874, trad. in coreano, op.cit., Seoul, 1980, 248; II, 505: JEUNG Ha-sang, Lettera indirizzata al Primo Ministro, Lee Man-chae, Apologia contro il Cristianesimo, VII, 44): è anche stato citato da PARK Jai-man, La spiritualità dell'apostolato dei laici della primitiva comunità cristiana in Corea (1784-1839), Dissertazione di dottorato, Pontificia Università Gregoriana, Roma, 1985, 60-62.

esigenze del popolo, collegandosi con la religione occidentale, gettò le basi di un nuovo movimento religioso popolare. Infatti, durante il processo di sofferto adattamento alla religione occidentale e nella confusione di grandi religioni, causata dal cambiamento della mentalità coreana, è nato nel 1860 il *Dong-hak* (studio orientale) [115], perché il Popolo, oppresso dalla politica *Sedo*, aspirava ad un sistema che potesse sviluppare la fede alla luce del fallimento delle diverse riforme popolari.

2.1. *Dong-hak* (studio orientale) e il suo fondatore

La parola *Dong-hak* significa studio o movimento religioso, nato nell'estremo oriente, cioè in Corea, in opposizione alla scienza occidentale, cioè al Cristianesimo. Esso è il punto di inizio della storia del nuovo movimento religioso in Corea, continuato fino ad oggi; ha un carattere essenzialmente etnico ed è abbastanza riformatore, poiché propone il rinnovamento del potere politico secondo una tendenza sciamanica.

Il *Dong-hak*, dopo appena tre anni dalla fondazione, si diffuse in tutta la zona meridionale della Corea con una struttura religiosa ben delineata. Il governo, preoccupato, denunciò il *Dong-hak* come un'eresia per attirare il Popolo; arrestò il fondatore e lo mise a morte nel 1864 a *Tae-ku*; ma era troppo tardi per sradicare una religione divenuta così forte da provocare la grande riforma dell'agricoltura. Nuove idee nascevano nel Popolo, che seguiva lo Sciamanesimo influenzato dal Cristianesimo per abbattere i ceti sociali, per affermare la parità tra gli uomini, per eliminare la distinzione tra uomo e donna, per accostarsi all'umanesimo e permettere l'attività sociale alle donne.

Dal punto di vista della storia della religione in Corea, il *Dong-hak* ha il significato di una unificazione moderna delle varie religioni tradizionali; in ragione di ciò possiamo definirlo un movimento religioso che porta l'impronta del tempo.

Il fondatore di *Dong-hak* fu *Choi Su-un*, figlio della seconda moglie di un nobile decaduto. Mentre il Cristianesimo, malgrado la persecuzione, si espandeva con conseguente diffusione della cultura occidentale, i dominatori decadevano, il Confucianesimo perdeva la sua efficacia sulla base del valore e dell'ordine della società, il Buddismo e lo Sciamanesimo non avevano più alcuna autorità. *Choi Su-un* voleva trovare una scappatoia che potesse salvare tutto il popolo coreano; dopo un lungo periodo di vita monastica la trovò e fondò una religione che numerose genti seguirono con viva passione.

---

115. Oggi, come religione, si chiama *Cheondoismo*.

Nel 1860, egli giustificava la fondazione di una religione propria della Corea appellandosi a una conversazione avvenuta tra lui e dio:

> "Io domandavo al *Sang-jae* 'perché è apparso?'; mi rispose: 'con te voglio far imparare la legge al popolo!'. Io chiesi 'lo faccio con lo *Seo-hak* (studio o scienza occidentale)?'; mi rispose: 'no!, non con lo *Seo-hak*, ma con la dottrina che ti insegnerò ora, e chiamerai questa nuova dottrina *Dong-hak*'."[116]

Il *Dong-hak,* come aveva sottolineato il fondatore, è una religione che unisce il Confucianesimo, il Buddismo, il Taoismo e il Sciamanesimo e, nonostante sia nata per opporsi al Cristianesimo e allo studio occidentale, essa risente molto del loro influsso.

Allo scopo di cambiare la mentalità del popolo e avvertendo fortemente il crollo della società dei nobili, la degenerazione della morale e della giustizia sociale, il *Dong-hak* unisce allo Sciamanesimo, religione del popolo, le migliori caratteristiche delle tre religioni, Confucianesimo, Buddismo e Taoismo con le loro 21 formule magiche e, sotto l'influenza del Cristianesimo, sviluppa anche l'idea di "uomo è cielo"[117].

L'idea religiosa del fondatore si è sviluppata dalle tradizioni popolari coreane. Per questo essa è in antitesi sia con lo studio occidentale sia con l'idea confuciana, perché il Confucianesimo di allora era la religione dei nobili che dominavano il Popolo. Il *Dong-hak* venne dunque considerato una religione nazionale.

2.2. Dottrina

Il *Dong-hak* si può definire un movimento etnico-religioso, che auspica un'esistenza dignitosa per tutti coloro che sono oppressi e maltrattati. Questa teoria, riassunta dall'evento storico rivoluzionario(*Hu-chon-kae-byuk*)[118], si ritrova nella visione del tempo all'inizio del mondo; si può dire che essa costituisce la coscienza della storia dei Coreani; il *Han* viene dalla discordia ed instaura un ordine nuovo.

Lo scioglimento totale del *Han* è possibile solo quando l'uomo diventa

---

116. Cfr. LEE Don-hwa, Storia della nascita del *Cheondoismo* (*Dong-hak*), ed. Kyung-in-mun-hwa-sa, 1970, 22-23.
117. La formula magica è composta 21 ideogrammi ossia 至氣至念 顧爲大降 侍天主造化定 永世不忘萬事知; ciò significa che, se si desidera ardentemente che si realizzino i desideri, l'uomo che serve il dio ha l'equilibrio, e il dio non dimentica di dargli tutto il bene e per sempre. Gli stessi ideogrammi vengono incisi su un amuleto: bruciatolo, se ne mette la cenere nell'acqua, che si beve nell'illusione di vivere eternamente senza invecchiare.
118. E' un'idea fondamentale del *Dong-hak*, che significa cambiare il mondo con la grande rivoluzione. Il Cielo è il cuore del Popolo e quando arriva al culmine dell'ira sconvolge completamente il mondo; tutto, poi, ricomincia da capo.

dio: se l'uomo è "Cielo" si realizza lo scioglimento completo del *Han*.

Il concetto più importante, mutuato dalla scienza occidentale, appare chiaramente nella definizione di "*Zian-Zhu*"; accettando questa parola il *Dong-hak* non ha però voluto far proprio il significato che è contenuto nel Cristianesimo, e perciò il concetto del "*Zian-Zhu*" è molto lontano da quello assoluto "*Zian-Zhu*" del Cristianesimo. Esso insieme con il "*Sang-jae*" del Confucianesimo, "*Ha-u-lim*" e "*Ok-hwang-sang-jae (Sang-jae* presieduto sull'altare maggiore)" della religione tradizionale (Sciamanesimo), è un dio che esiste senza personalità in tutte le creature, come lo aveva definito e sperimentato lo stesso fondatore: "il mio cuore è il tuo cuore" oppure "il cuore del cielo è il cuore dell'uomo"; per conseguenza, l'uomo vive portando *Zian-Zhu* nel suo cuore.

Dunque, malgrado un certo panteismo, il *Dong-hak* tende al monoteismo: ciò si spiega con la grande influenza esercitata dal *Seo-hak*.

Quando l'uomo conserva puro il suo cuore e segue il suo istinto naturale già serve il cielo: ciò è lo stesso *Ha-u-lim* in cui credeva da tanto tempo il popolo coreano.

Il dio costruisce l'equilibrio in tutte le creature e ha capacità soprannaturali. Questo equilibrio si può acquistare per mezzo della formula magica. Proprio la ricerca di questo equilibrio ha attirato il Popolo, minacciato esternamente dal potere occidentale ed internamente dai dominatori.

Pertanto, considerando il *Dong-hak* come la religione popolare che si schiera contro la forza dell'estero, in esso si possono ritrovare caratteri sincretici delle varie religioni, cioè del Sciamanesimo, del Buddismo, del Confucianesimo, del Taoismo e del Cristianesimo.

In particolare il *Dong-hak* si è potuto radicare tra gli intellettuali in virtù dei principi che esso propugna; l'uguaglianza tra gli uomini e la coscienza della soggettività popolare. *Dong-hak* ha acquistato ampia risonanza nel Popolo per mezzo di credenze popolari, come la cura delle malattie, la divinazione e la profezia.

2.3. Rapporto tra Sciamanesimo, Cristianesimo e *Dong-hak*

Il *Dong-hak* è un movimento religioso che racchiude varie credenze popolari, dato che la maggior parte dei suoi seguaci sono contadini. La base della struttura ideologica del *Dong-hak* ha conquistato il cuore del Popolo che avvertiva l'ingiustizia della società, l'insicurezza politica e l'instabilità della propria vita.

L'esperienza dell'estasi è una tradizione dello Sciamanesimo che non si trova nel Confucianesimo, così come l'insegnamento del "servire dio" e costruire una empatia col Popolo. Invece il concetto di parità, che sembra preso dal Cristianesimo, è attuato dal fondatore col trattamento riservato alle sue due domestiche, una data in sposa al figlio e l'altra considerata figlia adottiva.

Il concetto di *Zian-Zhu* nel *Dong-hak* si può dunque comprendere pensando al dio dell'antica Corea che è risorto per intervento del Cristianesimo. Inoltre la rapida espansione di tale religione tra il Popolo significa che nella sua dottrina ci sono spunti di comprensione e di consolazione: l'uguaglianza tra gli uomini, propagandata dal fondatore, significa rifiuto della divisione in ceti del Confucianesimo e il riacquisto della dignità da parte dell'uomo per mezzo del valore infinito dell'uguaglianza, insegnato dal Cristianesimo.

Così la religione coreana, che ha ricevuto un forte contraccolpo dalla diffusione della religione occidentale, tenta di ricostruire l'equilibrio tradizionale con la nascita di *Dong-hak* e *Su-un*, accogliendo l'idea del Salvatore propria del Cristianesimo.

L'atteggiamento imitativo di *Dong-hak* nei confronti di Cristianesimo è sfociato a mano a mano in un rifiuto di questo, il che ha portato alla ribellione del *Dong-hak,* con grande danno per il Cristianesimo. I suoi seguaci, infatti, uccisero un missionario francese, danneggiarono un paese intero e sottoposero a saccheggio e a torture i cristiani per spingerli all'apostasia. Numerosi villaggi di cristiani furono distrutti e i fedeli rimasti si rifuggiarono in montagna, andando incontro a una vita di indigenza e di miseria; ciò a causa della visione sbagliata che i ribelli avevano del Cristianesimo, tanto da indurli a tentare di interromperne lo sviluppo e a considerare i cristiani come i loro peggiori nemici, indegni di venir accolti nel *Dong-hak*.

Il sentimento popolare, oppresso per tanto tempo, sfociò in violenza, della quale fu data la responsabilità agli stranieri, e prese forma un'idea di riforma, contenuta nel *Dong-hak,* contraria al potere e negatrice della possibilità di cambiamento della realtà.

Il *Dong-hak* non intendeva di andare contro il Cristianesimo né di rifiutarlo, anzi, all'inizio vi si possono trovare vari tentativi di imitazione. In seguito, però, furono fraintese le due ideologie; si sostenne che il *Dong-hak* non era il Cristianesimo, cosicché questa negazione pura e semplice portò il Popolo alla violenza.

I seguaci di *Dong-hak,* aumentando il malcontento del Popolo nei confronti della politica, dell'economia, dell'instabilità sociale e della religione, causarono la nascita di un grande movimento politico popolare; il *Dong-hak,* non più ormai soltanto una religione, si rese responsabile di molte iniquità nell'ultimo periodo di *Cho-seon* (circa 1860). Questo fatto dimostra che la religione deve rimanere tale e non diventare un movimento politico, e che l'effimero è legato alle contingenze storiche.

Dunque il *Dong-hak*, la religione popolare che aveva riunito le diverse caratteristiche delle religioni esistenti nella società, naufragò nell'uragano della riforma politica, non riuscendo, a causa dei limiti della sua dottrina, a consolare il Popolo come lo Sciamanesimo, né a superare una triste situazione contingente con una fede ideale come quella del Cristianesimo.

Cosi l'atteggiamento delle altre religioni verso la società o verso il Popolo ha contribuito a far sì che proprio il Cristianesimo, recante ancora le ferite della persecuzione, avesse un atteggiamento di avversione verso Sciamanesimo, tendendo addirittura ad eliminarlo, invece di averne una visione obiettiva. Come abbiamo visto prima, dal *Dong-hak* la Chiesa cattolica ha subito nuovamente una grande oppressione; ma, con l'avvento del Protestantesimo, la stessa Chiesa cattolica ha preso una posizione dura verso lo Sciamanesimo.

3. Atteggiamento della Chiesa protestante nei confronti dello Sciamanesimo

Lo Sciamanesimo è sempre stato oggetto di critica da parte delle diverse religioni, in particolare dal Protestantesimo, a causa della flessibilità con cui esso si adatta ad ogni circostanza. L'atteggiamento dei protestanti non fu inizialmente molto chiaro, ma con il tempo influì anche sull'atteggiamento dei cattolici nei confronti dello Sciamanesimo, considerato uno degli scogli da superare in Corea per il buon esito della missione. I primi missionari protestanti, infatti, studiarono attentamente dello Sciamanesimo coreano e lo presentarono all'estero per la prima volta senza sottolineare le proprie peculiarità.

Dal 5 Aprile del 1885, data di arrivo di *L. H. Underwood* e *Henry G. Appenzeller*, primi missionari presbiteriani, fino ad oggi, lo Sciamanesimo è stato sempre soggetto a critica. I protestanti, nel 1893, in un concilio tenuto dai missionari presbiteriani predisposero un piano con gli scopi seguenti:

1. considerare il Popolo e le donne come primi destinatari del missionario, per poi salire di livello;
2. formare animatori coreani;
3. propagare la Bibbia attraverso la letteratura coreana;
4. perseguire la autonomia economica e politica della Chiesa;
5. svolgere attività missionaria servendosi dell'opera dei medici.

L'azione missionaria dei presbiteriani, intrapresa senza alcuna considerazione della cultura dei Coreani e della loro coscienza religiosa, è proseguito su questa strada.

In particolare, la visione negativa dello Sciamanesimo da parte dei protestanti appare nel quinto obiettivo missionario, quello di servirsi dell'opera dei medici, tenuto presente che, in Corea, l'organizzazione sanitaria, prima dell'avvento del Protestantesimo, esisteva solo come erboristeria e Sciamano.

La teoria e la tecnica sanitaria dell'occidente, scientifica e razionale, hanno provocato un forte rifiuto da parte dello Sciamanesimo che, dopo la liberazione nel 1945, con l'unione del potere politico e sociale del paese occidentalizzante, è stato bollato come superstizione; come tale, ne è cominciata l'eliminazione. Questo è stato un altro dolorosissimo rifiuto che lo Sciamanesimo ha dovuto subire.

3.1. Scontro con Sciamanesimo

Lo studio dello Sciamanesimo fu intrapreso attivamente dai primi missionari protestanti stranieri con i teologi cattolici e i protestanti coreani nell'intento di eliminare e superare ogni traccia sciamanica dall'animo dei Coreani per sostituirvi il Cristianesimo. Il superamento dello Sciamanesimo significava però anche riformare il modo di pensare dei Coreani; perciò la Buon Novella, dove fu predicata dai protestanti, si scontrò anche co lo Sciamanesimo.

Se la base della morale e dell'etica dei Coreani sta nell'insegnamento del Confucianesimo, la struttura della coscienza religiosa trova la sua radice nello Sciamanesimo, e perciò la mentalità religiosa sciamanica ha avuto un'influenza sia positiva sia negativa sui diversi gruppi protestanti. Quindi, sin dall'inizio, la Chiesa protestante, consapevole dell'esistenza del fenomeno muistico nel suo seno, ammonisce di non mancare di combatterlo, perché la riforma della Chiesa voluta da Dio deve suscitare nuove forze. Questa era l'opinione della Chiesa e dei teologi protestanti, secondo cui tutti i cristiani coreani sono chiamati ad un compito assegnato dal cielo.[119]

Il protestantesimo coreano, propugnando solo "l'eliminazione dello Sciamanesimo" (considerato come una delle tante superstizioni), senza una valida alternativa, portò solo al peggioramento del reciproco rapporto. Per questo i fedeli dello Sciamanesimo e del Cristianesimo diventarono nemici, chiamandosi reciprocamente con termini dispregiativi, cioè i fedeli della

---

119. Cfr. CLARK C. A., Religion of Old Korea, The Christian Literature Society of Korea, Seoul, 1929 (Reprinted 1961), 219; Cfr. Mun Sang-hee, Che cosa è la religione?, ed. S. Benedetto, 187-189; Nel Giugno del 1976, nella rivista mensile "L'idea del Cristianesimo", in edizione speciale è stato pubblicato l'articolo "La Chiesa coreana può superare la religione dei Mu-dang?". Come risulta dal titolo, superare il Mukyo è un dovere e una vocazione missionaria per la chiesa protestante, 66-85.

"religione dello Sciamano" e "i seguaci di Gesù".

3.2. Movimento per l'eliminazione della superstizione (*Mi-sin-ta-pa-un-dong*)

H. B. Hulbert, missionario protestante americano, nel suo libro "*The passing of Korea*",[120] definisce lo Sciamanesimo una superstizione. La rapida occidentalizzazione della Corea, avvenuta senza che mutasse la mentalità dei Coreani, coinvolge lo Sciamanesimo in una tempesta detta « movimento per l'eliminazione della superstizione (*Mi-sin-ta-pa-un-dong*)», che ricorda "la caccia alle streghe" nella storia dell'Europa medievale.

Abbattere il tempio del villaggio, danneggiare o distruggere il palo del totem, significa costringere il Sciamano a celebrare il rito di riparazione di nascosto, quasi fosse un peccato; se poi deve celebrare il *Kut* per richiesta del Popolo, lo può fare solo alla presenza di un poliziotto.

L'atteggiamento dei protestanti verso lo Sciamanesimo è così definito nel libro di *Choi Nam-sun*, studioso della storia coreana, come contribuito del Protestantesimo allo sviluppo della nuova cultura in Corea[121]:

1. Eliminazione di superstizioni profondamente radicate;
2. Contributo allo sviluppo della lingua e della letteratura coreana;
3. Contribuito alla cultura di modernizzazione;
4. Emancipazione della donna;
5. Eliminazione della fede confuciana e purificazione da riti e da ogni culto tradizionale.

Pertanto, il contributo del Protestantesimo alla modernizzazione della Corea è stato solo il collegamento con la civiltà cristiana dell'occidente.

Dopo la liberazione, il paese cominciò a svilupparsi democraticamente e garantì la libertà ad ogni religione, ma, a causa della occidentalizzazione della politica del governo, lo Sciamanesimo dovette ancora subire, intenzionalmente e ininterrottamente, la persecuzione da parte delle grandi religioni invece di essere riconosciuto come una di loro. Di conseguenza, i fedeli dello Sciamanesimo, considerati seguaci della superstizione, furono disprezzati, criticati e giudicati come esseri inferiori. Perciò essi, invece di esser fieri della loro religione, usarono la parola Sciamanesimo (無敎-"non appartiene a nessuna religione"), che si pronuncia come Sciamanesimo (Sciamanesimo coreano-巫敎), per nascondere la loro fede e apparire atei. Questo fatto è provato e testimoniato dalla statistica secondo cui il numero di persone che professano una religione è maggiore di quello della

---

120. Cfr. HULBERT H. B., The Passing of Korea, New York (Double day) 1906 (Reprinted by Yeon-se Univ. Press, 1969), 403-431.
121. CHOI Nam-sun, Domanda e risposta della conoscenza di *Cho-seon*, Seoul, 1947.

popolazione: ciò significa che chi ha fede nello Sciamanesimo dichiara di appartenere a più religioni.

3.3. Occidentalizzazione della società coreana

La parola modernizzazione, in Corea, vuol dire occidentalizzazione della cultura coreana, dato che l'istruzione scolastica, iniziata dopo la liberazione è stata curata prevalentemente dai missionari protestanti; i quali, imponendo la cultura del mondo occidentale senza tenere conto della conoscenza e della coscienza di un popolo, hanno messo in condizione di inferiorità la cultura tradizionale.

Secondo il piano di sviluppo economico del governo, fatto seguendo l'ideologia della modernizzazione, si è cominciato in particolare ad eliminare lo Sciamanesimo dalla vita del popolo col " Movimento di ricostruzione del villaggio (Seamaul) ", sorto negli anni 70. Esso ha causato la distruzione dei templi dei villaggi sparsi in tutta la Corea.[122] Paradossalmente, in questo periodo si trovava spesso la bandiera nazionale davanti al cancello della casa dello Sciamano, che la usava come scudo e segno di riconciliazione con il potere politico.

È chiaro che la causa di ciò va individuata nella perdita della identità etnica, provocata da una occidentalizzazione indiscriminata in spregio alla cultura tradizionale.

Perciò la missione della Chiesa Cattolica coreana ha adottato un metodo molto efficace, usato dai precursori, per propagare la fede cristiana. Esso consiste nella spiegazione e nell'interpretazione della dottrina secondo la mentalità e la cultura coreane; nell'uso della lingua del Popolo; nell'uso del ritmo del canto tradizionale in quattro quarti per la maggior parte degli inni; nella profonda conoscenza della mentalità religiosa tradizionale: metodo che era stato completamente trascurato fino alla recente ripresa.

L'ultimo periodo del XVIII sec., quando il Cristianesimo entrò in Corea, era dominato dal Confucianesimo. L'introduzione del Cristianesimo nella società gerarchica richiedeva che i cristiani rinunciassero ai privilegi connessi con la loro posizione sociale.

Per tale motivo, la persecuzione divenne per i nobili la causa della rinuncia alla fede, mentre la fede cristiana si diffuse tra il ceto medio, tra coloro che avevano rinunciato ai privilegi della nobiltà e anche nel Popolo.

Questo fatto contribuì alla nascita di una nuova religione etnica, che

---

122. In questo periodo il distruggere i tempi e l'interrompere il *Kut* erano considerati un buon risultato da parte dell'ufficio comune che agiva nella zona.

racchiude gli aspetti positivi sia della cultura tradizionale sia della fede cristiana. Accettare invece semplicemente la fede cristiana avrebbe significato rifiutare la cultura tradizionale.

È nato così il *Dong-hak,* detto religione etnica, che tratto spunto dalla dottrina originale del Cristianesimo e dalla spiritualità della missione della Chiesa primitiva, è sopravvissuto alla persecuzione, ed ha applicato la religiosità dei Coreani alla cultura tradizionale: questa è la fonte dei numerosi nuovi movimenti religiosi nati fino ad oggi, diventata un seme per lo sviluppo della società moderna in Corea.

Ma il piano della missione protestante, avviato con la società moderna e la manovra politica per lo sviluppo dell'economia, iniziò imponendo una occidentalizzazione selvaggia, considerando lo Sciamanesimo una superstizione da eliminare, provocando la perdita della meravigliosa storia della missione cattolica in Corea, invece di conservarla e realizzarla di nuovo.

Questo fenomeno della perdita si è presentato ininterrottamente lungo il processo dello sviluppo della Chiesa. La combinazione fra elementi muistici negativi e il Cristianesimo ha determinato la metamorfosi di quest'ultimo e una credenza errata nei fedeli.

CAPITOLO TERZO
PRESENZA DELLO SCIAMANESIMO

Il contribuito dello Sciamanesimo alla formazione della cultura coreana si è articolato in tre direzioni, come il processo di inculturazione. Inanzitutto si deve notare che, malgrado i cambiamenti storici e culturali, le spiccate caratteristiche dello Sciamanesimo non dipendono da nessuna cultura o religione straniera: si pensi al culto degli antenati, che si celebra nei giorni delle grandi festività, al rito della montagna e del fiume, al rito per la pioggia e al rito del villaggio. In secondo luogo, lo Sciamanesimo presenta una forma abbastanza flessibile che si adatta alle diverse culture con le quali viene a contatto, come per esempio, al rito del *Kut,* incentrato sulla figura femminile. Infine, di solito, lo Sciamanesimo non svela integralmente il suo carattere e si presenta sotto forme mimetiche, mescolandosi con elementi estranei; esso è alla base di ogni fenomeno religioso, manifestandosi poi come religione a sé stante. Questo fenomeno di mimetismo, avendo un forte carattere temporale, oggi si può rintracciare facilmente nei nuovi movimenti religiosi.

I vari processi d'inculturazione dello Sciamanesimo si manifestano tanto in maniera visibile quanto non visibile nella crescita del Cristianesimo, allorché questo s'incontra con la cultura coreana che contiene tanti caratteri muistici.

Dopo che si è diffuso il Cristianesimo in Corea, non si è mai interrotta la sfida o l'osmosi tra questo e lo Sciamanesimo. Se si considera bene un certo aspetto dello Sciamanesimo, che ha caratteri di superstizione o d'idolatria, si nota che tale aspetto si ritrova anche in diverse altre religioni, non esclusi i fedeli passati dallo Sciamanesimo al Cristianesimo.

Quindi, solo riconoscendo l'esistenza di ciò che è retto o di ciò che non lo è in una religione, e valutandola con una visione più ampia e positiva, si può scegliere la via giusta per accettarla o rifiutarla.

1. Naturalismo e realismo

Il contenuto di ogni insegnamento dello Sciamanesimo presuppone la condizione che l'uomo vive e si sviluppa aderendo all'ordine della natura,[123] nel cerchio del Cosmo. È assolutamente esclusa l'idea che l'uomo possa dominare la natura ed esserne padrone. Perciò non si ammette che l'uomo possa contravvenire all'ordine della natura, manipolandola. Tutti i riti e gli usi che si ritrovano nello Sciamanesimo insegnano all'uomo a vivere tranquillamente, qualora si adatti all'ordine della natura.

L'uomo, vivendo, inevitabilmente incontra gli eventi naturali - la nascita, la vecchiaia, la malattia e la morte - che devono essere vissuti nell'ordine della natura come miglior *Bok*. Perciò questo ordine non deve essere turbato da uno squilibrio avverso. A questo scopo sono finalizzati tutti i riti dello Sciamanesimo.

Inoltre, malgrado la sofferenza e la sfortuna, la vita reale dell'uomo si considera ugualmente la cosa più importante; l'uomo è un essere che ha valore assoluto nella vita terreno, ad esclusione della speranza nel mondo dell'aldilà o del soprannaturale. Per questo egli desidera intensamente le comodità della vita quotidiana e perciò cerca di evitare la fatica fisica, l'ansia o le preoccupazioni dello spirito.

1.1. Adattamento alla natura

Nello Sciamanesimo non si trova il concetto di creazione dell'uomo, perché la nascita dell'uomo è nell'ordine della natura, vale a dire, l'uomo è stato creato secondo l'ordine della natura e non è una creatura plasmata da

---

123. Nella mentalità coreana la natura include non solo il senso contrario di artificiale, ma anche lo stato senza raggiungimento di una forza dell'uomo, e una forza che vuol essere armoniosa.

un essere sopranaturale. Questa idea si ritrova nei diversi canti che di solito lo Sciamano esegue durante il rito:

> Tanto tanto tempo fa,
> Maitreya prese un vaso d'argento in una mano
> e nell'altra un vaso d'oro,
> guardò il cielo e fece una benedizione,
> caddero gli insetti dal cielo,
> cinque sul vaso d'argento
> cinque sul vaso d'oro,
> e cresciuti gli insetti
> su quello d'oro diventarono uomini,
> gli insetti su quello d'argento diventarono donne
> e accoppiandosi tra loro
> fecero nascere gli uomini del mondo.[124]

Così è spiegata l'origine dell'uomo dagli insetti che sono caduti dal cielo, senza specificare l'origine degli insetti né come avessero fatto a diventare uomini.

Vediamo un altro canto:

> Quando si aprì il cielo, si aprì verso *Ja-bang*[125],
> Quando si aprì la terra, si aprì verso *Chuk-bang*[126],
> l'uomo nacque verso *In-bang*[127], al momento dell'apertura del mondo.
> L'uomo come fece a nascere?
> Andò alla montagna di *Am-nok*[128], raccolse la terra e fece il primo uomo.
> Allora la donna com'è nata?
> Nello stesso modo fece anche la donna
> ......[129]

In questo canto si dice che l'uomo è stato plasmato con la terra, ma non si dice chi l'abbia plasmato.

Pertanto l'uomo nello Sciamanesimo si presenta come un essere che nasce secondo l'ordine della natura, vive come la natura nel suo ordine ed infine ritorna alla natura, come abbiamo visto dai canti.

Questo chiarisce l'atteggiamento che i Coreani hanno solitamente verso

---

124. Il canto sciamanistico, cantato dallo Sciamano Kim Ssang-Do-ri (68 anni), che abitava a *Ham Nam, Hamhungkun, Unjeonmyeon, Bonkwan-ri*:
125. Nella direzione con inclinazione di 15° a N.E.
126. Nella direzione con inclinazione di 30° a N.E.
127. In direzione nord-est.
128. È il nome della montagna che tradizionalmente esisteva in cielo o di una montagna divina, analoga all'Olimpo greco.
129. Il canto sciamanistico, cantato dal Sciamano Kang Chun-ok 79 anni, che abitava a *Ham Nam, Hamhungsi, Ujangri*:

la natura: bisogna adattarsi alla natura, accettare tutto come è, non bisogna opporvisi.

Contrariamente alle grandi religioni che hanno un carattere stabile, sistematico e formalizzato, nello Sciamanesimo, chi desidera sentirsi "comodo", senza nessun vincolo e morale, deve lasciarsi andare come il vento che naturalmente soffia o come l'acqua del fiume che naturalmente scorre.

Questo concetto può essere avvicinato, in senso ampio, a quello della speranza messianica di Isaia, secondo la quale il lupo e l'agnello convivono in armonia o alla stessa visione del San Francesco d'Assisi, secondo cui vanno accettate tutte le creature come fratelli, nel tentativo di ritrovare l'identità dell'uomo nell'ordine della creazione.

1.2. Vita realistica

I vari proverbi che i Coreani citano quotidianamente esprimono l'attaccamento alla vita terrena sono. Sono sufficienti alcuni per esempi:

> Anche se resto nei campi con le feci di cane, è meglio stare in questo mondo.
>
> Anche se resto tra le feci di cavallo, sto bene perché sto in questo mondo.
>
> Un nobile morto è peggiore di un cane che vive oppure il cane vivo è preferibile a un nobile morto.
>
> Anche se appeso a testa in giù, preferisco il mondo dove io possa vivere.
>
> Mi dispiace solo per le persone morte.
>
> Anche se mangio i cachi acerbi, sto bene in questo mondo.

I campi con le feci di cane o di cavallo indicano una condizione di estrema inferiorità, in altre parole una condizione che non può essere peggiore per l'uomo. In questo modo si vuol affermare che la vita nonostante la sofferenza e la sfortuna, è un valore importante per l'uomo.

Lo Sciamanesimo esige che l'uomo accetti la vita reale con le sue sofferenze, credendo sempre che è meglio un cane vivo che un leone morto(Qohèlet 9,4-10), perché finchè l'uomo è vivo c'è speranza e gli inferi non possono far nulla; solo il vivente può fare quello che desidera(Is. 38,18-19)

Come già rilevato nella prima parte, nello Sciamanesimo si crede che numerosi dei o spiriti divini, pur avendo un carattere prepotente, esistono per aiutare l'uomo nella vita terrena, e per questo loro ruolo sono riconosciuti come dei o spiriti soprannaturali. Anche lo Sciamano non diventa tale per sua volontà, ma per quella degli dei o degli spiriti soprannaturali.

Dunque, nonostante molta sofferenza e sfortuna, per l'uomo è sempre preferibile la vita.

La visione dell'uomo nello Sciamanesimo, perciò, è quella di un "essere" considerato il più importante valore nella vita reale; l'uomo deve trovare il vero significato della vita nell'esistere così ed oggi. Questa idea sostiene l'uomo nel suo desiderio di vivere e salvare la vita reale, sviluppando una forza che attira l'anima del Popolo.

Lo Sciamanesimo ha influito sulla vita religiosa dei cristiani, collegando caratteri più pratici e reali alla fede del Cristianesimo, con una marcata differenza rispetto alla credenza del *Bok,* che privilegia soltanto gli interessi terreni, invece di invitare a superare i difficili momenti della vita in una prospettiva escatologica in attesa di una risurrezione finale.

1.3. Vita comunitaria

Dopo lo stato di smarrimento sociale causato dalla industrializzazione occidentale nel periodo degli anni '70 e '80, si comincia a riscoprire il valore della cultura e della religione tradizionali con un sensibile aumento dei fedeli dello Sciamanesimo. Questo fenomeno è iniziato nei primi anni '70 con il movimento del *Tal-chum*, con il movimento della ricerca delle fonti della cultura tradizionale e con lo sforzo di sciogliere il *Han* popolare formatosi nel corso dei secoli durante la lunga storia, soprattutto come invasione dei giapponesi e dei mongoli, e diffusosi nelle grandi università, allargandosi, poi, in ogni settore della società. L'incontro nazionale dei giochi tradizionali, organizzato dal governo, la diffusione televisiva del *Kut*, la valorizzazione del tesoro culturale dello Sciamano, lo studio dello Sciamanesimo, la nascita di un gruppo di ricercatori per tramandarne la tecnica ecc, sono tutti fattori che hanno contribuito a fare dello Sciamanesimo una parte della cultura tradizionale oltre che una religione.

Lo Sciamanesimo ha dunque arricchito le varie culture tradizionali con il suo carattere flessibile di religione e con la sua coscienza popolare nel corso dei secoli; si pensi alla preparazione della tavola per il *Kut,* alle vesti rituali, alla musica, al ballo.

Inoltre lo Sciamanesimo ha contribuito nella società coreana a dare importanza all'incontro comunitario connesso ai riti celebrati dallo Sciamano, il sacerdote posseduto dagli spiriti divini: nella riunioni culturali si incontrano gli spiriti e i fedeli, si mangia, si beve, si balla e ci si diverte.

Qui possiamo ancora rilevare che il concetto della comunità secondo lo Sciamanesimo ha un senso molto ampio: in essa si riuniscono in perfetto equilibrio gli dei o gli spiriti divini, gli uomini e la natura, inoltre i vivi e i morti.

La vita comunitaria manifestata nel *Kut* di *Ma-dang* (campo) ha molto influenzato i cristiani. Durante il periodo della persecuzioni ci si univa in comunità fondata sulla carità e fratellanza, costruendo il villaggio dei fratelli.

Anche il culto degli antenati, considerato comunemente un rito familiare, nel primo periodo della diffusione del Cristianesimo causò aspre polemiche. Successivamente, a partire dal 1936[130], tale culto fu non solo tollerato ma valorizzato per far capire meglio il mistero dell'eucaristia.

2. Pacifismo e Umanesimo

Il primo studioso che ha approfondito della mentalità religiosa dei Coreani è *Choi Chi-won*, alla fine del sec.XII.

> "In Corea esiste una verità religiosa molto profonda e misteriosa, detta *Pung-you*. Essa comprendendo aspetti di tre religione: il Confucianesimo, il Buddismo e il Taoismo. Nel rapporto interpersonale l'uomo trova la sua propria identità. Cioè l'uomo nella famiglia deve avere pietà filiale e al di fuori della casa deve essere fedele alla patria, in conformità all'insegnamento di Confucio; deve amministrare ogni cosa senza interessi personali e praticare il silenzio, secondo l'insegnamento di Tao; infine non deve compiere opere cattive, ma fare solo del bene, secondo l'insegnamento di Budda"[131]

La parola *"pung-you"* indica la mentalità originale del popolo coreano, che unisce la natura e la vita dell'uomo. Questo è il significato racchiuso nelle tre religioni, che rendono l'uomo davvero tale. L'uomo, cioè, raggiunge la pace e l'equilibrio nella sua identità. Questa idea si ritrova nell'incontro tra l'uomo e dio per mezzo del *Kut* del Sciamanesimo.

2.1. Principio teorico dell'armonia

Nella mentalità orientale fondamentalmente non si parla di bene e di male. In tutti gli esseri del mondo si sono formati due caratteri opposti: *Ying* e *Yang*, invece del bene e del male. Mentre in occidente si individuano due poli, quello del bene e quello del male per ogni creatura del cosmo, in oriente si afferma che il cosmo è diviso in due caratteri.

La divisione tra *Ying* e *Yang* è la prima formazione e la prima attuazione dell'ente nell'universo. Dalla divisione del *Ki* (energia) scaturisce la divisione degli esseri: allo *Ying* appartengono gli esseri negativi, femminili, inattivi, deboli, fragili,

---

130. La Chiesa Cattolica in Corea ha professato una tolleranza particolare verso il culto degli antenati nel 1936, culto considerato incomprensibile dalla Chiesa occidentale nel corso della storia e fonte di varie polemiche anche in Cina.
131. 三國史記, 新羅本紀, 4, 眞興王 (Documento storico dei tre paesi, Parte di *Sin-ra*, 4, Re *Jin-heong*).

freddi, oscuri, misericordiosi, incompleti, vinti, poveri ecc. ; allo *Yang* appartengono gli esseri positivi, maschili, attivi, forti, rigidi, caldi, chiari, giusti, completi, vittoriosi ecc.

Ying e *Yang* si succedono l'uno all'altro continuamente nell'universo, secondo un principio etico e sociale, che illumina i misteri della storia umana.

Queste due qualità non si escludono a vicenda, ma possono compenetrarsi e coesistere in un medesimo essere.

Nell'universo ci sono due enti che hanno una importanza capitale e condividono in qualche modo l'impero del creato: il cielo e la terra da un lato, l'uomo dall'altro.

Il cielo (empirico) sta sopra l'uomo, è sede degli esseri celesti e regola costantemente la vita dei viventi con il suo influsso ora benefico ora malefico; la terra, che sta sotto l'uomo, è madre dei terrestri, produce e sostiene l'esistenza degli esseri, bisognosi di appoggio per i loro piedi. In mezzo, dunque, tra cielo e terra sta l'uomo. Tutto il creato sembra fatto per lui: il cielo per coprirlo, la terra per sostenerlo, il resto per servirlo.

L'uomo è un piccolo mondo (microcosmo) che in sé contiene le belle qualità del cielo e della terra. Il suo organismo è una meravigliosa imitazione dell'universo. L'ordine cosmico si connette strettamente con l'ordine umano, tanto che le azioni umane moralmente buone o cattive influenzano l'andamento universale.

Il mondo creato da *Zian* (Dio) non è composto solo di uomini, ma di tutte le creature animate o inanimate. L'uomo, vivendo in questo mondo, non può comportarsi come se fosse solo, perché intorno a lui ci sono altre persone e altre creature. Soprattutto là ove parecchi uomini vivono insieme, c'è la necessità vitale d'un ordine che regoli i movimenti di tutti i membri, affinché l'armonia regni nella comunità. L'uomo, dunque, deve incanalare e fare risplendere questa armonia sulla strada stabilita da *Zian*, alla ricerca della moralità.

Lo Sciamanesimo contiene le caratteristiche fondamentali dell'Oriente. Nella sua religiosità si trova il fondamento della natura morale dei Coreani, i quali desiderano continuamente l'equilibrio e l'armonia tra i valori di *Ying* e *Yang*, tra gli dei e gli uomini, tra la natura e l'uomo, tra la sofferenza e la gioia.

Nel caso che l'equilibrio si rompa, si tenta la riconciliazione in modo pacifico mediante il dialogo, il gioco, il canto, il ballo e il cibo, invece di ricorrere alle minaccie o ai conflitti.

Come si può verificare nel *Kut*, l'equilibrio è alla base dello Sciamanesimo: non bisogna mai far prevalere una parte o un aspetto, ma "farli amalgamare bene". Il problema dell'uomo è di evitare il conflitto tra

Ying e *Yang,* tra uomo e uomo, tra vita e realtà, tra uomo e dio, tra uomo e natura ecc., senza che vada perduto l'equilibrio. A questa perdita dell'equilibrio si rimedia per mezzo del *Kut*. Il *Kut* non solo porta gioia, vecchiaia, tristezza e allegria ma, amalgamandole, ricostituisce l'equilibrio. E nella discesa dello spirito divino (*Kut*), dove si uniscono dio e l'uomo, risiede il principio, la soluzione di ogni cosa, il compimento del desiderio e la via della salvezza.

Questa spiritualità religiosa e morale caratterizza la mentalità e l'anima della cultura tradizionale della Corea.

2.2. *Homo*-centrismo

Nello Sciamanesimo tutto il destino dell'uomo, la nascita, la morte, il successo, il fallimento, la sfortuna, la fortuna, il benessere e la malattia, dipendono dagli dei. Gli dei sono esseri come l'uomo, che ne condividono l'esperienza esistenziale. Essi chiamano le persone che possiedono il *Han*. Per questo lo Sciamanesimo ha potuto conquistare il cuore del Popolo, il popolo oppresso e povero, ed influenzarne la vita.

Come ho già detto, il carattere degli dei è così vario che essi si presentano in vari modi, secondo il comportamento degli uomini. L'uomo, cercando di rispettare e consolare gli dei, vuole attuare il proprio desiderio; egli instaura con loro un rapporto libero e spera in una nuova creazione.

Tra gli dei che hanno rapporti con l'uomo è inclusa ogni persona collegata agli dei coreani che abbia avuto rapporti con la Corea. I Coreani considerano antenati in senso ampio coloro che hanno contribuito allo sviluppo della società e della nazione. In poche parole, includono tutti gli spiriti o gli dei: gli dei della natura che hanno contribuito all'esistenza dell'uomo, gli eroi che hanno difeso la nazione della Corea, gli stranieri che li hanno aiutati. Gli antenati in senso stretto e gli spiriti minori sono considerati meno importanti.

Il rapporto tra gli dei e l'uomo, nel *Kut*, non consiste assolutamente in un atteggiamento di obbedienza dell'uomo agli dei. L'uomo non teme gli dei e gli spiriti: egli li cerca perché lo aiutino a vivere, superando contraddizioni e ingiustizie. Il rapporto tra l'uomo e gli dei è finalizzato al bene dell'uomo. In ciò risiede il valore dell'esistenza degli dei, per questo la natura del *Kut* sta nel riacquistare l'equilibrio tra il cielo, la terra e l'uomo, stando dalla parte dell'uomo.

3. Sincretismo

La Corea culturalmente e politicamente è vissuta sempre in mezzo a vari popoli più forti; tuttavia nonostante il loro forte influsso ha conservato la propria identità.

Al centro della cultura esiste la religione. Il contatto con i vari popoli e il carattere sempre aperto verso le altre religioni è all'origine del sincretismo religioso riscontrabile facilmente nello Sciamanesimo.

3.1. Flessibilità alla cultura estranea

Il pensiero coreano non si può esprimere in una parola, perchè esso si è formato attraverso una storia culturale complessa. Considerando la situazione geografica del paese, durante i secoli, ci sono stati innumerevoli incontri con le culture straniere e con le varie religioni; attraverso di essi la mentalità coreana si è sviluppata. In altre parole la mentalità e la cultura coreane sono il frutto di un incontro continuo con elementi estranei.

Questa pluralità di elementi, una volta radicatasi nella terra coreana, ha dato vita ad una propria cultura. Infatti, ad esempio, dalla cultura sciamanica nella forma originale si giunge al cambiamento della cultura filosofica del Buddismo e, attraverso la cultura morale del Confucianesimo, si formano il Buddismo coreano, il Confucianesimo coreano e, oggi, anche il Cristianesimo coreano, con tratti specifici rispetto alle religioni originali.

In Corea, sin dall'inizio, non sono mai esistite una sola cultura o una sola religione. Sebbene in un certo periodo sia stata promossa la diffusione di un'unica religione per conservare il potere politico, nella vita del Popolo sono esistite ininterrottamente varie religioni diverse; perciò il coreano ha mostrato sempre un atteggiamento sostanzialmente tollerante di apertura verso le culture straniere.

3.2. Carattere sincretico

Mentre nelle varie religioni c'è una certa distinzione fra sacro e profano, nel Sciamanesimo sacro e profano coesistono. Per esempio, il luogo sacro per eccellenza del Cistianesimo è la chiesa; invece il luogo del *Kut* può essere ricavato dovunque anche in una stalla, momentaneamente predisponendo la terra gialla divisa da un nastro, con l'acqua santa. Il luogo prescelto, appena finito il *Kut,* ritorna un luogo qualunque.

L'assenza di principi normativi nello Sciamanesimo, il suo carattere di "va bene per tutto", ne favoriscono il sincretismo.

Il carattere sincretico dello Sciamanesimo ha contribuito a preparare la base della cultura religiosa coreana, che può convivere con le varie religioni senza grandi scontri. Alla vecchia religione si è sovrapposta una nuova, contribuendo al formarsi di una società inter-culturale-religiosa. Questo fenomeno si è verificato ogni volta che si è formata una nuova religione.

Il professor Ryu, dell'Università *Yeon-se*, rilevando la particolarità del carattere dei Coreani, influenzato dal sincretismo dello Sciamanesimo, afferma che "la filosofia dello Sciamanesimo è quella del *Bibimpap*".

> "Il cibo e la religione sono fenomeni culturali che hanno radice nella natura profonda dell'uomo; se questi non mangia, non può vivere la vita corporale, così come se non crede, non può nutrire la vita spirituale. Perciò il carattere proprio del cibo di un popolo dimostra la particolarità della fede e della mentalità di quel popolo.
> ......
> Il *Bibimpap*, uno dei piatti tipici della Corea, è una pietanza preparata condendo il riso con varie verdure, uova, carne, alghe marine ..., cioè con ogni cibo della terra, del mare e dell'aria, aggiungendo inoltre salsa di peperoncino e olio di sesamo. Ma *Bibimpap* non è soltanto una raccolta di vari ingredienti; attraverso un movimento tecnico, detto *Bibim* (mescolare), si ottiene un nuovo sapore ed in ciò sta la sua importanza. Questo, si può dire, è il carattere particolare del cibo coreano".[132]

Si deve ritenere che gli elementi muistici, penetrati dovunque nella vita dei Coreani, hanno contribuito al formarsi del loro carattere pragmatico. I Coreani sono molto duttili, flessibili e plasmabili.

4. Formalismo

Uno dei particolari caratteri del nuovo movimento della religione etnica, che nasce recentemente in Corea, è l'idea dello Sciamanesimo, che associa alla tradizione religiosa gli elementi sciamanistici, credenza tradizionale, determinando la coreanizzazione della religione.

Durante lo sviluppo del Cristianesimo, gli elementi sciamanistici si sono scontrati con il concetto di una Chiesa inaccessibile, caratterizzata dal cerimoniale, dal formalismo e dalla burocrazia; tale organizzazione e tale struttura ecclesiastica chiusa hanno fatto sentire la nostalgia dello Sciamanesimo ai fedeli.

La verità e la religione orientano la vita degli oppressi e indicano la via giusta dove essi possono camminare; ma quando non si riesce ad annunziare la verità del Vangelo innestandola nelle situazioni della vita reale, la liturgia della Chiesa può rimanere una pura formalità e la vita religiosa dei fedeli non può dirsi pienamente tale.

Ciò si verificò quando l'atteggiamento di zelo missionario dei primi fedeli della Chiesa coreana era venuto meno a contatto con gli elementi negativi della religione indigena.

---

132. Cfr. Ryu tong-shik, *Religione popolare e la cultura coreana*, Hyun-dae-sa.sang.sa, Seoul, 1978, pp.25-32.

Il contenuto del *Kut*, rito religioso dello Sciamanesimo, sintetizza tutti gli aspetti reali dell'uomo; la gioia, l'ira, l'amore e la letizia devono armonizzarsi reciprocamente. Il problema dell'uomo, la rottura del rapporto tra gli dei e lo Sciamano, tra vivi e morti, si risolve attraverso il *Kut*, qui ed adesso. È questa la risposta realistica del sistema simbolico dello Sciamanesimo.

La Messa è il centro del culto sacro della Chiesa cattolica. La religione, che ha inizio con la storia dell'uomo, celebra il culto in varie forme. L'Eucaristia è il Sacramento che ha il carattere del culto e della festa, celebrato con la partecipazione di tutti i fedeli cristiani, nessuno escluso.

Da un pò di tempo, la Messa è diventata simile ad uno spettacolo. Come il *Kut* è celebrato dallo Sciamano e la gente che sta intorno è solo spettatrice, così la liturgia e la preghiera della Messa sono affidate solo al sacerdote, mentre i fedeli sono soltanto degli spettatori. Ciò è testimoniato dalle espressioni che spesso i fedeli usano: "Vedo la Messa" o "Vado a vedere la Messa". Essi vanno a sentire la preghiera degli altri, l'omelia del sacerdote e il canto del coro.

I fedeli cristiani, diventati tali in forza del battesimo, durante la Messa devono pregare il Signore che accetti "l'offerta sacra". La Chiesa insegna che tutti devono partecipare alla liturgia pienamente e attivamente, con specialissima comprensione(*SC* 12-14). Invece i fedeli, quando non "partecipano" alla Messa, diventano spettatori e la Messa diventa una formalità. Il motivo per cui è sempre in aumento il numero dei fedeli che arrivano tardi alla Messa o vanno via presto o non ci vanno affatto, è che essi non si sentono protagonisti della Messa, "vengono come spettatori" e che la Messa è un problema nella loro vita.

Il culto formale e passivo che celebrano i fedeli educati nell'ambiente formalista è avulso dalla loro vita reale.

4.1. *Ki-bok* e materialismo

Il desiderare il *Bok* è la volontà principale dell'uomo anche al di fuori del discorso prettamente religioso. Anche nella Bibbia si contempla il desiderio della benedizione e si esorta allo sforzo per acquistarla, ma lo scopo della benedizione nel Cristianesimo e quello del *Ki-bok* nello Sciamanesimo sono completamente diversi, pur se uguale è il cuore dell'uomo che la desidera. La benedizione del Cristianesimo, per l'uomo, diventa una testimonianza della protezione di Dio e, per Dio, diventa un'occasione di dimostrare la Sua gloria. Invece, il *Ki-bok* dello Sciamanesimo riguarda solo l'uomo, il quale è disposto a tutto pur di ottenere la benedizione, scadendo così nel materialismo.

La grazia della guarigione nel Cristianesimo, con la cura dell'infermità fisica, vuol dire non solo semplicemente sollevare la sofferenza del corpo, ma realizzare il Regno di Dio grazie al potere di Dio, alla sua misericordia ed alla carità di Cristo, mentre nel Sciamanesimo la malattia è un effetto dell'azione degli spiriti, che solo lo Sciamano può placare e scacciare per mezzo del *Kut*. Ciò avviene spendendo molto denaro per preparare il cibo e l'offerta e per placare gli spiriti con il ballo e il canto, trascurando di comprendere la volontà di Dio o dello spirito.

Questo modo di agire, che vuole allontanare la sfortuna, invece di capire il senso profondo di ciò che accade, è anche alla base della conversione e del tipo di credenza dei primi cristiani in Corea, divenuti tali per avere un figlio e non una figlia, per il desiderio di guadagno e di *Bok* e per guarire dalle malattie, come è dimostrato da quanto segue:[133]

> "*Hwang Sa-young* mi ha detto: se impari bene la sacra religione (Cristianesimo), il Dio fedele darà il Bok e realizzerà automaticamente ogni cosa. Io avevo sentito cose piacevoli, ne ho studiato la dottrina e mi sono battezzato".

> "Ero malato e il mio padrone mi ha detto che se abbraccio il cattolicesimo sarà migliorata la mia infermità, allora l'ho abbracciato".

L'atteggiamento muistico, che si ritrova facilmente nell'offerta della Messa, mira ad acquistare il *Bok* di questo mondo attraverso la Messa con una quantità di denaro, invece che con offerte devote di sacrificio e carità.

4.2. Mancanza d'autonomia

Secondo lo Sciamanesimo ogni opera dell'uomo viene resa possibile dallo spirito degli dei ed anche la felicità e la sfortuna dipendono da essi. Perciò bisogna venerare gli dei per ottenere il *Bok* e tenersi lontano dalla disgrazia. Poiché deve seguire l'ordine divino in tutte le cose, naturalmente l'uomo affida tutto al dio, invece di risolvere i problemi direttamente, e soggiace al destino. Questa credenza nel destino fa diventare l'uomo passivo e debole, poiché attribuisce al destino ogni cosa. Ciò ostacola il fiorire dell'idea di una riforma e ogni pensiero innovativo d'avanguardia. Obbedendo ciecamente al destino voluto da dio, l'uomo non ha alcuna responsabilità. Ogni problema è causato da dio o dagli antenati. La soluzione appartiene sempre allo Sciamano per mezzo del rito, il *Kut*.

Questa stessa tendenza si può notare esplicitamente nell'atteggiamento religioso dei cristiani, che spesso, durante il Sacramento della Penitenza,

---

133. Cfr. Cho kwang, 200 anni di Cattolicesimo in Corea, ed. Haet pit, Seoul 1989,43-44.

attribuiscono al destino i loro peccati, invece di confessarli assumendone la responsabilità e chiedere perdono. Il fatto di affidarsi incondizionatamente al destino provoca la mancanza di discernimento e di pentimento, e alla fine impedisce la maturità della fede.

5. Neo-Sciamanesimo

Il neo-sciamanesimo è nato da alcuni movimenti sorti per aiutare gli Indiani delle riserve della costa nordoccidentale americana intorno al 1970, allo scopo di ristabilire i legami di questi Indiani con le loro tradizioni, il che avrebbe significato ridare un senso alla loro esistenza. Hanno considerato il libro di Mircea Eliade, *Le chamanisme et les techniques archaïques de l'extase* (Paris, Payot, 1951), che aveva diffuso l'immagine dello sciamanesimo come ritualizzazione dell'esperienza religiosa allo stato puro, accessibile per mezzo di tecniche estatiche. L'opera di Eliade è stata utilizzata da questi neo-sciamani per giustificare l'idea di una ricerca mistica promossa in nome del ritorno alle origini.

Questi movimenti si organizzano in imprese commerciali, che mescolano terapie parallele e ricerche spirituali. La più nota è il Center (poi Foundation) for Shamanic Studies, creato da Michel Harner, fino ad allora etnologo degli Jivaros, e poi diventato neo-sciamano militante. L'opera del Centro fu proseguita da numerose filiali e da diverse imitazioni sviluppatesi nel Nordamerica e in Europa.

La loro attività si orienta verso l'esperienza e la cura personale, poi verso la creazione artistica. Attualmente i neo-sciamanismi tentano di svilupparsi in una direzione universale attraverso consapevolezza ecologica, New Age, Rebirth, Near-Death Experience ...

Oggi, si crede senza appartenenza, nel senso che l'appartenenza religiosa si configura nelle forme deboli, ma la pratica rimane un criterio di identità sociale. Questa pratica appare sempre più sganciata da una relazione vivente con un patrimonio storico di credenze, con una memoria collettiva.

Parallelamente, i neo-sciamanismi in Corea, invece, creano i nuovi movimenti religiosi accettando oltre le credenze popolari, dello Sciamanesimo, anche il contenuto delle varie religioni e presentandolo come un nuovo metodo di terapia della salute, diffusa in particolare nelle migliori Università.

Dunque, i primi cristiani della Corea hanno accolto il Cristianesimo partendo dalla propria cultura tradizionale, che ha caratteri di concretezza. Quindi è possibile conoscere l'ambito della cultura tradizionale della Corea e ricercare gli aspetti di Cristo radicati in tale cultura.

Il popolo coreano si lascia guidare dal cuore e dai sentimenti, non dalle teorie e dai dogmi, e per questo motivo il pluralismo religioso ed il Sincretismo non sono mai stati un problema.

In questo contesto, la dottrina cristiana, spiegata nelle due opere "La Dottrina della Chiesa Cattolica" di *Yi Byok* e "il Principio della Dottrina della Chiesa Cattolica" di *Chung Yak-jong,* è riuscita a presentare il Cristo nella storia e nella vita dell'uomo, interpretando semplicemente ed esplicitamente il dovere principale dell'uomo invece di cercare un concetto astratto dogmatico e profondamente teologico.

In conclusione, sappiamo benissimo che anche il Cristianesimo, come ogni religione, si è sviluppato in connessione con la cultura, perché è impossibile dividere elementi culturali, sociali e religiosi. Così è stato anche per l'incontro con la cultura romana e germanica. Nella storia del Cristianesimo c'è un continuo incontro con le altre religioni e culture.

Per questa ragione, la cultura coreana fin dall'inzio fu un buon terreno per la diffusione del Cristianesimo nell'incontro tra Gesù e la cultura. Il pensiero fondamentale coreano che si trova comunemente nei vari settori, religioni, arte, società ecc. sono fondamento per accettare facilmente le varie culture; l'idea che la cultura coreana superi il sistema logico cinese e occidentale sono pur anche concetti teologici del Cristianesimo. Perché, dovunque l'uomo viva e in qualsiasi ora viva, ivi è il luogo della teologia e della missione.

Dunque, tutti gli aspetti positivi e negativi dello Sciamanesimo, che sono serviti all'espansione del Cristianesimo tra i Coreani, debbono essere presi in considerazione e non rifiutati *in toto,* per imitare l'atteggiamento del Verbo Incarnato quale ci risulta dal Vangelo.

TERZA PARTE
REALTÀ DELLA SOCIETÀ COREANA, SCIAMANESIMO E MISSIONE DELLA CHIESA

Chiesa in Corea, che aveva avuto inizio nel sec. XVII come un evento straordinario nella storia del Cristianesimo, dopo un secolo di missione, cominciava una nuova epoca, ispirata ai valori della civiltà occidentale. Oggi, purtroppo con l'indebolimento teorico e pratico del principio della "esclusività della salvezza", annunciato dal Cristianesimo, coloro che si oppongono alla cultura e alla mentalità occidentale si sforzano di riscoprire e promuovere il valore dell'antica spiritualità religiosa orientale. Così facendo, convinti che la religione tradizionale dell'Asia sia stata influenzata negativamente dal Cristianesimo, hanno cominciato a diffondere apertamente il messaggio della salvezza insito nelle proprie tradizioni religiose. Essi, da una parte annunciano la grandezza e il valore salvifico della propria religione, dall'altra assumono un atteggiamento autonomo di fronte alla civiltà occidentale.

Questo fenomeno diffuso in tutta l'Asia si percepisce anche in Corea. Recentemente, tra i fedeli coreani, sta aumentando molto sia il numero dei cristiani non praticanti, sia il numero delle persone che, essendosi considerate finora "credenti anonimi", confessano ora di essere fedeli alla propria religione tradizionale. Segni evidenti di questo fenomeno sono, per esempio, il grande interesse per lo Sciamanesimo; l'aumento dei fedeli buddisti, cosi come il diffondersi delle varie pratiche per la cura della salute attraverso i diversi metodi tradizionali. Molti di loro, ugualmente, diffondendo la loro esperienza di salvezza, diventano allo stesso tempo testimoni e annunciatori di una vita religiosa basata su una tradizione propriamente orientale. Ciò significa che aumentano le persone che professano la possibilità di un altro mezzo di salvezza, diverso da quell'unico e universale proposto dal Cristianesimo.

Prendendo quindi, atto della situazione particolare della Chiesa in Asia, parrebbe opportuno che la Chiesa Universale si mostrasse favorevole al dialogo, affinchè ogni popolo, grazie all'esperienza sincera della propria tradizoine religiosa, potesse entrare nella "Universalità della salvezza", annunciata e offerta dal Cristianesimo in ogni Chiesa locale.

CAPITOLO PRIMO
LA REALTÀ DELLA SOCIETÀ COREANA E IL DIALOGO INTERRELIGIOSO

La Corea è ormai l'unico paese al mondo che, dopo il conflitto ideologico del 1945 terminato con il crollo del socialismo, sopporta ancora la sofferenza della divisione del paese.

La divisione che ha provocato tanti gravi problemi, politici, economici, sociali, culturali e religiosi, è stata un grande ostacolo allo sviluppo del paese nell'ultimo periodo del XX secolo.

Quest'idea dovrebbe riflettere la situazione generale e la Chiesa d'oggi in Corea.

La Chiesa coreana è schierata dalla parte della maggioranza del popolo? È vero che i Coreani non conoscono Cristo oppure, pur conoscendolo, lo vogliono ignorare? Che cosa desiderano il 91% dei Coreani non cristiani?

Il cambiamento della società, in generale, in quest'ultimo periodo ha influenzato grandemente anche il metodo pastorale della Chiesa, diventato un'elemento d'animazione nel processo d'inculturazione della Chiesa locale secondo l'insegnamento della Chiesa universale nel nuovo millennio.

1. Situazione politica

Dopo la guerra del '50-'53, l'irrigidimento del sistema della guerra fredda negli anni '60 portò alla dittatura militare di *Park Jung-hee*, il quale rafforzò la divisione del paese.

Il governo di *Park Jung-hee* (1961-1979) propose un progetto politico per l'industria pesante e chimica con l'intenzione di proteggere il Paese, e promuovere un'economia autonoma, che ebbe poi un rapido sviluppo negli anni '60-'70. Per sostenere tale progetto, il 17 ottobre 1970, escogitò "la restaurazione d'ottobre", sciogliendo il parlamento, promulgando la legge marziale in tutto il Paese, chiudendo temporaneamente tutte le università ed istituendo un sistema di controllo preventivo sui mezzi di comunicazione e sui giornali, praticamente rendendo possibile il mantenimento del potere, annullando la scadenza delle cariche.

In seguito, le manifestazioni verso la democratizzazione, promosse dai movimenti di sinistra, dal popolo, e dagli studenti modificarono radicalmente la società coreana degli anni '70.

L'insoddisfazione della legge dittatoriale si era estesa ad ogni ambito sociale, e anche se nel campo dell'economia aveva raggiunto un successo notevole, l'arretratezza della politica dittatoriale si manifestava indiscutibilmente.

La società coreana, quindi, nel secondo periodo della restaurazione, mischiando instabilità politica ed ardore economico, imboccò una via piuttosto mutevole e confusa. Il malcontento per il regime dittatoriale di restaurazione, che proveniva non solo dai diversi stati della società coreana, ma anche dall'*entourage* del presidente, ha provocato il colpo di stato del 26 ottobre 1979 attuato dal capo dell'informazione centrale, ponendo soci fine al governo di *Park Jung-hee* e al periodo della restaurazione che era durato quasi vent'anni.

Dopo la morte del presidente *Park Jung-hee*, avvenuta nel 1979, apparvero nuove autorità legate a militari che è il suo capo *Chun Du-hwan*, il quale ebbero inizio gli anni '80, in un clima minaccioso di 'purghe' e 'pulizie'. Egli antepose la sicurezza del paese al posto di un accordo pacifico con il popolo e rafforzò il suo potere con l'appoggio degli Stati Uniti d'America e del Giappone, provocando nuovamente la rivolta di *Kwangjoo* del 16 Maggio, durata soltanto dieci giorni. Questo sollevamento popolare, e gli scontri che ne seguirono, terminarono con la sconfitta della milizia civile e con la morte di molti innocenti, causando il maggior numero di vittime dopo la guerra del 25 Giugno 1950.

Il più grande cambiamento del mondo negli anni '90 fu il crollo del socialismo nell'Unione Sovietica e nell'Europa dell'Est, seguito dal crollo del sistema della guerra fredda.

Nonostante tale cambiamento mondiale, la guerra fredda in Corea è rimasta ancor oggi quale era iniziata con il periodo della divisione Nord-Sud, subito dopo la liberazione dal dominio giapponese.

Tale divisione proviene da due cause: una interna, determinata da ragioni etniche, l'altra esterna, dipendente dall'equilibrio del potere tra U.S.A. e Unione Sovietica.

La causa interna della divisione era dovuta all'incomprensione oggettiva della liberazione del paese, alla difficoltà di riuscire ad elevare il peso internazionale della collocazione geografica della penisola e al desistere dal proseguire il cammino dell'unificazione dopo la liberazione.

La causa esterna era determinata dall'insediamento degli U.S.A. e dell'Unione Sovietica, che cercarono l'equilibrio del loro potere politico, dividendo la penisola dopo la guerra del Pacifico. Approfittando della volontà del popolo coreano di istituire una nazione indipendente e unita, alcuni politici hanno causato nel popolo la formazione di due opposte tendenze, origine della divisione.

1.1. Influenza della guerra del '50

La guerra del '50 è durata 3 anni, provocando milioni di morti e feriti e la divisione di milioni di famiglie.

Il grande esodo etnico, iniziato dopo la guerra, continua tutto'oggi dopo più di mezzo secolo. È l'esodo dal nord al sud, l'esodo dalle regioni centrali alle regioni meridionali, l'esodo dall'ovest all'est, l'esodo dalla campagna alla città, il ritorno alle regioni native. Tale grande esodo ha cambiato radicalmente il sistema sociale tradizionale della Corea, ha dissolto le coscienze e l'ordine feudale, causando la distruzione totale degli stati sociali tradizionali e delle loro strutture.

Inoltre, la guerra ha confermato la realtà della divisione del paese, è diventata l'occasione perché i due poteri politici divisi creassero dei sistemi dittatoriali, e ha contribuito ad intensificare la guerra fredda di entrambi le parti del mondo, Unione Sovietica e Stati Uniti d'America.

Dal punto di vista generale, anche se la penisola è stata divisa data la sua posizione geografica e la contrapposizione ideologica, la situazione, dopo la guerra, ha reso l'impossibile l'unificazione delle due Coree a causa dei rispettivi armamenti e della forza militare.

1.2. Movimento democratico di unificazione

Il movimento democratico, iniziato contro il potere politico dittatoriale, come già detto, negli anni '70, si presenta come un movimento popolare soprattutto dagli operai, dai contadini e dalla povera gente della città.

Il progetto politico dello sviluppo economico, basato su bassi stipendi e bassi prezzi, ha provocato un grande problema nell'industria e nell'agricoltura.

Il movimento degli operai e dei contadini fu massimamente repulso con arresti e maltrattamenti, mancando un potere politico che difendesse tali movimenti.

Esisteva si la federazione generale delle associazioni operaie, ma è difficile affermare che facesse il proprio dovere. Data la debolezza di questa Federazione, incapace di un potere neutrale, subentrarono gente di basso livello sociale, studenti, intellettuali, religiosi e persone di sinistra, creando il movimento degli agricoltori cristiani, il movimento degli agricoltori cattolici, la gioventù operaia cattolica e la missione cristiana nelle fabbriche urbane. Tali movimenti si misero decisamente in azione, fino a forti scontri, tendendo senza appoggio dall'esterno, alla democratizzazione, alla sicurezza e alla crescita verso il benessere.

Con l'inizio degli anni '80, tali movimenti si rafforzarono grazie anche alla solidarietà sociale, al punto da prevalere sul sindacato delle fabbriche e da porsi in conflitto con il potere politico per reclamare la cessazione della persecuzione contro il movimento dei lavoratori, l'abolizione della legge sulla libertà di assemblea e di manifestazione e della legge riguardante i *mass media*.

Il settore politico pur propenso alla unificazione delle due Coree, ne faceva si la pubblicità e ne trattava in vari incontri bilaterali senza però addivenire ad un reale accordo.[134]

Nel 1984 il governo della Corea del Nord aveva chiesto aiuti per le vittime delle inondazioni (riso, medicine, cemento, ...). Il trasporto dei beni era stato realizzato dal governo sud coreano. Nel 1985, con la visita al paese di origine delle famiglie separate tra le due Coree e lo scambio reciproco dei gruppi di artisti, era sembrato di intravedere una soluzione al problema dell'unificazione delle due Coree.

Invece l'inizio dei tentativi di collaborazione a livello popolare è avvenuto dopo la proposta della 'dichiarazione speciale del 7 luglio' nel 1988, verso la Corea del Nord nella quale si vogliono promuovere gli scambi in ogni settore. È stato anche proposto che i dur governi organizzassero regolarmente conferenze sull'economia, sui parlamenti, sulla croce rossa, sulla politica militare ad alto livello e sui ministeri degli affari esteri. Sono state disposte conferenze sullo sport e sull'economia, e c'è stato persino l'incontro dei due capi di Stato a *Phung-Yang* (13 Giugno 2000). Ma tutto ciò è stato interrotto, senza che si arrivasse ad un risultato soddisfacente; sembra anzi ancora lontana la speranza dell'unificazione vera e propria.

2. Situazione economica

La Corea, diventando colonia del Giappone all'inizio della modernizzazione ha dovuto subire il fallimento dell'accumulo dei beni propri e dell'assunzione autonoma della tecnologia moderna.

Dopo ben 36 anni sotto la politica colonialista, è infine riuscita ad ottenere la liberazione, trovando però una situazione economica disastrosa.

Dopo la liberazione, il compito da affrontare per l'economia della Corea era la realizzazione dell'economia autonoma, trasformando l'economia coloniale in direzione democratica. Ma a causa della guerra che era scoppiata subito dopo la liberazione, i governi degli anni '50-'60 non povevano fare altro che affidarsi all'aiuto degli U.S.A. Infatti le due grandi carenze dell'economia erano la povertà dei fondi e la mancanza tecnologica.

L'esclusività e l'arroganza di alcune grandi società, che si unirono

---

134 Cf. La guida pratica per la collaborazione delle comunicazioni tra le due Coree, è stata pubblicata dal comitato dell'unità nel 1996.

subito al potere politico ed all'aiuto degli U.S.A. provocarono un peggioramento della situazione per l'autonomia dell'economia, portando a un'economia di dipendenza, di esclusività e di consumismo, la quale ha reso impossibile costruire una base autonoma e propria.

Il governo di *Park Jung-hee* (1961-1979) ha perciò cambiato il vecchio sistema degli aiuti economici, progettando lo sviluppo dell'economia con l'introduzione dei fondi esteri. Esso ha riportato grande successo nel settore dell'industria leggera grazie al basso costo della manodopera; avendo introdotto il fondo estero, ha fatto innalzare rapidamente il tasso dell'esportazione e ha attirato l'investimento diretto degli stranieri, scegliendo autonomamente i paesi verso i quali dirigere l'esportazione.

Malgrado lo sviluppo dell'economia e dell'esportazione dopo il periodo coloniale, il problema economico risentiva della commistione tra politica ed economia. La concentrazione della produzione verso i beni di consumo, il monopolio della grande industria, la pesante dipendenza dall'estero e la recente manovra politica nel settore dell'agricoltura provocarono, nel 1997, il fallimento dell'economia nazionale.

2.1. La crescita e la crisi

Le nazioni all'avanguardia del capitalismo introducevano negli anni '70, nei paesi in via di sviluppo, un capitalismo basato esclusivamente sull'industria pesante al fine di ottenere rapidamente un alto sviluppo. Essendo in una situazione debitoria, il governo di *Park Jung-hee* ha dato grande impulso all'industria pesante (vedi siderurgia e automobilismo).

Il colloquio tra Corea e Giappone e l'invio dei soldati in Vietncome risultato l'entrata di investimenti esteri ed un vantaggioso mercato di esportazione. Ripetendo per quattro volte, ogni quinquennio (1962-1981), il progetto dello sviluppo dell'economia, la Corea ha elevato del 10.8% la crescita economica e del 40% l'aumento dell'esportazione, come media annuale.

Il continuo e rapido sviluppo dell'industria ha causato maggior accumulazione di ricchezza rispetto al passato; andando però verso una sola parte, ha portato nell'altra povertà profonda, condizioni del lavoro quasi da schiavi, padronanza incondizionata, caduta della moralità.

E cosi, seguita la politica di stabilizzazione negli anni '70-80, tollerando l'investimento nei settori dell'industria pesante e chimica, sanando le imprese insolventi, favorendo l'accumulazione della ricchezza privata, promulgando la legge sul lavoro come mezzo legale per dominarne il settore, attuando una manifesta persecuzione contro il movimento dei lavoratori, il blocco dei salari e lo sfruttamento del popolo nel processo di produzione e distribuzione mediante il controllo dei prezzi dei prodotti agricoli.

A metà degli anni '80 (da 1983 a 1985), in un periodo di prezzi al consumo notevolmente stabile si era reso evidente l'aumento dell'esportazione e la diminuzione del deficit nel bilancio internazionale.

Ma, tale stabilità è durata poco, perché con la manovra dell'apertura economica del paese, spinto dagli U.S.A., ha dovuto subire di nuovo un gran colpo, specialmente nel settore agricolo, provocando la crisi generale del paese.

Negli anni '80 il sistema dell'economia aperta ha avuto una grande mossa: oltre al settore industriale, specialmente il settore agricolo, già vittima del processo d'industrializzazione concentrato sull'industria pesante e chimica senza preparazione e senza strutture organizzate, non è stato in grado di reggere alla concorrenza internazionale.

La grande difficoltà che l'agricoltura doveva affrontare furono le conseguenze del "raduno dell'Uruguay", ottavo accordo sul traffico internazionale del GATT (accordo generale sulle tariffe e sul commercio). Su proposta degli U.S.A. era stato chiesto di abolire il dazio doganale sulla produzione agricola e anche gli aiuti nazionali all'esportazione; ciò significava la liberalizzazione totale del commercio dei prodotti agricoli e l'abolizione di ogni tipo di sussidio all'agricoltura.

Cosi nell'ultimo periodo degli anni '80, il governo approvò la riforma dell'economia sotto lo slogan "democrazia dell'economia"; ma la perdita della forza legislativa ha portato solamente stangate all'economia, causando il rialzo dei prezzi di mercato e il ribasso degli immobili.

Essendo molto diffusa la speculazione immobiliare e la manipolazione del prezzo dei fondi a livello industriale, il governo cercava di superare la difficoltà sollecitando gli operai e sostenendo l'economia affidandosi a grandi società. Ciò ha portato a grande squilibrio nella struttura industriale.

Entrando negli anni '90 sotto il calo del prezzo del mercato internazionale nel settore industriale dei semiconduttori, nell'industria siderurgica e nell'industria petrolchimica a causa del predominio da parte delle nazioni più potenti, con l'alto prezzo e il basso risultato della manodopera, con il fermo del mercato del lavoro, le imprese insolventi del mercato finanziario, il sostentamento delle grandi società da parte del Governo, le industrie coreane non riuscivano a riprendere la competizione internazionale.

In conseguenza di tale situazione, dopo il 1995, mancando il controllo del debito estero da parte del Governo, la Corea, nel 1997, dovette affrontare una grande ultima crisi finanziaria a causa della parità del tasso d'esportazione a quello del debito, tanto che alla fine si vide costretta a chiedere aiuto economico persino al IMF (International Monetary Fund).

3. Situazione socio-culturale

La crisi e l'instabilità generale del settore politico e dell'economia ha provocato una grave assenza di etica in ogni classe sociale, determinando l'indebolimento della solidarietà tradizionale e la povertà della famiglia urbana.

Il movimento dei poveri urbani era contrario alla distruzione collettiva dei loro villaggi, che privilegiava lo sviluppo della città e la ricostruzione dell'ambiente urbano.

Tale situazione derivava dal flusso della gente verso le grandi aree urbane, seguìto dal progetto di urbanizzazione indiscriminata e dalla manovra politica di industrializzazione.

Con il movimento di costruzione del nuovo villaggio (*Seamaul*), iniziato nel luglio 1971, il governo aveva deciso di restaurare particolarmente l'ambiente rurale, il cui principio regolatore era: diligenza, autonomia, collaborazione.

Inizialmente, tale manovra di miglioramento consistette nella sostituzione dei tetti di paglia con tegole di ardesia o di zinco, quale espressione del <<movimento della società rurale per la restaurazione>>. Il <<movimento>> ha riportato un grande successo nell'elevare il tradizionale tenore di vita della campagna, tanto che i rappresentanti locali furono premiati dal Governo centrale per gli ottimi risultati. Abbinati però al movimento di eliminazione della superstizione promosso dalla Chiesa protestante, tali risultati hanno avuto come effetto la distruzione della maggior parte dei templi dello Sciamanesimo coreano, cancellandone il loro rito.

Dopo che tale movimento era riuscito a sradicare dalla società rurale la caratteristica mentalità chiusa, la rassegnazione alla teoria sciamanica del destino e l'attaccamento ai propri luoghi, l'opera di ricostruzione si estese anche alle città suscitando vivaci discussioni tra quelli che erano riusciti ad ottenere un aiuto e quelli che non l'avevano ricevuto.

Contemporaneamente, la presistente crisi economica aveva coinvolto le grandi società monopoliste, riversandosi sul popolo e mettendolo in gravi difficoltà.

La manovra di abbassamento dei prezzi ha provocato un indebitamento dei contadini, portando la devastazione delle campagne e la rapida emigrazione dei contadini verso la città.

Già dal 1963, l'apertura all'importazione dagli U.S.A. dei prodotti agricoli, e la politica governativa di industrializzazione avevano contribuito ad aumentare il numero dei disoccupati e dei poveri nei sobborghi delle grandi città, e lusingando i contadini ad abbandonare le campagne, avevano avuto come conseguenza che in campagna restavano solo gli anziani a guardia del nido vuoto, e in città osservava il rapido dissolvimento della famiglia.

In breve, la restaurazione in senso moderno della Corea è iniziata con il programma della urbanizzazione e dell'industrializzazione in base al principio della concentrazione dei beni, delle tecnologie e della popolazione.

3.1. Il movimento etno-culturale

Il comitato di promozione dell'etnocultura, costituito nel 1965 allo scopo di tramandare le tradizioni e di curare l'istruzione popolare, nel 1970 è stato riorganizzato con la fondazione di una corporazione a carattere giuridico cultura tradizione.

Negli anni '60-'80, vennero presentati ex operai che avevano prodotto opere letterarie riguardanti il lavoro nella sua cruda realtà. Fu questo un periodo particolare nella storia della letteratura coreana, nel quale e letteratura e teologia del *Min-jung* (non dissimile dalla teologia della liberazione nel Sud America) si influenzarono a vicenda. Nel suddetto periodo fiorì anche l'arte popolare nei campi della pittura, della musica, del cinema, del teatro, dell'architettura, del ballo, della fotografia, ...

Tali gruppi culturali e artistici costituirono per la prima volta dopo la guerra del '50 l'Associazione Generale degli Artisti Popolari Coreani, solidarizzando la cultura popolare.

Recentemente, all'interno dei movimenti dediti alla ricerca della cultura tradizionale, in particolare negli ambienti universitari, è sorto un maggior interesse verso i vari tipi di *Kut* e verso il ballo e il canto tradizionali, come un segno di riconoscimento dell'identità coreana.

4. La situazione religiosa

Come ho già accennato, insieme alla situazione instabile politico, economico, socio-culturale, anche il settore religioso ha dovuto affrontare una situazione confusa durante la liberazione e la guerra.

Nonostante il clima generale di confusione e di incertezza, anche nell'ambito religioso, la Chiesa Cattolica e la Chiesa Protestante sono riuscite a proporsi come ruolo di mediazione con i paesi esteri al fine di garantire alla Nazione coreana un più generoso e costante flusso di aiuti economici.

Poiché, durante la devastazione della guerra il popolo sognava la salvezza effettiva i vari fondatori di nuovi movimenti religiosi apparvero come nuovi salvatori della vita. All'inizio degli anni '60 due grandi eventi hanno contribuito a riordinare la struttura della società coreano: uno locale, la rivoluzione del 19 Aprile '61, uno internazionale, il Concilio Vaticano II. Mentre l'evento locale è stato realizzato mediante la propria riflessione, l'evento internazionale ha mostrato il ruolo sociale delle religione.

Negli anni '70-'80, le religioni coreana hanno fatto un grande sforzo per essere solidale con i movimenti sociali insieme al movimento democratico, e negli anni '90 hanno cominciato ad avere nuovi interessi verso la missione all'estero e verso le religioni della Corea del Nord come una preparazione per l'unificazione, facendo ritrovare lo spirito di promozione della spiritualità coreana e del movimento della santificazione della famiglia ecc.

La società coreana si presenta come la sede di una straordinaria molteplicità di religioni; essa offre una testimonianza delle tracce culturali lasciate fin dall'antichità dal pluralismo delle religioni, che oggi convivono e ora nascono e ora spariscono continuamente.

In tale processo la Corea è l'unico paese al mondo che vive un fenomeno molto particolare: lo Sciamanesimo è sviluppato al massimo, il Confucianesimo è maggiormente elevato al livello religioso, Buddismo e Cristianesimo sviluppano al massimo le loro attività.

Inoltre, essendo le varie tradizioni religiose abituate a convivere, nessuna religione si trova in una posizione predominante; infatti non ci sono mai stati tra le religioni conflitti tali da distruggere famiglie o gruppi etnici.

Avendo come fondamento lo Sciamanesimo, che è in grado di armonizzare le nuove culture religiose, i Coreani hanno un carattere molto aperto verso le religioni; essi vivono la religione in modo sentimentale piuttosto che razionale, e tendono pertanto al sincretismo religioso.

Per questo, i Coreani vivono un sistema costituito da varie convinzioni: nella vita familiare sono confuciani, nella vita sociale sono cristiani e nella disgrazia approfittano della convinzione sciamanica.

Tale caratteristica provoca nei fedeli cristiani un divario tra religiosità e vita vissuta con una tendenza a relativizzare le dottrine annunciate dalle varie religioni e a passare quindi da una religione all'altra; per esempio, il 24% dei neo-convertiti al Cattolicesimo abbandonano la fede Cattolica e cercano altre religioni o tornano alla religione d'origine.

4.1. Situazione generale

La distribuzione dei Coreani secondo la religione e la loro coscienza religiosa, in base a una indagine di *Gallup* Korea nel 1997, è la seguente:

18,3% Buddisti, 20,3% protestanti, 7.1% cattolici e 0.9% di altre religioni. Da ciò si ricava che oggi, vi sono più protestanti che buddisti rispetto al passato quando la percentuale dei buddisti era stata sempre la più alta. Se si confrontano le indagini del 1984 con quelle del 1989, si hanno i seguenti dati riportati in tabella.[135]

	1984 (%)	1989 (%)	1997 (%)
Buddisti	18,8	20,9	18,3
Protestanti	17,2	19,2	20,3
Cattolici	5,7	7,0	7,4
Altri	2,6	1,9	0,9
Atei	55,8	51,0	53,1

Lo Sciamanesimo, qui, apparentemente riguarda sia la categoria degli «altri» sia quella degli «atei», mentre in realtà si può ammettere che tutti i Coreani siano di questa religione. Se guardiamo bene la distribuzione delle religioni, il 46,9% della popolazione ha risposto "credo in una religione", mentre il 53,1% ha risposto "non credo in nessuna religione".

La popolazione che crede nello Sciamanesimo rientra, in maggior parte, nel 53,1% che ha risposto "non credo a nessuna religione" e in minoranza tra i fedeli buddisti, che credono dai 50 anni in poi, essendo una generazione di bassa istruzione.

La peculiarità dello Sciamanesimo nella società coreana, come abbiamo visto finora, lungo i secoli, è stata la sua elasticità e adattabilità a qualsiasi ambiente religioso come base culturale e spirituale, penetrando e poi dominando il pensiero e la vita dei Coreani. Questo fenomeno si è manifestato maggiormente nella fusione con il Buddismo.

Nel Confucianesimo non si trova una divinità trascendente e neppure una qualche rivelazione. L'unica manifestazione di leggi che si trova nel Confucianesimo in quanto tale, è data dalla regolarità delle leggi che governano il cosmo, chiamate *Tao* (道)[136]. Per quello che esso insegna, il Confucianesimo quindi non può essere definito religione nel senso abituale usato in Occidente; esso, invece, ha lo stigma di una morale ordinata e basata sui reciproci rapporti intercorrenti tra le persone, sulla pietà filiale, non solo nell'ambito della famiglia, ma anche verso gli antenati defunti, sulla fedeltà

---

135. Gallup Korea, La religione e la religiosità coreana, Terza Indagine (nel 1997), Serie cronaca dei Coreani 4, Seoul, 1998, p.55.
136. Termine coreano che vuol dire letteralmente "la Via": si intende la legge universale che presiede al mondo, sulla quale si basa l'armonia di ogni essere e in particolare l'armonia della vita dell'uomo.

alla patria, sull'amicizia, e così via. La Corea ha accettato il Confucianesimo non solo come morale ed etica politica e sociale, ma anche come religione, dal secolo XV.

I protestanti entrarono in Corea circa 100 anni dopo la Chiesa cattolica. L'attuale numero dei protestanti, come abbiamo visto nella tabella, è di circa il 20,3% della popolazione coreana.

Riguardo a queste quattro religioni, ancora fortemente influenti, gli studiosi si esprimono dicendo che la "Corea ha il Buddismo come suo cuore, il Confucianesimo come suo corpo, il Cristianesimo come sua arteria, e lo Sciamanesimo come suo sangue".[137]

Il padre *Park Young-ho,* nella sua tesi, considerando la molteplicità degli ambiti religiosi e culturali, ha evidenziato come "i Coreani si mostrino confuciani nell'atteggiamento del rapporto tra gli uomini, buddisti nella visione dell'uomo, cristiani nell'azione filosofica, sciamanisti nella visione del destino umano"[138].

Questo fatto ci dimostra che la religiosità coreana è cresciuta in un contesto di pluralismo che spiega come i Coreani, salvo rare eccezioni, abbiano verso le varie religioni un atteggiamento tollerante.

4.2. Situazione dello Sciamanesimo

Nessun coreano vuole ammettere di avere una credenza, una mentalità o una visione dei valori religiosi dello Sciamanesimo o di alcuni elementi muistici. Lo Sciamanesimo è considerato da tanto tempo come la religione dei ceti più bassi, poiché la maggior parte delle persone di bassa cultura crede che esso non vada d'accordo con la società evoluta. Nonostante lo Sciamano sciolga il *Han* del popolo, povero e oppresso, quest'ultimo, in apparenza, non vuole diventarne a sua volta suo seguace.

Come abbiamo già visto, lo Sciamano non vive per se stesso, ma, come mediatore tra dio e l'uomo, deve servire gli dei per tutta la vita, consolare gli dei per l'uomo e trattare con loro. Perciò lo Sciamano non appartiene né al mondo degli dei né al mondo degli uomini: è una persona abbandonata dagli uni e dagli altri. Pur vivendo nella società come gli altri, lo Sciamano deve vivere isolato dalle persone comuni. Anticamente la residenza degli Sciamani era delimitata, poteva essere solo in determinati luoghi.

Ancora oggi, la gente comune, pur credendo, di solito non vuole frequentare lo Sciamano. Lo cerca solamente quando ha bisogno della sua

---

137. Cfr. SHIRIEDA J., Dialogue Situation in countries influenced by Mahayana Buddhism, in Bulletin 57 (1984), p.282.
138. PARK Young-ho, Il dialogo fra Buddismo e Cristianesimo, Seraphicum-Pontificia Facultas Theologica S. Bonaventurae, Roma, 1992, p.201.

capacità professionale.

Inoltre, lo studio sullo Sciamanesimo è stato distorto o oggetto di pregiudizio. Lo Sciamano era il tipico vicino che viveva in solitudine, accettando per forza il suo destino di perenne isolamento dalla società. Anche se la sua vita era isolata e in solitudine, la fede che ha lasciato resiste ancor oggi ed è grazie a lui che si è potuto costruire una cultura.

Oggi, anche se la religione della cultura tradizionale non è più ritenuta inferiore, in realtà i seguaci dello Sciamanesimo non vogliono accettarne la religiosità. Si pensi al ruolo dello Sciamano, il quale solo durante il *Kut* può elevare la sua posizione sociale, come mediatore tra dio e uomo; ma, trascorso quel periodo, ritorna alla primitiva posizione di inferiorità: questo è il suo ruolo-destino.

Rispetto agli altri sacerdoti delle diverse religioni, la posizione del sacerdote che celebra il rito può testimoniare il livello dello Sciamanesimo nella società coreana.

5. Situazione del dialogo interreligioso

All'interno della cultura religiosa coreana, che ha porta in sé uno spirito di armonia e di equilibrio, negli anni '80-'90 si è instaurato un dialogo tra le religioni. Tale dialogo, tra Cattolicesimo, Confucianesimo, Buddismo e Taoismo ecc, si è posto come obiettivo la ricerca di una visione comune di Dio, dell'uomo, del mondo. Questo colloquio interreligioso ha prodotto dapprima delle pubblicazione e poi uno sforzo per mettere in pratica il risultato ottenuto.

Nonostante tale positivo confronto tra le suddette religioni, l'atteggiamento di superiorità delle religioni maggiori e di inferiorità dello Sciamanesimo ostacola il dialogo sincero, provocando pregiudizi immotivati. La gente che ha interesse per le religioni tradizionali, come parte dell'interesse per la propria cultura, confondendo tutte queste religioni, favorisce lo sviluppo di un relativismo religioso.

Dunque, condividere la parola, ossia il "dialogo", non può riguardare una sola persona e bisogna riconoscere la necessità dell'interlocutore sullo stesso livello, poiché altrimenti uno dei due può assumere atteggiamenti di superiorità, prevaricando sull'altro.

Per questa ragione, considerando la condizione dello Sciamanesimo, definito dagli studiosi inferiore rispetto alle altre religioni e privo della struttura esteriore della religione, di un fondatore, di dogmi, di sacre scritture, di organizzazione, è molto difficile aprire un dialogo sull'argomento. In realtà, anche se si può definire la "religione" solo da un certo punto di vista, il *Mu* (巫) comunque lo è; infatti, se è religione ogni reazione estrema dell'uomo o ogni struttura simbolica verso un essere soprannaturale, il *Mu* (巫) della Corea si può considerare tranquillamente nell'ambito della religione.

Tuttavia il "dialogo" tra lo Sciamanesimo e la Chiesa cattolica in Corea non è mai stato realizzato; perciò è difficile trattare questo argomento. Vorrei solo accennare alla prospettiva del dialogo con lo Sciamanesimo che recentemente è stato esposta nel campo della scuola ecclesiastica, e all'esigenza del cambiamento della visione dello Sciamanesimo secondo l'opinione del prof. *Lee Jae-min*:

> "Se l'esperienza soprannaturale – Estasi o *Sin-myung* – dello Sciamanesimo è legata con l'esperienza religiosa naturale dell'uomo, in tal caso il Cristianesimo, anziché criticare negativamente lo Sciamanesimo o, dicendo che esso desidera soltanto il *Bok* e presenta un atteggiamento muistico nel sostenere la sua ragione e la sua identità, deve assumere un atteggiamento tendente alla pratica per poter aprire un dialogo, cosi soltanto il Cristianesimo può esporre la sua esperienza religiosa originale. L'incontro delle religioni deve realizzarsi nella vita quotidiana, non nella dottrina. La prima domanda di un cristiano sullo Sciamanesimo non deve essere su quale dottrina si fondi, ma come vivono i suoi seguaci. Non si deve mai dimenticare che anche nella coscienza dei cristiani che criticano lo Sciamanesimo, circola pure il sangue del *Mu*(巫)"[139]

Più avanti, il professore *Lee Jae-min*, pone l'accento sul fatto che il dialogo interreligioso non deve servire solamente per ribadire la differenza tra le religioni. Se si vuole realizzare il bene e la carità verso gli estranei, questa carità deve essere praticata anche verso le persone alle quali non si vuole bene, comprese quelle che credono in altre religioni e che vanno trattate con rispetto e amore. Inoltre l'accusare di falsità le religioni, dal punto di vista cristiano, non è altro che voler chiudere gli occhi davanti alla realtà.

5.1. Atteggiamento della Chiesa

Il Concilio Vaticano II ormai è terminato già da 35 anni. Nell' "*Unitatis Redintegratio*" del Concilio si era definito chiaramente il metodo da adottare per l'unità attraverso il dialogo con i seguaci delle altre religioni. Tale decreto afferma che il modo e il metodo di annunziare la fede cattolica non devono in alcun modo essere d'ostacolo al dialogo con i fratelli che credono in altre religioni, ed anche se è assolutamente necessario esporre con chiarezza tutta la dottrina per confrontarla con le altre dottrine, si deve

---

139. LEE Jae-min, Il sale che non scioglie, ed. San Benedetto, Wae-gwan, 1998, p.160.

ricordare che esiste un ordine o una "gerarchia" nelle verità della dottrina da rispettare (*UR* 11), perché anche l'atteggiamento del dialogo come desiderio dell'unità nasce e matura dal rinnovamento dell'animo, dall'abnegazione di se stessi e dal pieno esercizio della carità (UR 7).

Oggi, i cristiani coreani quale comportamento hanno verso lo Sciamanesimo?

Apparentemente si può dire che la maggior parte lo rifiuta ancora e lo rinnega. Il motivo va ricercato nella mancanza di comprensione generale della cultura religiosa della Corea, nella visione religiosa dei cristiani convertiti dal Confucianesimo, i quali avevano respinto lo Sciamanesimo insieme con il Buddismo, e nell'atteggiamento dei missionari occidentali, che avevano fatto attività missionaria nella convinzione della superiorità della loro cultura. Per questi motivi lo Sciamanesimo non ha mai partecipato al dialogo interreligioso in Corea ed è sempre stato considerato oggetto di rifiuto. Rendendone evidenti gli aspetti negativi – idolatria, desiderio del solo *Bok*, mammonismo, realismo, dipendenza, sincretismo – trascurandone invece gli aspetti positivi, lo si è considerato come un "oggetto di competizione" o "oggetto da superare", che distorce e trascura il Cristianesimo.

Recentemente, discutendo sull'inculturazione del Cristianesimo in Corea, la Chiesa ha cominciato nuovamente a studiare lo Sciamanesimo, che forma la base della cultura coreana. Con l'aumentare dell'interesse verso lo Sciamanesimo, alcuni esponenti della Chiesa hanno incluso tale studio tra le materie ordinarie nell'Università di Teologia Cattolica. Inoltre i seminaristi e gruppi di religiosi e religiose hanno cominciato a partecipare pubblicamente alla celebrazione del *Kut*.

Nel campo scolastico si ritiene che la visione dello Sciamanesimo deve essere cambiata, particolarmente nei cristiani. Valutando correttamente la funzione e il contribuito della religiosità popolare e studiando profondamente i limiti del portavoce della gente comune o la religiosità di ceti non dominanti ed il loro forte dinamismo, ci si propone di contribuire al tentativo dell'inculturazione/coreanizzazione del Cristianesimo.

5.2. Atteggiamento dello Sciamanesimo

Lo Sciamanesimo è paragonato alla larghezza della gonna della donna coreana. Esso, evitando principalmente il conflitto con le altre religioni, cerca facilmente di affiatarsi con esse e continuamente ne assorbe qualcosa. E la diffusione del *Mu*(巫) è così grande da essere sparsa in ogni settore dello studio coreano, anche se lo studio dello Sciamanesimo non ha ancora chiarito la sua posizione nella storia della religione in Corea.

La società coreana è ancora in un periodo transitorio, di contrasto tra tradizione e modernità; con la rapida crescita economica anche la fiducia in se stesso del popolo coreano è ormai ricuperata, superato il dolore causato dalla colonizzazione del Giappone e dalla guerra del '50.

Tuttavia i sacerdoti, gli assistenti o i collaboratori dello Sciamanesimo vivono tuttora nell'ombra della società, poiché hanno un profondo complesso d'inferiorità psicologica, causato da maltrattamenti e da malintesi subiti. La grande Sciamana *Kim Kum-hwa*, autrice del "Dividete il *Bok* e sciogliete il *Han*", recente 'best seller' nella società coreana, nonostante sia considerata patrimonio culturale con il *Kut* del pescatore della zona occidentale della Corea e *Dae-dong Kut* nel 1985, ha subito offese dai seguaci di altre religioni, ed ha scritto nel suo libro:

> "Circa 10 anni fa, quando sono stata in montagna da sola per la preghiera, i seguaci dei protestanti mi hanno accerchiata mettendo la croce sulla mia spalla, mi hanno spento l'incenso con i piedi e mi hanno strappato il ventaglio. Io ho cercato di avere pazienza con tanta fatica. Mi domandavo se davvero potessero fare così. Penso che non sia corretto non solo come un fedele di qualche religione, ma come persona con una propria identità comportarsi in quel modo. La cosa importante non è chi crede, ma come crede. ...... Nel *Kut* non insegna la vendetta, ma il perdono."[140]

Questo comportamento verso lo Sciamano, comune non solo ai seguaci di altre religioni, ma anche agli stessi studiosi dello Sciamanesimo, è spesso coercitivo e oppressivo: essi esigono che lo Sciamano fornisca i dati per le loro ricerche. Questa è una realtà che riflette quanto ancora oggi lo Sciamano sia considerato inferiore. Dunque, per le altre religioni, il sentimento o il pensiero personale dello Sciamanesimo non è essenziale; perciò il suo atteggiamento verso le altre religioni compresa la Chiesa cattolica, non è stato conosciuto o ricercato pubblicamente. Quando incontrai il maestro *Lee Jae-hwan*, il presidente dell'associazione degli Sciamani in Corea, nel settembre del 1998, lo sentii, tuttavia, abbastanza benevolo verso la Chiesa cattolica, mentre era fortemente avverso alla Chiesa protestante.

5.3. Livello del dialogo interreligioso

Nel nuovo millennio in cui viviamo, la realtà delle varie religioni e delle culture, che entrano in contatto inevitabilmente non resta soltanto un fenomeno isolato, ma rivela come il Cristianesimo debba assumere un valore religioso e culturale. Se si vuole radicare rettamente il Cristianesimo nel contesto delle diverse culture religiose della Corea e nell'ambito della

---

140. KIM Kum-hwa, Condividete lo *Bok* e Sciogliete il *Han*, Ed. Pu-run-sub, Seoul, 1995, pp.172-178

religione sciamanica, bisogna cercare i compiti da assumersi e da praticare nuovamente tra le religioni e nelle religioni, adatti a questa epoca ed alla Terra coreana. Questi compiti devono essere manifestati come "*inter-integranti*", "*inter-missione*"[141], riconoscendo la religiosità dinamica del popolo, che ha portato alla credenza dello Sciamanesimo, e alla coscienza sociale del Cristianesimo.

Per questa ragione, uno dei compiti più urgenti delle religioni odierne è riconoscere e accettare con modestia le varie esperienze nate dalle diverse situazioni e società. È necessario il 'dialogo' al di là dell'incontro. Il dialogo interreligioso dovrebbe estendersi a tutte le religioni e ai loro seguaci, comprese quelle religioni che, con il Cristianesimo, fanno riferimento alla fede di Abramo, e anche le grandi tradizioni religiose dell'Asia, dell'Africa e del resto del mondo[142]. Questo dialogo non è mero colloquio, ma ha per tema anche l'insieme dei rapporti interreligiosi, positivi, costruttivi, con persone e comunità di altre fedi per una mutua conoscenza e un reciproco arricchimento.[143] Il livello di dialogo interreligioso con lo Sciamanesimo non deve essere, quindi, una 'strategia' mirante a superare lo Sciamanesimo, ma deve essere un'occasione di arricchimento e conoscenza reciproci.

La Chiesa coreana ormai ha avuto due secoli di missione. L'opera dell'inculturazione iniziata recentemente nella Chiesa fa riconsiderare l'identità dei Coreani. Contemporaneamente è vero che si stanno studiando la religione tradizionale e le credenze popolari con un'ottica nuova (*Dialogo e annuncio*, n.14.). In questo contesto il concetto dello Sciamanesimo e la realtà dello Sciamano daranno la chiave per rispondere alla domanda 'quale è l'identità del Coreano?'.

Dal punto di vista dei cristiani non ci sono tante differenze tra la solidarietà verso la sofferenza degli altri, dimostrata dallo Sciamano, e l'amore di Dio verso l'uomo, in cui credono i cristiani. Bisogna fare attenzione al fatto che, malgrado sia stato abbandonato dalla società, lo Sciamano cura i suoi fedeli mettendosi in contatto intimamente con la loro vita quotidiana e non ci si deve dimenticare che le persone che cercano lo Sciamano sono tutti i Coreani, senza distinzione di religione.

I cristiani che vogliono comprendere lo Sciamano e il suo mondo

---

141. Cfr. RICHARD F.,Tr. by PARK Il-young, Mission oder Demission, Universitätsverlag Freiburg, Schweiz, 1982, pp.153-159.
142. Dialogo e annuncio (in Documento congiunto del Pontificio Consiglio per il Dialogo interreligioso e della Congregazione per l'evangelizzazione dei popoli) (Roma, 19 Maggio 1991) in Dialogo Interreligioso nel Magistero Pontificio (Documenti 1963-1993), a cura di Francesco Gioia, Libreria Editrice Vaticana, 1994, pp.696-754.
143. SEGRETARIATO PER I NON CRISTIANI, Documento L'atteggiamento della Chiesa di fronte ai seguaci di altre religioni. Riflessioni e orientamenti su dialogo e missione, 4 Settembre 1984, n. 3.

spirituale vorrebbero trovare in lui il segno del "cristiano anonimo", e il cuore solidale dello Sciamano che incontra i cristiani vorrebbe trovare in loro lo " Sciamano anonimo", come il buon Samaritano di Luca 10,25-37, perché lo Sciamano, anche se non ha conosciuto la Legge, ha praticato onestamente l'amore del prossimo.

Lo Sciamano, attraverso l'incontro con i vicini, ha vissuto in pratica la parola: "Ebbi fame e mi deste da mangiare, ebbi sete e mi deste da bere, ... ero infermo e mi visitaste, ero in carcere e veniste a trovarmi ... Tutto quello che avete fatto a uno dei più piccoli di questi miei fratelli, l'avete fatto a me" (Mt 25,34-40). Ed anche se non conosce il messaggio evangelico di Cristo, senza propria colpa, è una persona che si è sforzata in sincerità, con la forza della grazia, a praticare la volontà di Dio, conosciuta mediante la guida della coscienza(UR 11).

Concludendo rivediamo che la Costituzione Pastorale del Concilio Vaticano II, *Gaudium et spes*, rileva abbondantemente la condizione dell'uomo nel mondo contemporaneo, la speranza e le angosce, i profondi, mutamenti nell'ordine sociale, psicologico, morale e religioso e gli squilibri nel mondo contemporaneo. (GS 4-10).

Tale generale mutamento e squilibrio è un fenomeno comune che abbiamo visto finora anche in Corea nei vari ambiti, politico, economico, socio-culturale e religioso.

Dunque, la Chiesa coreana sottolineando che nessuno può escludere gli altri dal dialogo, secondo lo spirito del Concilio, propone il seguente atteggiamento:

> "Tra tutti gli uomini e la Chiesa devono esigersi la mutua stima, il rispetto e la concordia, riconoscendo ogni legittima diversità, per stabilire un dialogo sempre più fecondo ...... È importante ci sia unità nelle cose necessarie, libertà nelle cose dubbie e in tutte carità"(*GS* 92).

Basandosi su questa posizione del Concilio, il dottor *Byeon Seon-hwan*[144], ex professore dell'Università Metodistica, ritenendo che il Cristianesimo

---

144. La teologia della religione che egli aveva sviluppato, dopo il 1984, seguendo il Concilio Vaticano II e la teoria del "Cristiano anonimo" di K. Rahner, ha proposto di riconoscere chiaramente il fatto che la Corea è una terra o una società dalle molte forme religiose, di rifiutare l'atteggiamento esclusivo del Cristianesimo verso le altre religioni e di avere un rapporto di dialogo e di collaborazione aperta verso le religioni, tenendo una posizione teologica di "pluralismo religioso". Per questo, egli è stato rimosso dal posto di professore all'Università ed ha perso il suo diritto di pastore dell'associazione cui apparteneva. Le sue opere sono: Raymond Panikkar and Hindu-Christian Dialogue, Teologia e Mondo, 2(1976); Dialogue Buddism and Christianism, Ki-dok-kyo-sa-sang, 291(9. 1982), pp.153-179; Il Compito teologico della società in Asia, Ki-dok-kyo-sa-sang, 27(4. 1983), pp.38-51; Rinnovamento della religione orientale e la

possegga la sapienza spirituale per poter umanizzare attraverso il dialogo interreligioso quei Coreani che vivono in condizioni di emarginazione, ribadisce che il Cristianesimo può partecipare all'esperienza divina della salvezza del popolo apprendendone la libertà pratica, sempre ricorrendo al dialogo aperto nel campo della società coreana. Inoltre, egli ha rilevato che il dialogo interreligioso va considerato come una risposta ai "segni dei tempi", sottolineando la necessità del dialogo aperto e della collaborazione, sotto l'azione della grazia di Dio, verso la "*praeparatio evangelica*" e la salvezza[145].

Per lui, il dialogare del Cristianesimo con altre religioni vuol dire intendere la religione come lievito di libertà per rinnovare la dignità dell'uomo. Di fronte all'ardente desiderio della libertà socio-politica, a cui il mondo anela, e di fronte alle calamità universali, con la distruzione dell'ambiente, per superare questo momento di crisi, il punto centrale dell'incontro inter-religioso sta nel contribuito della visione di salvezza apportato dal Cristianesimo e da altre religioni; allora ci sarà la possibilità di *inter-integratio* e *inter-rennovatio*.

Quindi, per il Cristianesimo coreano, conservare il patrimonio delle religioni tradizionali è un compito importante ed è la ragione dell'importanza dell'inculturazione della Chiesa coreana, poiché la Chiesa locale deve essere incarnata nei popoli che hanno una loro epoca e un loro posto definito. Questo significa, concretamente, una Chiesa in continuo, umile e amorevole dialogo con tradizioni, culture, religioni vive; in breve, con tutte le realtà vitali del popolo in mezzo al quale essa affonda le sue radici profonde e del quale crea e riconosce la storia e la vita (FABC I, n.12). Vale a dire, il rapporto con le altre religioni di oggi non deve puntare alla "Conversione",

---

teologia d'inculturazione (I), Ki-dok-kyo-sa-sang, 299(5. 1983), pp.145-162; Rinnovamento della religione orientale e la teologia d'inculturazione (II), Ki-dok-kyo-sa-sang, 300(6. 1983), pp.131-146; Teologia politica e teologia cultura, Sa-mok, 93(5. 1984), pp.16-29; Non Occidentalizzazione e Teologia del Terzo Mondo – Particolarmente incentrato il padre Aloisius Pieris di Sri Lanka, Sin-hak-sa-sang, 46(Autunno del 1984), pp.536-566; Altra religione e Teologia (1984); Dialogo tra Buddismo e Cristianesimo, Bul-kyo-sa-sang, 22(9. 1985), pp.82-100; Modernizzazione o Conservazione?, Sa-mok, 100(7. 1985), CCK, pp.12-25; Cristianesimo Anonimo di K. Rahner (1988); Riformazione del Cattolicesimo, Sa-mok, 141(10. 1990), CCK, pp.39-54; Per questa sua teologia e per la sua vita, il padre Shim Sang-tae è ricordato come un vero profeta contemporaneo, con la convinzione che non bisogna allontanarsi "dalla croce, che va portata con sé": Shim Sang-tae, Teologia dell'altra religione del Dr. Byeon Seon-hwan secondo un teologo cattolico, Il discorso in occasione della festa di presentazione dello studio, dal titolo "Riflessione di teologia del Rettore Magnifico di Byeon Seon-hwan", organizzata dal comitato degli studenti dell'Università di teologia del Metodico nel 7 Novembre 2000.

145. Cfr. PAUL VI, "Radio-Message to the Governments and Peoples of Asia" (Manila, November 1, 1970), in: AAS 63 (1971), pp.37 Ss.; JOHN PAUL II, "Message to the People of Asia" (Manila, February 21, 1981), in: AAS 73 (1981), pp.91-398; NEUNER J. & DUPUIS J. (ed.), THE CHRISTIAN FAITH in the Doctrinal Documents of the Catholic Church. Revised edition, London (Collins) 1983, pp.293-300.

assunta, integrata e sublimata, come nel tempo passato, ma al "Dialogo". Per questa ragione R. *Panikkar* sottolineava che il dialogo "tra" le religioni deve cominciare prima di tutto dall' "intimo" di sé stessi.[146]

Il P. *Shim-sang-tae*, professore all'Università Cattolica di Seoul, ha insistito sul fatto che bisogna rispettare il costume di vita, la verità dei fedeli delle altre religioni, che corrisponde al dono della salvezza di Dio. Egli dice nella sua dissertazione riguardo alla teoria di *Karl Rahner*:

> "Bisogna sacrificare la propria vita per gli altri ...... per le persone giuste, per coloro che sono seguaci di altre religioni o atei con rispetto per tutti senza distinzione. E, riconoscendo l'opera di Dio in tali uomini, non bisogna mai sottovalutarli per nessuna ragione."[147]

La peculiarità della fede del Cristianesimo sta nel fatto che la comunità dei discepoli della vita di Cristo deve sacrificare se stessa prendendo la croce per il Signore e per gli altri; il successo e il fallimento dell'attività missionaria della Chiesa dipendono in definitiva da questo sacrificio.

In questa visione, se la vita dello Sciamano è conforme al suo impegno senza che egli perda la propria identità nella fredda realtà, egli può essere definito "Cristiano anonimo". E se la sua religione ha un carattere riconoscibile "umano", cioè l'uomo trova dio con il proprio sforzo e gli dei esistono per gli uomini (l'Umanesimo), ecco che in ciò potrebbe risiedere la chiave del dialogo tra le due religioni.

Ancora, tenendo conto della "teologia della religione" in Corea, iniziata con la realtà di molteplici religioni, la Chiesa cattolica può offrire un esempio allo sviluppo del dialogo interreligioso. Dunque, bisogna "ricercare il significato e il concetto della fede ... dello Sciamanesimo, del Buddismo e del Confucianesimo, che sono inseparabili dalla cultura coreana, ... ed anche sforzarsi di trovare con la gioia e la meraviglia il seme del Verbo nascosto in tali religioni"[148].

Non dimentichiamo mai la parola del Signore!: "Chi non è contro di noi, è per noi" (Mc 9,40, cfr. Lu 9,50)

---

146 PANIKKAR R., Il dialogo intrareligioso, Cittadella Editrice, Assisi, 1988.
147. Cfr. SHIM Sang-tae, Cristiano anonimo, Studio critico della teoria di Karl Rahner, Serie teologie 8, ed. S. Paolo, Seoul, pp.301-302.
148. Cfr. SEO Kong-suk, Festa rituale e sacramentale, opinione completo, Studio III, Religione-teologia, Istituto teologia della religione di Università Seo-kang, 1990, p.252.

CAPITOLO SECONDO
PROSPETTIVA DEL DIALOGO TRA CRISTIANESIMO E SCIAMANESIMO

Dio per i Coreani è ritenuto una potenza soprannaturale al vertice di ogni religione. Egli, quando l'uomo ha il *Han* e prega, scioglie il *Han*, esaudisce il desiderio dell'uomo, fa allontanare gli infortuni, governa la vita, la morte, la disgrazia e la fortuna, guarisce ogni malattia, protegge la sicurezza e la felicità dell'uomo e della sua famiglia, premia chi è buono e punisce chi è cattivo. È un Dio assoluto e Signore del cielo, che, quando l'uomo commette peccato perdona con misericordia e guida nella via giusta.

Per i Coreani Dio sta al centro della loro vita; senza comprendere la loro vita non si può comprendere Dio. Perciò, per chiarire bene la visione coreana di Dio, bisogna discutere del "*Min-jung* (popolo)" e studiare il *Han*.

Trattare nuovamente del *Han,* che stava nell'intimo del cuore dei Coreani a livello teologico, vuol dire trattare la teologia del *Min-jung*. Questo è uno studio iniziato nel '70 con il riconoscimento del *Han* del Popolo in una precisa circostanza politica della Corea, dove si è tentato di interpretare la storia del Popolo e la natura del sentimento del Popolo nella tradizione della fede Cristiana. La coscienza del Popolo, formata dal concetto del *Han,* ha provato ad interpretare la teologia cristiana, che è piena di speranza.

La teologia del *Min-jung* era una teologia di speranza, nata nella difficoltà dello stato di oppressione. Essa era una teologia pratica, che si sforzava di innestare la coscienza di speranza escatologica del Popolo nella realtà concreta, "adesso e qui".

Oggetto della salvezza, nella teologia del *Min-jung,* non è Gesù Cristo, ma il "seguace che sta intorno a Gesù", cioè il Popolo, il quale è il soggetto della teologia. La venuta di Gesù Cristo è per il Popolo. Per la speranza del Popolo, la presenza di Gesù Cristo può avere senso teologico. Quindi "la speranza del Popolo", cioè sciogliere assolutamente il *Han* che sta nel cuore del Popolo, è lo scopo della venuta di Cristo. Ciò che ha desiderato il Cristo è sciogliere il *Han* del Popolo. Dunque, la condizione per sciogliere assolutamente il *Han*, nella teologia del *Min-jung,* è portare la croce di Gesù Cristo.

1. Fondamenti mitologici

Lo Sciamanesimo è una fede politeistica, ma, nonostante ciò, c'è la fede in un Dio assoluto, che sta sopra tutti gli dei. Egli di solito non interviene direttamente nella vita dell'uomo, ma, quando il Paese è in pericolo, diventa sempre un sostenitore spirituale del popolo sin dalla nascita della Corea.

Vorrei scoprire, seguendo le orme di San Paolo, il Dio che vive nel sangue del popolo coreano dal *Tan-kun*, l'antenato nazionale della Corea, che lo ha adorato sempre, che lo ha cercato sempre nelle difficoltà, e vorrei scoprirne i sentimenti che, pur avendoli nel cuore, non ha saputo esprimere.

1.1. *Hong-ik-in-kan* / Incarnazione

L'idea che si trova nella mitologia della nascita della Corea è la discesa del figlio di dio in questo mondo, cioè l'idea della discesa di dio tra gli uomini. Il figlio di dio discende nel mondo dell'uomo e il dio supremo della terra – l'orso, oppure un determinato animale simbolo sacro nel Totemismo – mediante la morte rinasce come l'uomo sacro; dall'unione dei due nasce la vita nuova, e da essa si costruisce una cultura legata a Dio. Vale a dire, la relazione è unione fra cielo e terra, tra Dio e l'uomo. La discesa di dio, primo elemento nell'unione fra cielo e uomo, è sacralizzazione dell'uomo; superare la morte significa creare una nuova era culturale.

Questa creazione della nuova vita e cultura da parte di Dio non è possibile senza un grande interesse verso l'uomo o verso il mondo dell'uomo. Vediamo la tabella che ho sintetizzato.

Nome	Hwan-in	Hwan-ung	Ung-nye (donna orsa)	Tan-kun
Ruolo	dio padre	figlio celeste	Umanizzazione dell'orso	Nipote celeste
Mezzi della nacita			Superamento della morte	Hwan-ung +Ung-nye
Simbolo	Luce	Figlio del luce	Dio della terra, buio	Antenato
Oggetto dell'interesse	Hong-ik-in-kan	Mondo dell'uomo	Umanizzazione (santificazione)	Kwang-myung-ei-sae

Quindi, l'oggetto dell'interesse di tutta questa famiglia celeste è l'uomo. Il dio *Hwan-in* è come un padre, un essere personale che guarda dall'alto al mondo della terra, "le cose che fa generalmente sono per il bene dell'uomo"; il figlio *Hwan-ung* lascia la sua traccia sulla terra interessandosi "al mondo dell'uomo"; l'orsa, che simboleggia il dio della terra, rappresenta "la sacralizzazione-umanizzazione"; *Tan-kun,* che è nato dal figlio di dio e dal dio della terra umanizzato, mira ad "illuminare il mondo dell'uomo con la ragione celeste". Questi sono tutti gli elementi che si trovano nella mitologia della nascita della Corea.

Hong-ik significa "fare il bene grandemente" ed indica l'amore paterno di *Hwan-in* verso l'uomo; egli, inviando il figlio *Hwan-ung,* opera il bene per gli uomini e si presenta come padre misericordioso e padre di tutti. Dopo la della nascita della Corea.

Hong-ik significa "fare il bene grandemente" ed indica l'amore paterno di *Hwan-in* verso l'uomo; egli, inviando il figlio *Hwan-ung*, opera il bene per gli uomini e si presenta come padre misericordioso e padre di tutti. Dopo la morte, *Tan-kun* ritorna al mondo degli dei; ciò significa che era venuto al mondo dell'uomo per l'uomo, ma non appartenendo al mondo dell'uomo sopravvive ad esso, legandosi all'esistenza e alla vita dell'uomo.

Il dio di 'Benessere dell'uomo (*Hong-ik-in-kan)'*, che esiste nella vita del coreano, non è dio senza identità, ma "dio che mi fa bene"; e la storia della Corea si può dire che è una storia fatta insieme con Dio. Ecco, questo è il motivo per il quale ha scritto *Sam-kuk-yu-sa* da *Il-yeon*. Nonostante la situazione del paese fosse difficile, non venne preso in prestito e introdotto il dio degli altri. Il dio di 'Benessere dell'uomo', fin dall'inizio della storia del paese, è stato sempre con il popolo coreano ed è stato sperimentato attraverso la sua vita.

Il dio in cui hanno creduto fin dall'antichità i Coreani e il Dio dei cristiani possono presentarsi come lo stesso Dio.[149] Se si riconosce che "*El*", padre di tutti gli dei, è uguale a "*Yahwe*", l'unico vero Dio degli Israeliti, non c'è ragione per cui non si possa dire che è anche uguale a *Hwan-in,* il quale ha inviato suo figlio insieme con gli altri dei all'uomo, per realizzare il benessere dell'uomo (*Hong-ik-in-kan*)".

Solo Dio è unico ed onnipotente ed esercita universalmente il suo potere. Egli è padrone di tutte le creature ed è universale. Non c'è ragione di interpretare diversamente il vero Dio *Yahwe* degli Israeliti e *Hwan-in* dei coreani, in cui da tanto tempo hanno creduto.

L'amore e la solidarietà di Dio verso l'uomo, manifestatesi nella storia dell'Antico Testamento, si riferivano all'uomo. A causa dell'amore verso l'uomo Dio è dovuto intervenire dal mondo celeste nel mondo terrestre; la verità di Gesù, il Figlio di Dio (Gv.1.1-14; Fil.2.6; Col.1.20; Eb.1.3), incarnato come uomo, è al centro della teologia cristiana.

L'incarnazione del Verbo (il Figlio di Dio) dimostra che Dio è presente e vicino all'uomo, dimostra cioè l'umanità di Dio. Il suo incarnazione è la salvezza dell'uomo (cfr. Lc. 19.10) e il rinnovamento dell'ordine della creazione.

E così, per la salvezza dell'uomo e il rinnovamento dell'ordine della creazione, il Figlio di Dio supporta il sacrificio; nella teologia cristiana si è sempre dissertato sia sull'incarnazione sia sul mistero della Croce.

---

149. Cfr. Botterweck G. J., Baal, in LthK I, pp.1162-1164; Haag H., Baal, in Haag H. (Hrsg.), Bibel Lexikon, Einsiedeln 1968, 157; Rendtorff R., El, Baal und Jahwe, in Zeitschrift fur die Alttestamentliche Wissenschaft 78(1966), 277-291.

Dunque, il benessere dell'uomo e l'idea umanitaria del cristianesimo si possono incontrare "nell'uomo" debole e fragile, perché, se grazie al Figlio di Dio l'uomo viene esaltato, cioè viene assurto a figlio adottivo di Dio (1Gv.2.28) e chiama Dio "padre"(Gal.4.6-7), così *Tan-kun*, il nipote di Dio, diviene l'antenato del popolo coreano, e i suoi discendenti, mettendosi allo stesso livello, diventano a loro volta tutti figli di Dio.

Il "diventare il figlio", nella nascita del paese, è un'esperienza precipuamente antropologica, che qualunque uomo può sperimentare e comprendere, perché anche se non tutti diventano padri, tutti sono figli. Dio universale, attraverso questa (principale e generale) "esperienza dell'uomo che diventa figlio", diventa egli stesso il padre di tutti. Ciò risulta esplicitamente nella preghiera "Padre nostro ...."(Mt.6.9ss) che i cristiani sogliono recitare.

1.2. *Kyung-chun-ae-in* / l'insegnamento

Come abbiamo già visto, "*Ha-nulim*/Dio" era la fonte che sosteneva la vita dei Coreani. Il credere Dio si sviluppa pian piano come idea di rispettare il cielo, e la cerimonia del cielo, nell'antico periodo della Corea, era legata all'essere Divino celeste, cioè Dio.

Il popolo coreano dell'antichità guardava al cielo e riconosceva che la propria esistenza proveniva dal cielo. Per la maggior parte dei popoli antichi era normale l'idea di sacralizzare il cielo e celebrarne il culto; in particolare il popolo coreano aveva nel cuore la spinta ad adorarlo e a credere in esso.

Secondo il libro di *Huhan*[150], nel *Bu-yae*[151] c'era una festa detta *Young-ko* durante la quale si celebrava il culto del cielo; si mangiava e si ballava per diversi giorni; nel *Ko-ku-rye*[152] si celebrava il culto del cielo, detto *Dong-maeong,* ogni mese di ottobre. Ugualmente *Ye* celebrava il culto del cielo detto *Mu-chun*, e *Ma-han*[153] dopo il raccolto di ottobre celebrava *Chun-kun*, culto del cielo.

Così, anche se i nomi sono diversi, i paesi dell'antica Corea avevano tutti l'usanza di adorare e santificare il cielo, celebrandone il culto. Questo significa adorare Dio che vive in cielo, e testimonia che la radice del popolo

---

150. È un libro sulla vita privata di 12 Re del post-*Han*, uno dei tanti paesi dell'antica Cina.
151. È un nome del paese dell'antica Corea. È una nazione costituito da un tribù la cui superficie si estendeva dalla Corea settentrionale fino al nord della Mongolia, intorno al periodo della nascita della Corea secondo la leggenda di Sam-kuk-yu-sa di Il-yeon 2333 A.C.. Invece storicamente nasce intorno al VII sec. A.C.
152. È un paese dell'antica Corea, il cui territorio si estendeva dalla Corea settentrionale al nord Est della Cina nel periodo intorno al 37 A.C.
153. È un paese sempre dell'antica Corea, il cui territorio copriva la parte centrale della Corea d'oggi e si divideva in 54 regioni, dal I sec. A.C. al III sec. D.C.

coreano sta nel cielo: qualsiasi questione che riguarda l'uomo proviene dal cielo. Questo culto del cielo, celebrato su scala nazionale, significa che, per i Coreani, la fede in Dio è generale e pubblica.

Attraverso la mitologia di *Tan-kun,* il popolo coreano dimostra di considerare il cielo come padre e la terra come madre, rivelando un legame intimo con la natura mediante il rispetto per l'orso, dio terrestre; presentando *Hwan-in* come padre di *Hwan-ung,* il popolo coreano mostra familiarità tra Dio e l'uomo, come tra padre e figlio.

Quindi, attraverso la celebrazione del cielo, l'uomo, purificando il suo cuore e concentrandosi nell'intimo dell'animo, incontra misticamente Dio padre. Questo incontro che stabilisce un rapporto verticale si espande verso un incontro orizzontale, il quale si manifesta con il rispetto reciproco, con la carità e mediante la santificazione; si collega, quindi, all'idea di amare gli uomini che rispettano Dio, trovando Dio nell'uomo stesso.

Quest'idea della mitologia si potrà accogliere e riproporre nell'amore verso Dio e verso il prossimo del Cristianesimo (Mt. 22,34-40; Mc. 12, 28-34; Lc. 10, 25-28), perché tutta la dottrina e l'insegnamento cristiano impongono la carità (*Catechismo Romano,* Prefazione 10). Essa è il centro: Dio, essere soprannaturale e amore per antonomasia, amando l'uomo ed inviando suo Figlio per liberarlo dal peccato/morte mediante il sacrificio della Croce, rinnova il rapporto con l'uomo. Dunque, l'idea di 'Rispetto del cielo ed amore per l'uomo(*Kyung-chun-ae-in*)' si riallaccia al concetto dell'insegnamento di Cristo, che è rispetto verso il Cielo e amore verso l'uomo.

Dall'antichità Dio è rispettato e celebrato nel culto dal popolo coreano: l'uomo ha un atteggiamento di ricerca di Dio e ascolta la sua voce intimamente; la voce del cuore è voce della coscienza ed al centro sono la "carità" e l' "azione".

L'insegnamento di Cristo pone al centro l'atteggiamento dell'uomo verso Dio e verso il prossimo; questi due insegnamenti, l'amore verso Dio e verso il prossimo, non si possono spiegare separatamente, anzi sono uniti profondamente (Can. 2069): "Infatti, chi non ama il proprio fratello che vede, non può amare Dio che non vede. E noi abbiamo da Cristo questo comandamento: chi ama Dio ami anche il proprio fratello"(I Gv. 4, 20-21).

Il figlio di Dio, che sa rispettare Dio, deve essere diverso in qualcosa dagli altri. Ecco perché la Parola raccomanda che s'abbia un cuore che possa amare persino i nemici (cfr. Mt. 5, 43-48; Lc. 6, 27-28). Inoltre, attraverso la Parola, che esorta "siate misericordiosi come Dio, vostro Padre, è misericordioso" (Lc. 6,36), viene chiamato l'uomo alla dignità o alla santificazione.

Ugualmente Sant'Agostino aveva rilevato che i Dieci Comandamenti erano suddivisi in due parti: nella prima, vi erano i precetti di amore verso Dio: nella seconda, i precetti di amore verso il prossimo (Es.32, 15) (Sant'Agostino, Sermones, 33, 2, 2: PL 38, 208). È esplicito il richiamo di Cristo: "Amerai il Signore Dio tuo con tutto il cuore, con tutta la tua anima, con tutta la tua mente. Questo è il più grande e il primo dei precetti. Il secondo è simile ad esso: Amerai il prossimo tuo come te stesso. Da questi due precetti dipende tutta la legge e i profeti"(Mt. 22, 37-40).

Bisogna ricordare, dunque, che l'atto della carità verso il prossimo non è un atto che si può fare o non fare secondo il proprio criterio: è un dovere per l'uomo sia che lo desideri sia che non lo desideri. Anche perché, per non amare in astratto Dio Padre e per rendere testimonianza a un essere clemente e misericordioso, bisogna saper condividere l'amore verso i genitori con i fratelli. Solo accettando gli altri come fratello e sorella si può chiamare Dio Padre. Veramente riconoscere e amare Dio è accettare gli altri e la loro debolezza e povertà come proprie. Questa è l'esperienza dei cristiani di provare amore verso Dio e verso il prossimo.

Dunque, l'idea di Dio/*Ha-nu-lim,* simboleggiato come luce, porta con sé un valore universale che mette in rapporto uomo e Dio, unendoli secondo la volontà di Dio e la visione della verità di 'Benessere dell'uomo' e di 'Rispetto del cielo ed amore per l'uomo'. Questo valore universale si attua ascoltando la voce della coscienza, la coscienza morale. Per questo motivo i cristiani devono proporre una nuova visione della società, diventandone il sale e la luce (Mt. 5, 13-16).

1.3. *Kwang-myung-ei-sae* / Realizzazione del Regno

L'oggetto della fede dei Coreani nell'antichità era dio-dio del cielo. Dio del cielo è stato sinteticamente simboleggiato come luce che illumina e chiamato "Splendore Eccellente (桓因)", "Eccellente come il Sole (解慕漱) oppure "Luce del cielo (天光)". Quindi la fede nel dio del cielo che illumina è un concetto religioso molto importante e il mondo che indica il 'Benessere dell'uomo' è il mondo della realtà, illuminato e governato dalla luce. Il dio del cielo, dio degli antichi coreani, è un dio della vita terrena, che protegge e aiuta l'uomo immerso nella realtà. Egli non è un dio che guida in un altro mondo, superando il mondo reale, oppure un Dio che promette la salvezza nell'aldilà.

Il luogo dove si realizza l'idea di 'Benessere dell'uomo' e di 'Rispetto del cielo ed amore per l'uomo' è "adesso, in questo luogo", in cui vive l'uomo, ed un'ideologia politica per realizzare tale idea è lo spirito di 'Illuminazione del mondo con la ragione (*Kwang-myung-ei-sae*)'. Fin dall'antichità la politica è un primo fondamentale ed è responsabilità del re. Il re illumina con la luce il mondo dell'uomo, che è pieno di buio.

Se entriamo nella mentalità religiosa coreana, l'incarnazione di Cristo si può spiegare facilmente con la presentazione al mondo dell'uomo *Ha-nu-lim*, che è sicuramente in quel cielo alto. La sua presenza non consiste nel vivere semplicemente con gli uomini, ma egli è presente nel mondo dell'uomo per realizzare la volontà di quel Cielo. È venuto in questa terra a causa dell'amore verso l'uomo, ma la sua volontà sta al cielo e il regno che egli vuole governare definitivamente ha come fonte la legge del cielo (Cfr. Gv. 17, 1-26). Il Regno del cielo annunziato da Cristo era Dio, luce che si incontra in questo mondo. Era un dio che il popolo coreano da tanto tempo ha accolto e rispettato, senza esserne consapevole.

Quindi, parlare di Dio, vuol dire parlare del Regno di Dio e il Regno di Dio è un luogo dove l'uomo ritorna con la propria dignità, figlio della luce in mezzo alla sua vita.

Per questo, riconoscendo esplicitamente il senso della parola di Dio nella vita dell'uomo e vivendo la vita come luogo dell'esperienza di Dio, il suo Regno si realizzerà. Il luogo di tale esperienza deve essere un posto dove si dimostrano "le opere di Dio"(Gv. 9,3) e dove si realizza la sua volontà – "Padre....non ciò che io voglio, ma quello che vuoi tu (Mc. 14, 36) -, vale a dire deve essere il luogo della libertà dalla logica del buio/male, in cui si supera persino il limite dell'uomo dalla morte alla risurrezione. Così Dio si rende presente all'uomo nella sua storia attraverso la realizzazione del Regno; in esso diventa, il vero padre dei figli della luce e da essi sarà adorato come il Re.

Dunque, chi illumina il mondo mediante la voce della ragione/coscienza e la voce di Cristo, che proclama il suo Regno, potrà realizzare oggi in questa terra il Regno di Dio, attraverso l'idea di 'Illuminazione del mondo con la ragione'.

2. Fondamenti della mentalità

La storia dello Sciamanesimo si può considerare una storia fatta insieme col Popolo. La gente che aveva cercato lo Sciamanesimo non era soltanto di un particolare livello sociale, ma era per la maggior parte del Popolo, superando ogni distinzione di ceto. Nello Sciamanesimo i partecipanti e i protagonisti erano il Popolo. E tutta la struttura del culto dello Sciamanesimo era concepita per coinvolgere il Popolo. Soprattutto alla gente che è in gravi difficoltà/*Han*, condizione inseparabile dalla vita, esso vuole proporre la soluzione del problema, con il suo carattere salvifico.

Lo Sciamanesimo voleva consolare il cuore della gente oppressa e soffocata dal *Han*, invocare il *Bok* ed aiutare a costituire una comunità piena di energia (*Sin-myung*), che diventasse un corpo e un'anima. In quest'aspetto dello Sciamanesimo si trova uno spirito pacifico e umano che proviene dall'equilibrio principale tra dio, uomo e natura, ed attraverso tale carattere si sollecitava ancora di più la vitalità della comunità.

Ugualmente si può considerare la continua forza della conciliazione di Dio con l'uomo mediante il suo amore manifestato al popolo d'Israele ed infine, l'aspetto dello scioglimento del *Han* /l'annuncio della Buona Novella di Dio che vuole sciogliere il *Han* del Popolo attraverso Cristo, suo Figlio. Vi si nota anche l'acquisto dello *Jae-su* come rifugio del Popolo e la storia della salvezza dell'uomo nel vento divino (*Sin-myung*).

In questo capitolo vorrei illustrare il messaggio evangelico sul *Han*, la voce oppressa del Popolo che geme per la stanchezza, l'indicazione del metodo cristiano sul *Jae-su*: attraverso essi si manifesta sempre l'intervento di Dio nella storia dell'uomo.

2.1. *Han*/Vangelo (al livello della Teologia di *Min-jung*)

Lo Sciamanesimo ha un carattere portato verso il popolo(*Min-jung*)[154] ed è detto la religione della "gente oppressa", poiché mette al centro il *Han* dal punto di vista della gente sofferente, in un'ottica concreta e reale. È una religione che ha vissuto insieme con la gente sofferente e isolata nella società, subendo varie persecuzioni tra le tante religioni che si praticavano in Corea

---

154. Se vogliamo trovare il concetto del *Min-jung*(popolo) nella Bibbia, possiamo considerare prima di tutto l'evento dell'Esodo dell'Antico Testamento. La realtà della vita dal Popolo si ritrova nella professione di fede del popolo Israele, che dice offrendo i nuovi frutti del suolo:

> "Mio padre era un arameo errante, discese in Egitto, vi abitò da forestiero con poca gente e vi divenne una nazione grande, forte e numerosa. Gli Egiziani ci maltrattarono, ci oppressero, ci imposero una dura schiavitù. Allora gridammo al Signore Dio dei nostri padri, ed egli ascoltò la nostra voce, vide la nostra miseria e la nostra oppressione e ci fece uscire dall'Egitto con mano forte, con braccio teso, con terrore grande, con segni e prodigi; ci condusse in questo luogo e ci diede questa terra, dove scorre latte e miele"(Dt. 26,5-10)

La situazione in cui si trovavano gli israeliti legati a questa professione era la seguente: 1. erano un popolo errante; 2. erano forestieri; 3. dapprima diventarono un popolo grande, ma poi un popolo oppresso e maltrattato; 4. sotto il potere d'Egitto gridavano e facevano una vita misera di duro lavoro.

Quindi, la gente che faceva professione di fede era del più basso livello sociale, era gente umiliata e rifiutata. L'evento dell'Esodo, attraverso l'intervento di Dio, Yawhe, nella loro vita di passione, era in poche parole la storia del Popolo del popolo Israele. A partire questa visione biblica dell'Esodo alcuni teologi coreani hanno cercato interpretare l'esperienza del Popolo.

La teologia del *Min-jung* consiste nel preparare un motivo di scioglimento del *Han* teologico dimostrato nella vita reale, concretamente adesso e qui, la coscienza della speranza nutrita dal Popolo che porta il *Han*. Essa prende come il suo soggetto la condizione della possibilità dello scioglimento completo dell'*Han*.

Lo Sciamano stesso è un membro del popolo, che subisce il *Han* e ne è posseduto, e vuole sciogliere il *Han* (rancore) degli altri, in particolare dei morti.

Il *Han* del Popolo si presenta espressamente nella religiosità Popolo, dove è pronto il luogo che lo possa sciogliere con la speranza escatologica. Ciò inizialmente è stato analizzato dai teologi del *Min-jung* che hanno studiato la religione del Popolo, la credenza dello Sciamanesimo o la mentalità di studio orientale (*Dong-hak*), mediante il ruolo sacerdotale, che scioglie il *Han* accumulato nel cuore del Popolo.

Il problema del Popolo è il problema del *Han*: "come l'uomo, se lo vediamo da fuori è corpo, mentre da dentro è spirito, così il Popolo se lo vediamo da fuori è Popolo, mentre da dentro è *Han*, come lo spirito: il problema del Popolo è il *Han*".

Dunque, nella tradizione storica del Popolo, la salvezza è incentrata sul problema del *Han* invece che sul peccato. Il peccato nella visione della tradizione coreana è un nome dato alle persone deboli da parte della gente potente e il *Han* è il linguaggio della gente oppressa che nasce dalla tristezza e dalla sofferenza. Il peccato è il linguaggio dei potenti e il *Han* è il linguaggio del Popolo; la teologia del *Han* è la salvezza del Popolo. Il compito della teologia del *Min-jung* sta nell'eliminare il *Han* del Popolo.

Come abbiamo visto nella prima parte, il *Han* dapprima è rancore (怨恨), lamento, sospiro oppure vendetta; poi la gente oppressa, aiutandosi reciprocamente, accetta e comprende la situazione in cui si trova, e il *Han* da cui viene anche l'affetto (情恨). Nella via della vita, fatta di difficoltà e sofferenze, ritrova a sua volta l'allegria e il gusto, con cui, adattandosi, arriva alla piena maturazione umana (願恨). Questo è il carattere trinitario del *Han* che si ritrova nella teologia del *Min-jung*.

Ma di solito noi trattiamo il *Han* come *Han* del rancore (怨恨). Questo è il *Han* che fa alzare nel mezzo della notte e fa sospirare.

Dunque, il *Han* è un concetto influenzato molto dalla giustizia sociale; mentre "la voce del Popolo oppresso grida al cielo", il Dio del *Han*[155] non soltanto fa sciogliere il *Han*, ma lo condivide e getta la base della nuova storia.

Invece, la causa della disgrazia reale dello Sciamanesimo è l'intervento malefico degli spiriti dell'al di là, che attraverso il *Kut* si può "placare",

---

155. Dio è Dio dell'*Han*. Era Dio del Popolo, invocato dal grido del sangue di Abele, dal cieco, dal sordo, dal muto, dallo zoppo e dalla gente che soffre a causa della lebbra. Esistono vite che muoiono, tanti sono derubati, maltrattati e isolati senza motivo, cioè ci sono molti diritti della vita da riacquistare. Tanti non hanno neanche la forza di gridare. Perciò Dio sta dalla loro parte: per questo rinnovamento del diritto alla vita Cristo era venuto, incarnandosi in mezzo alla loro vita e dando inizio ad una nuova storia.

"trovare conforto" o "rassegnazione", ma non si raggiunge il completo scioglimento del *Han*. Questo è il limite dello Sciamanesimo, il limite religioso con cui lo Sciamano aiuta a sciogliere il *Han* delle persone, ma non può garantire la loro salvezza. Vi è poi il limite degli dei dello Sciamanesimo che sono, per la maggior parte, gli spiriti divinizzati delle persone morte in maniera disgraziata. Infatti lo Sciamano fa da mediatore tra la gente oppressa e gli dei che sono morti nel rancore; egli è un mediatore che fa allontanare la sfortuna e porti il *Bok* per gli uomini vivi, ma non è un salvatore che veramente, sciogliendo il rancore, porta la conciliazione e la salvezza agli uomini.

Perciò il Vangelo del Cristianesimo riconosce e accetta il limite religioso profondo della credenza dello Sciamanesimo, basato sull'intima mentalità dei Coreani e annuncia che il *Han* che non si poteva sciogliere verrà sciolto attraverso la Buona Novella della Salvezza. Il Vangelo che ha portato Cristo, annunciando la venuta del Regno di Dio nell'uomo, sperimentando l'amore di Dio che perdona per primo, ci dà la forza di poter perdonare agli altri, diventando esseri generosi e liberi con la grazia trascendente.

Il Dio che sin dall'antichità è stato venerato dai Coreani, è lo stesso Dio che ha liberato l'uomo concretamente attraverso Cristo e lo ha rinnovato in dignità. Gesù rinnova l'uomo in modo integro facendo mangiare gli affamati, guarendo i malati, liberando il Popolo isolato e oppresso socialmente e facendo vedere la verità ai ciechi. Dio partecipa alla storia dell'umanizzazione.

Cristo ha riconosciuto la profonda sofferenza che stava nel grido della gente oppressa, di bassa posizione sociale, e della gente considerata feccia, cacciata da questo mondo; egli ha compreso il significato del loro grido. Ha compreso anche che non si può chiudere loro la bocca, che grida per il *Han*. Perciò egli ha previsto che "grideranno le pietre" (Lc. 19,40) se si fa chiudere la loro bocca e si legano di nuovo il loro corpo e la loro anima.

Dunque, il soggetto della salvezza teologica del *Min-jung* della Corea è comprendere la voce del *Han*, sentimento principale del Popolo, per individuare la causa di quella voce oppressa e placarla, eliminandolo. Vale a dire il fine della missione deve essere liberare il Popolo dal *Han*. Quindi, eliminare il *Han* completamente e assolutamente è il supremo bene per il Popolo della Corea.

Questa vocazione missionaria era la missione di Cristo.

"Apri la bocca tua, giudica con giustizia, rendi giustizia all'infelice e
al povero!"(Pro. 31,9)

> "Lo Spirito del Signore è sopra di me,
> per questo mi ha consacrato e
> mi ha inviato a portare ai poveri il lieto annuncio,
> ad annunziare ai prigionieri la liberazione e
> il dono della vista ai ciechi;
> per liberare coloro che sono oppressi,
> e inaugurare l'anno di grazia del Signore"(Lc. 4,18-19).

> "Venite a me, voi tutti che siete affaticati e stanchi, e io vi darò sollievo ..... poiché il mio giogo è soave e leggero è il mio peso!"(Mt. 11, 28-30).

2.2. *Jae-su* / Sacramento

Percorrendo la strada della vita ci si imbatte inevitabilmente nei riti di passaggio. L'uomo nasce, crescendo diventa adulto, celebra il matrimonio e, quando arriva il momento previsto, abbandona il mondo. Su questa strada della vita s'imbatte spesso in situazioni scomode ed è costretto a subirle. Per questo l'uomo vuole naturalmente evitare la sfortuna e desidera le cose buone e la fortuna.

Lo scopo dello Sciamanesimo è avere il *Bok*. Ciò che si desidera mediante il *Kut* è avere nella vita abbondanza e comodità. Per mezzo del *Kut*, funzione sacramentale del culto comune, si vuole acquistare la totale garanzia della sicurezza (*Jae-su*) della vita nel mondo pieno di discordia, sofferenza, povertà e dolore. Perciò, nei riti di passaggio importanti della vita, si desiderava il *Kut* per acquistare il *Bok*. Questo è il motivo per cui si celebra *Kut* di *Jae-su*.

Il concetto di *Jae-su*, che noi troviamo in questo capitolo, come abbiamo visto nella prima parte, abbraccia i significati di sicurezza, protezione e sopravvivenza: concetto che, nella fede dello Sciamanesimo, si può considerare come lo "*Shalom*" ebraico, che reca il senso della salvezza integra mandata dall'essere soprannaturale. Avendo "fortuna del *Kut*" si acquista "*Jae-su*" completezza e piena salvezza.

L'animo che desidera il *Bok* vuole soprattutto acquistare il *Jae-su*, che porta la ricchezza dei beni per mangiare e vivere a lungo in salute, senza malattie; questo non sarà soltanto il desiderio dello Sciamanesimo, ma sarà la base di ogni religione, insieme alla questione esistenziale dell'uomo.

Anche la benedizione di Dio nell'Antico Testamento non è affatto differente da quel concetto del *Bok* desiderato sempre dai Coreani.

> "Servirete il Signore, vostro Dio: egli benedirà il tuo pane e la tua acqua e allontanerà la malattia da te ..... Colmerò il numero dei tuoi giorni"(Es. 23,25-26).

Questi esempi si possono trovare facilmente nell'Antico Testamento (cfr. Pro. 1, 2. 8. 10. 14; 32; Dt. 5,16. 28,4-5. 28,11-12; Sal. 21,3-4, ...) e sarà uguale la disposizione interiore della gente che chiedeva la benedizione dei bambini da parte di Cristo (cfr. Mt. 19,13-15; Mc. 10,13-16; Lc. 18,15-17). I Sacramenti che la Chiesa celebra nei momenti importanti della vita mirano a far acquistare la grazia di Dio nell'esistenza concreta dell'uomo.

"*Jae-su*" oppure "*Bok*" non è ricevere da solo, ma condividere. Nello Sciamanesimo, quando finisce il culto, si condivide generosamente fra tutti i partecipanti il cibo che è stato messo sull'altare, insieme con la buona salute. Condividere il cibo dell'altare (cibo divino) è condividere il *Bok* e il favore divino.

Quest'atto si può ritrovare nell'Antico Testamento:

> "L'arca del Signore fu introdotta e messa al suo posto in mezzo alla tenda che Davide aveva eretto per essa. Poi Davide offrì olocausti e sacrifici davanti al Signore. Terminato di Offrire l'olocausto e i sacrifici, Davide benedisse il popolo nel nome del Signore degli eserciti. Poi distribuì a tutto il popolo, a tutta la moltitudine d'Israele, uomini e donne, una focaccia di pane, un pezzo di carne, un pugno di uva passa. E tutto il popolo se ne ritornò, ognuno a casa sua"(2 Sam.6, 17-20)

Inoltre ciò si manifesta chiaramente nel Sacramento dell'Eucaristia, centro della vita dei cristiani. A proposito di quest'argomento verrà paragonato *Kut* e Messa in modo più approfondito nel successivo capitolo.

Quanto segue si riferisce al *Kut* di guarigione come atto proprio sacramentale. Il *Kut* di guarigione rafforza il rito di risanamento. Questo rito di risanamento utilizza la parola e la simbologia come nel sacramento degli infermi della Chiesa; i partecipanti al *Kut* considerano l'atto rituale del *Kut* come attività divina, così come i cristiani considerano il sacramento dell'unzione un atto di Cristo. I cristiani in visita ad un malato durante la celebrazione, pregano Dio per la guarigione fisica e il perdono dei peccati; il sacerdote amministra il sacramento, utilizzando un linguaggio simbolico e l'olio normale. Anche lo Sciamano invita i suoi clienti a pregare per la guarigione del corpo e dell'anima del malato, ma non induce a pregare per il perdono del peccato, perché la causa della malattia nello Sciamanesimo sta nella rottura dell'equilibrio. Il Sacramento è la conciliazione con Dio, con il prossimo e con se stessi ed attraverso di esso si vive nella grazia di Dio. Similmente nello Sciamanesimo, che attraverso il *Kut* fa ritornare alla vita propria, si rinnova l'equilibrio spezzato.

Così pure il sacramento del matrimonio è un importante rito del passaggio della vita. In caso che uno muoia senza sposarsi, lo spirito del defunto diventa un essere maligno che danneggia i suoi parenti vivi. Perciò se una persona muore prima del matrimonio in età matura, la famiglia del defunto celebra il matrimonio post-mortem al fine di consentire al defunto di entrare bene nel mondo dell'aldilà, ed evitare che lo spirito maligno possa far loro del male. Questa celebrazione si attua non per risolvere semplicemente il fatto dell'unione sessuale che non è mai avvenuta, ma per rilevare l'importanza del rito stesso. Sarà molto diverso nel Cristianesimo, che non riconosce il matrimonio dopo la morte; ma, considerando che il rito del passaggio è inevitabile e si prega per la benedizione dei partecipanti e degli dei, non sembra poi tanto strano il fatto che si chieda il sacramento del matrimonio all'inizio di una vita nuova con la benedizione di Dio e di tanti parenti. Attraverso il rito si annuncia pubblicamente il matrimonio e si riceve la benedizione da parte dei partecipanti. Così si entra nel mondo dell'aldilà e si diventa uno degli dei antenati, proteggendo la famiglia che è ancora in vita.

Il matrimonio nello Sciamanesimo non è soltanto un incontro o un'unione di un uomo e di una donna, ma comprende l'unione di due intere famiglie. Perciò inizialmente è importante l'opinione delle famiglie e non quelle dei candidati. Per questo è difficile considerare l'amore o l'incontro dei candidati prima del matrimonio. La visione del matrimonio è molto passiva. Quando arriva l'età matura i genitori alzano i capelli dei loro figli.[156]

Ma una volta legati con il vincolo del matrimonio, i due giovani accettano la realtà come una comunità per tutta la vita (*totius vitae consortium constituunt*) (Can. 1055 § 1). Questo fatto non è diverso dalla visione del matrimonio che vediamo nell'Antico Testamento[157].

Il rito del matrimonio dello Sciamanesimo è leggermente diverso da paese a paese, ma in linea generale è simile. Si prepara l'altare grande in mezzo al campo con tanto cibo; i candidati ricevono la benedizione da parte dei partecipanti e alla cerimonia presiede una persona che vive felicemente nel matrimonio, rispettata da tutti. La parola che ci si scambia nel rito del matrimonio è benedizione, augurio e buona parola per la crescita della generazione; è simile alla benedizione, alla preghiera e all'azione del sacerdote durante la funzione del sacramento del matrimonio nel Cristianesimo.

Il pensiero di accettare il proprio compagno come provvidenza o come regalo di Dio e l'indissolubilità del matrimonio del Cristianesimo (Can.

---

156. Intendi: dopo il matrimonio, i due coniugi, devono tenere per tutta la vita i capelli legati: l'uomo, deve legare i capelli in una cipolla nella parte alta della testa; la donna, invece deve alzare i capelli e tenerli fermi con un bastoncino detto Bi-nye. Perciò fare alzare i capelli significa far sposare i loro figli.
157. Si veda Gn 24, 29: Tb 7-8: Rt 4,11-12. Secondo queste tradizioni dell'Antico Testamento la scelta della sposa per il figlio era effettuata dal padre, o in assenza dalla madre.

1056), si possono trovare anche nello Sciamanesimo. Ma bisogna rilevare che lo Sciamanesimo permette il matrimonio diverse volte ed è valido per tutte.

Inoltre, nello Sciamanesimo si considera importante il fatto di generare la prole. Questa mentalità parte dal pensiero che la generazione deve essere proseguita. È una delle parti molto realistiche dello Sciamanesimo, che noi dobbiamo riconoscere. Quando uno non riesce a generare figli, cerca in qualsiasi modo di proseguire la generazione, senza considerare solo l'amore coniugale.

Anche la morte ha un ruolo importante come in ogni religione. Nello Sciamanesimo il rito per i defunti si celebra solennemente per mandare bene l'anima del defunto nel mondo dell'aldilà, soprattutto se è morto in disgrazia.[158] Questo rito si chiama *Sa-ryung*, rito funebre. E tale rito funebre, viene celebrato subito dopo la morte; il giorno del funerale (dopo 3 o 4 giorni dalla morte); dopo 3 giorni dal funerale; dopo 49 giorni dalla morte, ed infine nel giorno del terzo anniversario della morte. Oggi si celebra soltanto una volta, scegliendo uno di questi giorni. Questa celebrazione si trova anche nel Cristianesimo in Corea.[159] Il rito funebre, sciogliendo il *Han* del defunto, aiuta a liberarlo dallo stato di oppresso e ad entrare nel mondo dell'aldilà; per i vivi, invece, è un risanamento dalla ferita della perdita sociale e familiare causata dalla morte ed è un aiuto a ritornare presto a vita normale. Per questo il rito funebre ha un procedimento complicato e contiene molti elementi sentimentali dell'uomo rispetto alla celebrazione del Cristianesimo. Se osserviamo bene il corso di preparazione e lo svolgimento della funzione troviamo pur anche molti elementi simili.[160] Quindi, nello

---

158. Come abbiamo già visto nella prima parte, il culto degli antenati del Confucianesimo tende ad evitare la persona morta disgraziatamente o l'anima del defunto che è morto senza figli. Invece nello Sciamanesimo si considera l'importanza della morte in disgrazia e vuole accettare tale spirito come sua parte. Il rito di *Sa-ryung* è legato con la morte problematica. La morte problematica attira sfortuna nella famiglia e l'anima del defunto non rientra nel mondo degli antenati. Il rito di *Sa-ryung* indica ai defunti la via dell'aldilà prestando la forza dello spirito degli dei. Attraverso questo rito il defunto si eleva al livello degli dei antenati e riceve il culto dalla sua generazione per sempre.
159. Nella Chiesa Cattolica in Corea si celebra la Messa per il defunto nel giorno di funerale (3 o 4 giorni dopo la morte), nel terzo giorno dopo funerale, dopo 49 giorni, 100 giorni, un'anno e nel terzo anniversario della morte.
160. Paragoniamo il rito di Sa-ryung, detto *Sa-ryung Kut* con la Messa funebre del Cristianesimo che è molto simile. Il *Sa-ryung Kut* è formato in una serie di parti (18 parti) in cui lo Sciamano richiama l'anima del defunto e la fa incontrare con i vivi ed infine la rimanda nel mondo dell'aldilà. Come preparazione del rito accoglie dio e per rispetto del defunto purifica l'impurità. È come il rito della penitenza. E inizia con il ballo di Sciamano con strumento musicale. Così lo Sciamano richiama il dio che egli venera. Come il rito del Cristianesimo che inizia in nome di Dio con i Salmi o il canto dell'ingresso. E il rito realizzato attraverso *Kong-su* (parola di dio formata sulla bocca dello Sciamano) è simile alla Liturgia della Parola del Cristianesimo. Mediante questo rito si ascolta la parola di dio e ciò che il defunto non ha potuto dire. In seguito come segno del giuramento e del ringraziamento dei vivi accoglie bene dio e defunto. L'altare

Sciamanesimo si trova, ugualmente come nel Cristianesimo, un ruolo importante del rito della morte che vuole portare all'equilibrio tra il defunto e i vivi e conservare la vita reale e lo stato della grazia.

Gli altri sacramenti che si celebrano nel Cristianesimo durante il passaggio della vita sono i segni della grazia e della sicurezza e garanzia in Dio, al quale l'uomo offre lode e preghiera. I cristiani ricevono "ogni sorta di benedizione spirituale" (Ef.1,3) da Dio Padre in Cristo. Perciò la Chiesa, facendo il segno della croce, condivide la benedizione in nome di Cristo (CCC 1671).

Ciò che nel Cristianesimo si intende con l'espressione "Grazia e Benedizione", secondo l'uso biblico, è reso, nel linguaggio sciamanistico con l'espressione "*Jae-su*". Il "*Jae-su*" propone l'acquisto di un futuro migliore nei riti di passaggio della vita, e perciò costituisce un buon fondamento per l'acquisto di un futuro migliore mediante il "sacramento" del Cristianesimo. Questo vale non soltanto per i sette sacramenti, ma ugualmente vale anche per i sacramentali a cui si riferisce il Concilio Vaticano II: "Così la liturgia dei sacramenti e dei sacramentali offre ai fedeli ben disposti la possibilità di santificare quasi tutti gli avvenimenti della vita per mezzo della grazia divina, che fluisce dal mistero pasquale della passione, morte e risurrezione di Cristo; mistero dal quale derivano la loro efficacia tutti i sacramenti e i sacramentali"(*SC* 61).

2.3. *Sin-myung* / Pneumatologia

Sin-myung è un sentimento di follia, che esplode e con vampate scioglie tutto e si sparge. È fuoco ed anche vento di pioggia, è vortice e cascata; è quella forza che esplode e scoppia. Quella forza da dove viene? La collina sta accanto alla valle della tristezza e dell'amarezza, dell'oppressione e della pesantezza; su quella collina trabocca il raggio di sole come il mare del *Han*, c'è la frenesia e l'agitazione che dà un colpo di svolta con il ritmo *Haei-mo-*

---

che nel rito sciamanistico è stato preparato con denaro e cibo è simile a quello dell'offertorio nel rito cristiano. E condividendo il cibo divino che stava sull'altare con tutta la gente, il rito arriva al culmine. possiamo dire che sarà uguale a quello della comunione. Ed infine c'è il saluto congedo tra il defunto e la famiglia viva. Il defunto affida le cose che non è riuscito realizzare in questo mondo e quando dice che ora deve partire nel mondo dell'aldilà il campo del *Kut* diventa un luogo di lacrime. Poi, con la consolazione della famiglia che ha mandato bene l'anima del defunto nel mondo dell'aldilà, il campo del *Kut* cambia di nuovo in un luogo di gioia. Così, la morte, uno dei riti del passaggio della vita che è difficile di accettare diventa nuovamente un luogo della gioia. Pure questo sarà uguale con il contenuto della preghiera del congedo che si realizza dopo la comunione nella Chiesa cristiana. L'anima del defunto non è più un povero, ma già è diventato un dio dell'antenato che aiuta la famiglia. Ecco, qui c'è lo scopo del *Sa-ryung Kut*. Cioè il *Sa-ryung Kut* ha lo scopo la famiglia che era squilibrata a causa della morte e di equilibrare ristabilimento il rapporto nuovo e armonioso tra i vivi e i morti. Questo ristabilimento che nello Sciamanesimo consiste nel pieno godimento del *Bok* e nel vivere una vita felice, nel Cristianesimo consiste nel vivere una vita da risorti.

ri,[161] gridando *Gi-wha-ja*[162] alla melodia del *Nil-li-ri*[163]. I Coreani lo chiamano "*Sin-myung*" oppure "*Sin-ba-ram* (vento divino)", cioè ilarità/vento dello spirito divino. È un'esperienza misteriosa che unisce dio con l'uomo, è uno stato dello spirito. È un'ilarità di cui gode lo Sciamano durante il *Kut*. Tutte le parole che escono dalla bocca dello Sciamano posseduto durante il *Kut* sono la parola divina, cioè messaggio divino e di rivelazione; perciò egli manifesta un'autorità carismatica davanti alla gente. In quel momento, egli diventa un dio, un profeta, un narratore facondo, un bravo acrobata, poeta retorico che narra la storia degli dei ed è un ballerino che si muove con il linguaggio divino. Questi sono i caratteri naturali del *Sin-myung* di cui gode lo Sciamano, vale a dire l'intelligenza (知) , l'affetto (精) e l'energia (氣), che si amalgamano in uno.

Nel campo del *Kut*, attraverso il *Sin-myung*, l'esperienza della capacità divina si trasmette dallo Sciamano agli spettatori. Tutte le persone che stanno intorno al campo del *Kut* sono inondate dal vento divino, che viene attraverso lo Sciamano, cioè il vento divino collettivizzato. Esso ha una funzione purificante. Inoltre, in questo momento di esplosione si dà sfogo all'oppressione sociale, al nodo fisico e psicologico ...

Si tratta di un luogo sacro, pieno di "vento divino", tipico coreano, in cui si uniscono e si armonizzano il canto, il concerto degli strumenti musicali, le decorazioni fatte con la carta a colori e il ballo dinamico, così come Davide e tutta la casa d'Israele facevano festa alla presenza del Signore con tutte le loro forze, cantando accompagnati da cetre, arpe, tamburi, sistri e cembali (2Sam. 6, 4-5: 1 Cro. 13,8)...

Il soggetto del ballo e del canto nel *Kut* è quindi il *Sin-myung*. Senza il *Sin-myung* non si può né ballare né cantare. Tutta la forza del Popolo è nel *Sin-myung*. Quindi non solo la festa o il *Kut* lo dimostrano, ma anche l'azione comunitaria – *Kae, Dure, Nong-ak, Tal-chum*, ecc.

Il *Sin-myung* è iniziato nel *Kut* e, trasmettendosi nella vita reale del Popolo, elimina l'oppressione a livello personale e collettivo; attraverso la sfida e la conquista, nell'espressione religiosa collettiva si aspira alla conciliazione e alla libertà; vale a dire, attraverso il ritorno principale – l'Estasi – si è dimostrato come si guidi la volontà del Popolo, rimuovendo il sentimento di oppressione e alimentando la speranza nel futuro. Quindi, il *Sin-myung* è un sentimento che guida l'attività creativa e la "libertà", ed è sperimentato nella vita piena di dolore.

---

161. È un ritmo molto forte e veloce: simile alle onde del mare in tempesta.
162. È una parola allegra che stimola a seguire il ritmo del ballo, come Bene! È molto bene!!.
163. È una melodia dolce e allegra che facilita il ballo; una delle melodie tipiche più diffuse nel canto tradizionale.

Nell'attività del "*Sin-myung*" possiamo riconoscere l'opera dello Spirito Santo, che nella vita dei cristiani "soffia dove vuole (Gv. 3, 8)" verso la speranza e la libertà.

Lo Spirito Santo nella Bibbia è definito con la parola *Ruah*, *Pneuma* o *Spiritus*, che significa vento, sospiro e soffio. Questi sono segni della presenza di Dio, *Yawhe* (Gen. 3, 8) e sono l'energia creativa di Dio (Gen. 1,2; Sal. 33,6), nonché un mezzo della capacità di Dio (2Sam. 22,16; Nu. 11,31), che porta con sé una forza che vince ogni sfida per realizzare la giustizia di Dio (Es. 15,10; Is. 30,27-28; Gb. 4,9; Os. 13,15; Ger. 13,24). L'intervento di Dio, improvviso e istantaneo nella storia d'Israele, si considera opera dello Spirito di *Yawhe*. Inoltre lo Spirito di *Yawhe* talvolta scese sui profeti per parlare di cose importanti (Nu. 11,17. 24,2; 1 Re 12,18; 2 Re 24,21).

Lo Spirito Santo, citato nel Nuovo Testamento, ha un ruolo di mediazione nel rapporto tra il Padre e Cristo; cioè la presenza di Gesù Cristo sta nell'attività dello Spirito Santo. Attraverso l'energia (la potenza) di Dio, che si espande in tutta la storia con Cristo presente concretamente in tale storia, lo Spirito Santo ha cominciato ad entrare nella coscienza dell'uomo.

Se si interpreta questo Spirito Santo in un'ottica orientale si può parlare di energia (forza operativa), perché si rimanda al significato di forza, di sospiro oppure di vento, e non perché si ha un significato opposto a quello di "materia". Allora qual è la differenza tra l'energia di Dio e di Cristo e quella dell'uomo? Lo *Pneuma*/Spirito Santo di Dio si espande in ogni settore senza esclusione: nella natura, nella storia e dovunque l'uomo si trova. Quando l'uomo riconosce Dio come Creatore e dice che è pieno dello Spirito Santo, finalmente riconosce l'onnipotenza di Dio, perché Dio si rivela in modo imprevedibile all'uomo (Rm. 8).

Lo Spirito Santo, come forza che realizza la parola di Dio rivelata attraverso Cristo, comincia ad entrare nella vita dei cristiani:

> "D'improvviso vi fu dal cielo un rumore, come all'irrompere di un vento impetuoso, che riempì tutta la casa in cui si trovavano. Apparvero ad essi delle lingue come di fuoco che si dividevano e che andarono a posarsi su ciascuno di essi. Tutti furono riempiti di Spirito Santo e cominciarono a parlare in altre lingue, secondo che lo Spirito dava ad essi il potere di esprimersi (At. 2,1-4)".

La differenza delle lingue è un ostacolo tra gli uomini. Abbattendo questo ostacolo i discepoli di Cristo annunciarono la salvezza/libertà dell'uomo, circondato dallo Spirito/*Sin-myung* di Dio; il *Pneuma* che libera l'uomo dalla legge e porta la salvezza è lo Spirito Santo (2Cor. 3,6-9). Lo Spirito Santo viene legato profondamente al concetto di libertà/liberazione, vale a dire: lo Spirito Santo è *Pneuma* di Dio, che libera l'uomo da ogni cosa.

La discesa dello Spirito, superando il limite della capacità dell'uomo, rispecchia la vera situazione della vita del Popolo; il *Sin-myung* è inteso "come teoria centrale, che vuole guidare le idee e dare anche una direzione politica all'esistenza, per realizzare la libertà del Popolo", "come scioglimento collettivo"e "come luogo dove si dimostra totalmente, sperando e realizzando il desiderio comune".

3. Fondamenti rituali

La particolarità del rito dello Sciamanesimo sta nel fatto che la gente stessa lo sperimenta partecipandovi, anche se senza nessuna spiegazione o informazione. Attraverso quell'esperienza tutti abbracciano la religione, anche se non ne conoscono la dottrina. Nel rito si armonizzano e realizzano i suoni come linguaggio fisico, in particolare, come si è mostrato bene nel culto degli antenati, il canto e la parola, che sono una caratteristica speciale del rito orientale. Qui coesistono due caratteri, come il culto e la festa. Gli spiriti personificati dei defunti, che sono invitati nel *Kut,* in alcuni casi sono considerati come dèi sublimi; ma, per la maggior parte, si tratta degli antenati che sono morti in disgrazia. Ciò dimostra l'importanza del culto degli antenati. Il dialogo tra dio e l'uomo nel *Kut* richiama alla mente la liturgia del Cristianesimo. La liturgia della parola si ritrova nel canto dello Sciamanesimo, narrazione, scioglimento centrale, parola divina, parola virtuosa/canto del salmo, omelia, lettura della parola, lettura del Vangelo, benedizione, congedo ..., mentre l'eucaristia si ritrova nell'altra parte del *Kut,* preparata con abbondanza.

Il mondo sensibile, espresso dal rito, è un segno di riconoscimento del mondo spirituale, una presenza degli dei che hanno risposto all'intenzione dell'uomo, al desiderio di equilibrio ed è una manifestazione di Dio Salvatore, ed anche un rinnovamento del rapporto tra Dio e l'uomo attraverso lo Sciamano, mediatore, come l'attività di Dio nel rapporto con l'uomo mediata attraverso Cristo.

I fedeli che prendono parte al *Kut* ed alla Messa non sono spettatori, essi vi partecipano. Partecipando coscientemente, rispettosamente e praticamente, con questa celebrazione sacra allontanano il *Han* (SC 47-48) e riacquistano l'equilibrio; ritrovano la pace nella loro vita e colgono un'occasione di conciliazione, comunione e servizio universale nella fraternità.

3.1. Devozione / Preghiera

La devozione è una delle preghiere personali che celebra con tutto il cuore lo Sciamano da solo oppure con alcuni fedeli, preparando una tavola piccola per il compimento di un certo desiderio. Qui si considera l'importanza del "fare con tutto il cuore"; allontanandosi da ogni maleficio, si vuole cercare una soluzione al problema presente mostrando il cuore dell'uomo agli dei. La devozione è come una "richiesta" in forma minore, con la quale si comunica il desiderio dell'uomo agli dei ed è un atto di preghiera preparato con l'acqua santa in casa propria, in casa del *Kut* oppure in certi luoghi sacri.

Questo culto non veniva celebrato soltanto dallo Sciamano, ma una volta da tutte le madri della Corea, che, in qualità di Sciamano di casa, celebravano o pregavano spesso per la sicurezza e per la soluzione dei problemi della famiglia.

Se intendiamo il *Kut* come "una preghiera fatta nell'atto", la devozione si può considerare un'espressione della sete dell'uomo, che anela a qualcosa di soprannaturale, presente misteriosamente nel cuore di ognuno. Per questa ragione è possibile paragonarlo alla preghiera del Cristianesimo. Gli atti religiosi esprimono a parole e in azioni il rispetto di Dio; essi, riconoscendo i propri limiti, si sono perpetuati fin dall'inizio della storia dell'uomo; perciò la preghiera è stata elevata ovunque vive l'uomo. Questo indica che non solo i cristiani, ma anche i non cristiani pregano. Se la preghiera è il centro della vita religiosa dell'uomo e un mezzo di comunicazione reciproca tra uomo e Dio, il dialogo diretto con Dio è la sua funzione. La forma della preghiera del Cristianesimo è varia: c'è la preghiera personale, collettiva, libera, istantanea, organizzata, ritualizzata, liturgica. Per esempio, la preghiera del Padre Nostro, la benedizione d'Abramo e di Giacobbe ... sono preghiere ormai ritualizzate nel Cristianesimo e nel Giudaismo.

Invece la preghiera/devozione fatta nello Sciamanesimo, per la maggior parte appartiene alla preghiera personale e libera, fatta a mo' di dialogo personale con dio; il concetto di preghiera si riallaccia alla volontà propria, non come avviene nel Cristianesimo, che chiede innanzitutto il compimento della volontà di Dio (Mt. 26,40). Ma, se pensiamo alla preghiera della supplica fatta ammettendo la debolezza dell'uomo, si riconosce il senso della devozione con cui si guarda all'assoluto in circostanze-limite dell'uomo, senza nessuna differenza nel contenuto.

La preghiera fatta dalle madri coreane in piena notte, nel loro giardino, non è diversa dall'atteggiamento in ginocchio davanti all'Eucaristia della comunità della campagna o in parrocchia, al freddo del mattino. Per i Coreani non esiste pregare "affinché si compia la volontà di Dio", concetto sublime; ma soltanto chiedere a Dio onnipotente la rimozione del *Han* accumulato nel loro cuore e della sofferenza reale.

3.2. Attenzione! / Astinenza, Digiuno

Per attenzione qui si intende il controllo sia della parola sia dell'azione, il riferimento a un determinato scopo che può essere anche sacro. In questo senso attenzione equivale al tabù.

Le "cose da non fare" indicano la rinuncia a certe azioni, lasciando momentaneamente le cose banali e profane.

Nello Sciamanesimo, per proibire l'entrata della gente nel luogo sacro di culto, si mette della terra gialla e un filo di paglia, con cui si divide la sacralità propria del luogo dalle cose profane. Per esempio, l'orario in cui si fa il *Kut* non è un orario qualsiasi, ma è di notte: la maggior parte del *Kut* si celebra di notte. Anche il rito semplice di devozione e il *Bison* (*Binari*), di solito, si celebrano di notte. Quando decide il giorno di tale celebrazione, il padrone mette un filo di paglia un giorno prima oppure tre giorni prima, e il filo usato in tal caso è intrecciato dalla sinistra e non dalla destra, come di solito si usa. La terra che si mette in quel luogo deve essere di colore giallo tendente al rosso, non calpestata. Il richiedente non può mangiare tutto quello che vuole, ma deve eliminare certe cose e deve limitare la parola e l'azione e, se è sposato, deve stare lontano dalla moglie.

Egli si purifica seriamente e cerca di stare lontano dall'iniquità, mangia con molta attenzione; gli è proibito di parlare e di comportarsi in un certo modo; egli interrompe la vita normale. Ciò è parte del dialogo con Dio, poiché un'azione umana e sincera dà gioia a Dio ed esprime il suo desiderio.

Questa attenzione, che si ritrova nello Sciamanesimo, si presenta anche nella storia del Cristianesimo; si pensi all'astinenza e al digiuno. Il digiuno fatto nell'Antico Testamento era un segno di penitenza(1Sam 7,6; Ne. 9,1-3; Ger. 14,1.2; Gl. 1,14; 2,15-17; Gio. 3,8), ed in caso di necessità veniva fatto con la supplica unita alla preghiera(2Sa. 12,16-23; Gdc. 20,26; 1Sam 14,24; 1Re 21,9; Esd. 8,21-23; Ger. 14,12; 36,6.9.; Gio. 3,5-10); vedi il passo del Levitico, dove si enumerano le cose da fare e da non fare per un incontro sacro con Dio. Anche Mosé e Daniele avevano fatto il digiuno per prepararsi a ricevere la rivelazione di Dio(Es. 34,28; Dt. 9,9; Dn. 9,3. 10,2). Anche Gesù Cristo aveva digiunato per 40 giorni prima di iniziare la vita pubblica, così come Mosé aveva fatto per 40 giorni sul monte Sinai (Es. 34, 28).

Nel periodo apostolico, il digiuno ha dimostrato come l'azione fatta insieme alla preghiera è un evento importante(At. 13,2-3. 14,23). Esso ha come scopo di avere uno stretto rapporto di comunione con Dio, controllando il corpo purificato, obbedendo per mezzo del digiuno e del tabù.

Esso significa non pensare a nessun altro fuorché a Dio(Tb. 12,8; Gdc. 20,26; Sal. 34,13); è l'espressione visibile per chiedere il perdono e la misericordia(Gl. 1,14. 2,17; Gdt. 4,13); è il segno della carità per il prossimo(Est. 4,16; Sal. 34,13; Didache 1,3), l'esercizio di essa e la realizzazione della carità spirituale e materiale fatta in preparazione di un'opera difficile(Mt. 4,2; At. 14,23; Es. 34,28; 1Re 19,8; Dn. 9,3.27; 10,12).

Varie forme di attenzione, dall'astinenza al digiuno, si trovano generalmente in quasi tutte le religioni; dal punto di vista cristiano la loro spiritualità fondamentale non è diversa da quella degli altri (si può perdere la percezione delle profonde differenze esistenti tra culture e religioni).

Per questo, le forme di attenzione e di astinenza, fatte senza un ordine e una regola fissa nello Sciamanesimo, ci danno la possibilità di imparare specificamente il loro senso e il modo di praticarle mediante la Sacra Scrittura dell'Antico e Nuovo Testamento.

3.3. *Kut* / Riti liturgici

Se la devozione è un'azione personale che crea comunione e unità con l'Essere soprannaturale, il *Kut* è un'azione rituale comune che esplode per ottenere lo scioglimento assoluto del *Han* e la liberazione completa da esso.

L'equilibrio rotto tra dio e l'uomo, tra uomo e natura, si riacquista per mezzo del *Kut*. Il *Kut* è un culto; cibando e consolando lo spirito e gli dèi avversi si vuole rinnovare l'equilibrio; con il processo della conciliazione si vuole cioè eliminare il *Han*. Soprattutto nel *Kut* per il defunto si fa parlare l'oppresso, evocando lo spirito per sopprimere il *Han* (rancore) del defunto. Il parlare ha una funzione di rimozione del *Han,* il parlare, cioè, ha un effetto superiore, che guida nell'aldilà lo spirito del defunto morto con rancore.

Così si riacquista l'equilibrio tra gli uomini o tra l'uomo e gli dèi, e dall'uomo vecchio rinasce l'uomo nuovo. Questo processo si determina mediante il pasto comune (*Um-bok*), che ha valore simbolico.

Considerando che l'Eucaristia si articola in tre processi, si ritrova una similitudine strutturale con il *Kut*: primo, *Metanoia,* conversione verso la penitenza e la salvezza, fondamentale in ogni circostanza non salvifica; secondo, *Koinonia,* confidenza rinnovata tra l'uomo nuovo "convertito" e Dio; terzo, *Diakonia,* il servire senza condizioni la gente che si trova in una situazione ancora non salvifica. Il fatto che Gesù ha lavato i piedi ai discepoli prima dell'ultima cena (Gv. 13, 1-17) mostra un prezioso esempio di tale servizio. Lavare i piedi originariamente è un lavoro da servi. Quando ritorna il padrone da fuori, il servo lava i piedi al padrone e all'ospite (cfr. Lc. 7,44). Con tale azione Gesù ha presentato simbolicamente il senso dell'Eucaristia e la missione dei discepoli.

Nel *Kut* non si distingue tra uomo e dio, pasto e culto, tavola del pasto e altare, festa e rito. Per questo l'altare del *Kut*, dove mangiano gli spiriti divini e gli uomini, è un altare per il culto e contemporaneamente una tavola per il pasto. Il pasto comunitario (*Um-bok*) unisce dei e uomini, inserisce il *Kut* nella vita dell'uomo che vi partecipa: cioè il culto diventa un pasto. Il *Bap* (riso bianco)[164] collega il culto e il pasto; attraverso il *Bap,* si riacquista l'equilibrio del corpo e dello spirito.

Ugualmente la Messa è un'azione di culto che celebra Dio, diventato *Bap*, per superare lo squilibrio e la rottura del rapporto causato dall'azione del demonio. Il centro di questo culto consiste nel continuare le attività della vita, condividendo e mangiando *Bap* con la gente che si trova intorno all'altare. Cristo, riferendosi alla comunità della tavola dell'ultimo pasto, un pasto di culto e un culto di pasto, attribuisce il significato del "*Bap*" a se stesso, unitamente all'evento della sua Croce. "Io sono il *Bap* vivente, disceso dal cielo. Se qualcuno mangia di questo *Bap*, vivrà in eterno (Gv. 6,50-51)".

Su questo argomento, *Kim Ji-ha*, poeta del Popolo, aveva cantato come segue:

> Il *Bap* è cielo.
> Come non può avere il cielo
> il *Bap* condivide reciprocamente
> il *Bap* è cielo.
> Come guardare insieme le stelle del cielo
> il *Bap* si mangia insieme
> quando entra il *Bap* nella bocca
> il cielo viene accolto dal corpo
> il *Bap* è cielo.
> Haa!! Il *Bap*
> Si prende condividendolo con l'altro.[165]

Dunque, il significato definitivo del rito religioso dello Sciamanesimo e dell'Eucaristia, dimostrato nel *Kut* e nella *Messa*, sta nell'azione di condivisione. La condivisione è condividere il cielo. Con tale condivisione si dimostra che l'Eucaristia è una festa di Gesù. Essa è un culto di memoria che ricorda Gesù (vita, morte e risurrezione) di ieri; è un culto di venerazione che adora Gesù Cristo (risorto e presente) di oggi ed è un culto di speranza che aspetta il Signore (venturo) di domani. L'Eucaristia è una festa di *Daedong* dei cristiani, che accolgono il loro Signore di ieri, di oggi e di domani, e promettono insieme di vivere camminando sulle sue orme; è festa del campo, di comunione tra Cristo ed i fedeli.

Anche se il *Kut* non è un Sacramento nell'accezione cristiana, dobbiamo riconoscere che in esso è presente l'intimo carattere sacramentale

---

164. Un cibo fondamentale come il pane del mondo occidentale.
165. Kim ji-ha, Bap, Benedict Press, Waegwan 1984, 69-89.

della *Messa* sia nell'aspetto sia nella funzione.

Un'altra cosa ancora da aggiungere è il ruolo dello Sciamano nel *Kut*. Durante il *Kut* egli, come sacerdote, mostra l'autorità del Re nella comunione con Dio e, manifestando una funzione di profeta (*Kong-su* = parola divina), offre un servizio completo. Anche il sacerdote del Cristianesimo è una persona che si impegna nel servizio profetico unitamente a quello della regalità, e tale impegno egli assolve nella celebrazione della *Messa*. Dunque, i sacerdoti del *Kut* e della *Messa* possono presentare delle analogie.

La fede in Dio che si manifesta nel culto del cielo dei villaggi, nell'antichità, è una fede propria della Corea, molto genuina, anche se (nel corso dei secoli) si è trasformata incontrando religioni di origine straniera, come il Buddismo e il Confucianesimo. Fondamentalmente la si può riconoscere come fede dei Coreani verso l'Essere supremo e l'Essere assoluto, sperimentato dal cielo. Si può verificare che nel mondo della religione dei Coreani Dio, Dio del Cielo, si trovava comunemente e coerentemente, anche se a volte cambiando aspetto e nome, altre volte cambiando persino concezione, anche se originariamente non fu mai oggetto di un pensiero e di una concezione sistematica.

Con questa fede nel Dio del Cielo i Coreani hanno elevato la dignità dell'uomo, hanno sentito la fierezza di essere popolo coreano e sono riusciti a superare le difficoltà della nazione.

Ho tentato di proporre una piccola possibilità di preparare il concime della terra coreana, introducendo nuovamente nell'insegnamento della Chiesa Universale quelle idee che formano la base della forza spirituale dei Coreani, ormai dimenticate anche dagli studiosi.

La Chiesa, infatti, ha cercato fin dall'inizio della sua storia di esprimere il messaggio di Cristo nella lingua e nei concetti dei vari popoli[166], e con l'intelligenza dei filosofi si è sforzata di spiegare tale intento[167]. Questo sforzo mirava a far comprendere e proclamare il Vangelo possibilmente a tutti i popoli. Applicando alla Chiesa coreana la tradizione e il pensiero propri della Corea, non c'è ragione perché la tradizione coreana non venga accolta nell'unità della fede cattolica[168], poiché il messaggio della salvezza di

---

166. Questo esempio si può ritrovare nell'esperienza del Cristianesimo occidentale, che, ottenendo la libertà religiosa nell'impero Romano, inserendosi nella sua cultura, ne accettò tutta la struttura e i costumi, e durante il periodo Medievale, armonizzandosi con le religioni non cristiane germaniche, riuscì ad accogliere anche quella popolazione nella Chiesa.
167. Il Cristianesimo primitivo è riuscito a fondare la sua dottrina – Trinitaria e Cristologica – entrando in contatto con intellettuali greci e ispirandosi alla filosofia non cristiana.
168. Su questo argomento ci sono vari opinioni: Panikkar aveva presentato l'impossibilità della coesistenza con la condizione che non è utile "interpretare" o "utilizzare" il dialogo interreligioso: Cfr.

Cristo deve trasmettere e incarnare adeguatamente ambiente e struttura della coscienza propria, cioè nella mentalità propria. Ciò è corrispondente anche all'insegnamento del Concilio:

> "Poiché tutto ciò che di buono e di vero si trova nei non cristiani è ritenuto dalla Chiesa come una preparazione ad accogliere il Vangelo, e come dato da colui che illumina ogni uomo, affinché abbia finalmente la vita"(*LG* 16).

Gli uomini deboli, sofferenti e oppressi nella storia dell'umanità desiderano la forza soprannaturale, essendo consapevoli dei propri limiti. Questo vale non solo per il Popolo, oppresso e povero, ma anche per il Re, i mandarini, gli intellettuali, che hanno le loro difficoltà e i loro limiti, perché ogni uomo porta e vive la sua Croce. In ciò consiste la realtà dell'uomo povero generalizzato. Questa povertà comprende tutte le cose spirituali e materiali. E qui è necessario qualcosa che può diventare la chiave della soluzione del problema fondamentale.

> "Beati i poveri in spirito,
> perché di essi è regno dei cieli.
> Beati quelli che piangono,
> perché saranno consolati.
> ...."(Mt. 5, 3-12)

Questa chiave, abbiamo detto precedentemente, è il *Bap*. Il *Bap* arricchisce la povertà spirituale e materiale dell'uomo. Tutti gli uomini devono mangiarlo per conservare la vita, non solo i più poveri. In ciò consiste l'universalità del *Bap*.

Quindi, attraverso Cristo, diventato *Bap* universale dell'uomo, che è anche "Via, Verità e Vita", si sopprime il *Han* del Popolo e si apre una nuova vita verso la libertà e la liberazione. Questo nuovo luogo della vita è il "campo del *Kut*", diventato a sua volta luogo della missione del Popolo di Gesù.

Panikkar R, Il dialogo intrareligioso, Cittadella Editrice, Assisi, 1988, pp.136-141. Un'altra teoria è venuta dall'idea che il dialogo interreligioso non deve diventare una "strategia per missione" e tale opinione è dimostrata dal documento dell'ufficio Teologia di FABC: "Il dialogo è un'attività dello Spirito Santo. Esso ci porta alla comprensione reciproca, al rispetto e alla ricchezza. Il dialogo non deve soltanto preparare la strada per l'annuncio, ma deve anche aprire la porta all'annuncio. I cristiani che partecipano ... nell'altro uomo devono riconoscere l'aspetto di Dio e lo Spirito Santo che guida a vedere la sua luce; devono accettare umilmente ed in seguito devono riflettere sulla propria fede". The office of Theological Concerns of FABC, The Spirit at Work in Asia Today, 1997. 5, 4.2.2.3. Ma la Lettera Enciclica di Giovanni Paolo II, Redemptoris Missio dice chiaramente che "il dialogo deve essere ed è un metodo e un mezzo della missione"(RMi 55).

Riconoscendo e identificando "quanto c'è di vero, nobile, giusto, puro, amabile, lodevole, virtuoso e meritevole di plauso (Fil. 4,8)" nello Sciamanesimo, nasce la possibilità di un dialogo con il cuore più aperto; così l'identità dei Coreani si può correttamente comprendere.

CAPITOLO TERZO
INCULTURAZIONE E IMPEGNO MISSIONARIO DELLA CHIESA

Innanzitutto, per evitare un equivoco, vorrei rilevare che ho preferito il termine "incarnazione" a quello di "inculturazione". Nel termine "inculturazione" si potrebbe trovare il significato di infiltrazione del dogma, della dottrina, della tradizione e degli insegnamenti della Chiesa occidentale in un modo adatto alla cultura coreana. Questo indicherebbe una nuova strategia conquistatrice. Il termine "incarnazione", invece, indica che devono essere i Coreani ad interpretare i Vangeli e che devono essere i Coreani ad incontrare Gesù nella storia e nella fede dal proprio punto di vista culturale. Questo non significa affatto rifiutare o abbandonare il dogma, la dottrina e la tradizione della Chiesa occidentale, ma significa discernere e reinterpretare tali dottrine e tradizioni, sottraendole prudentemente alle influenze socio-culturali non cristiane lungo la storia della Chiesa. Come Gesù si è incarnato in questo mondo, assumendosi tutta la condizione umana, così il Cristianesimo deve incarnarsi nella cultura coreana, assumendo la cultura e la mentalità coreana.

Dunque, la natura dell'inculturazione sta nell'incarnazione di Gesù. La parola "il Verbo si fece carne e venne ad abitare in mezzo a noi"(Gv. 1,14) presenta l'incontro di Gesù con il mondo; cioè Gesù è venuto nell'ambito della vita dell'uomo e vi è presente. Vale a dire che dobbiamo ricordare che il Cristo si è incarnato in questo mondo, prima che gli uomini fossero battezzati attraverso lui; non sono stati gli uomini che, per primi, hanno riconosciuto ed accettato Cristo.

La Chiesa coreana, nel passato, ha abbracciato la visione evangelica dell'uomo, superando audacemente il criterio delle differenze sociali, trattando come fratello e sorella, nel Dio Creatore, la maggiore parte delle persone di basso ceto, come i servi, gli acrobati, gli Sciamani ..., costretti a vivere isolati senza che venisse riconosciuta la loro dignità nella struttura sociale confuciana rigida e chiusa. Inoltre, esponendo la dottrina popolare in modo adeguato alla mentalità coreana, adottando per esprimersi una forma facile e popolare, invece di usare i caratteri cinesi, la Chiesa coreana ha contribuito a rendere accessibile il contenuto della fede. Perciò, per spiegare la dottrina, essa ha utilizzato le forme di espressione tradizionali ed ha adottato parabole e simboli presi dalla natura, conservando abitudini tradizionali anteriori alla conversione; su tali presupposti la Chiesa coreana del passato ha accettato il pensiero della nuova fede ed ha fondato la base della nuova cultura.

Oggi, la maggior parte dei fedeli in Corea ha accettato la fede del Cristianesimo da adulti[169]; il che significa che l'hanno introdotta nel loro modo di vivere e secondo la loro mentalità. Per loro, il Cristianesimo è ancora poco conosciuto; anzi, pur pensando che esso è ormai una delle religioni proprie, notano che presenta ancora molti aspetti tipicamente occidentali. È impossibile cambiare ed eliminare tale caratteristica ed abbracciare totalmente la fede cristiana che ha un sapore molto occidentale. La realtà salvifica di Dio porta nel suo intimo "il mistero", che non si può capire mediante un processo di indagine logica; per questo si può comprendere più facilmente nell'ambito dei sentimenti e del pensiero mistico orientale, coreano.

La teologia cattolica in Corea, infatti, si è limitata finora a tradurre e presentare la "Teologia occidentale"; ma, se la Buona Novella di Cristo deve presentare l'universalità ed il fine della teologia sta nel contribuire alla missione del Vangelo, la teologia cattolica in Corea non può essere dipendente solamente dalla teologia occidentale.[170] La gente, che vuol essere ad un tempo coreana e cristiana vorrebbe una teologia di cristianesimo universale, ma con il carattere specifico coreano.

Per questo la Chiesa coreana ha il compito di trovare mezzi adeguati e rapidi per realizzare l'evangelizzazione della cultura popolare, riconoscendo i

---

169. Secondo il risultato dell'indagine sulla "coscienza religiosa e la realtà della vita religiosa dei fedeli cattolici", pubblicato dal giornale cattolico il 5 aprile del 1998, il periodo del battesimo dei fedeli varia nel modo seguente:

	Battesimo infantile	Prima dei 14 anni	Dall'età di 15 ai 19 anni	Dopo i 20 anni	Dopo i 30 anni	Dopo i 40 anni
percentuale	17.8%	8.6%	8.6%	21.2%	26.6%	17.2%

Dunque, i fedeli che sono stati battezzati in età adulta occupano la maggioranza, 65.5%, il che dimostra che hanno conosciuto la fede cristiana da grandi.

170. Il prof. LEE Kwang-kyu, consigliere del comitato della cultura della Santa Sede, durante il diciannovesimo simposio organizzato dall'Istituto della cultura coreana, il 5 dicembre 1998, dal titolo "La cultura confuciana e la fede cattolica", affermando che la fede cattolica della Corea, che ha una storia di martirio, pagato con il sangue, non riesce a radicarsi nella cultura coreana, e specialmente che non diventa la base spirituale dei Coreani nel mondo industrializzato, si preoccupava che tale fenomeno è il risultato del fatto che il Cristianesimo, incluso il cattolicesimo, ha ignorato la cultura locale e non è riuscito a superare la visione storica colonizzatrice dei dominatori occidentali.

segni dei tempi nella società propria e nel mondo. Bisogna riconoscere che il patrimonio culturale della Corea può contribuire profondamente e chiaramente alla diffusione del Regno di Dio. Accettando tale patrimonio si costituirebbe la comunità salvifica nella società propria, e si formerebbe un'autentica Chiesa particolare. Non si deve mai dimenticare che l'evangelizzazione della cultura si realizza attraverso l'incontro profondo del Vangelo con la cultura propria, con una chiara comprensione della cultura propria e con l'accettazione adeguata nella Chiesa della cultura locale.

1. Nuovo significato di evangelizzazione

I primi cristiani della Chiesa coreana, ricercando autonomamente la dottrina del Cristianesimo nella società dove erano ampiamente radicati oltre che nello Sciamanesimo, anche nel Buddismo e nel Confucianesimo, avevano trovato Dio in base alla cultura e alla religione tradizionale, cioè avevano scoperto la verità definitiva sull'uomo e sul mondo. Essi, non considerando la dottrina della fede solo come l'oggetto della ricerca di un nuovo studio, ma applicandola alla realtà sociale in cui si trovavano, non furono mai lenti nella ricerca creativa, utile a trasmettere tale dottrina in modo più rapido e profondo. Essi non risparmiarono mai gli sforzi per far attecchire tale dottrina, così come non abbandonarono l'idea di riformare praticamente la struttura sociale del feudalesimo. Considerando la Chiesa comunità di fede dei cristiani e il sacramento come segno visibile dell'amore di Dio invisibile, si può dire che la Chiesa coreana porta con sé la traccia della rivelazione di Dio come parte della Chiesa Universale. Dopo tanti sacrifici, i laici, privi di un pastore, introducendo il seme del Vangelo nella terra coreana, hanno adempiuto gli uffici del sacerdozio e della profezia inserendosi nell'impegno della regalità. Attraverso la testimonianza della vita santa, l'annullamento di sé e la vita vissuta nella carità, hanno partecipato all'impegno sacerdotale; con la testimonianza e la parola hanno partecipato all'impegno profetico dell'annuncio di Cristo; servendo il mondo, secondo la fedeltà all'esempio di Cristo, hanno partecipato all'impegno di regalità.

Il Concilio Vaticano II aveva annunciato che "la Chiesa è il segno e lo strumento dell'intima unione con Dio e dell'unità di tutto il genere umano"(*LG* 1) e che "Dio, al fine di stabilire la pace, cioè la comunione con sé, e di realizzare tra gli uomini stessi, che sono peccatori, una unione fraterna, decise di entrare in maniera nuova e definitiva nella storia umana, inviando il suo Figlio a noi con un corpo simile al nostro, per sottrarre per suo mezzo gli uomini al potere delle tenebre e del demonio ed in lui riconciliare a sé il mondo"(Cfr. *AG* 3). Ciò vuol dire che la natura e il centro della missione dell'impegno di evangelizzazione, compito definitivo della

Chiesa, si realizzano esplicitamente in Gesù Cristo, Figlio di Dio, Salvatore dell'uomo. Il Vangelo del Regno di Dio, che Gesù Cristo aveva annunciato e vissuto, è la verità che diventa il motivo fondamentale della vita religiosa. Questa verità, come è dimostrato nella Chiesa primitiva della Corea, esprimendosi secondo la mentalità religiosa, il modo di pensare, il sentimento, la struttura del linguaggio e la forma della letteratura dei Coreani, deve radicarsi profondamente nella terra della Corea e deve dare nuovo frutto.

Ciò significa che per evangelizzare oggi, non ci si può limitare a predicare il Vangelo in fasce geografiche sempre più vaste o a popolazioni sempre più estese, ma bisogna anche raggiungere e quasi sconvolgere, mediante la forza del Vangelo, i criteri di giudizio, i valori determinanti, i punti di interesse, le linee di pensiero, le fonti ispiratrici e i modelli di vita dell'umanità, che sono in contrasto con la Parola di Dio e col disegno della salvezza (*EN* 18-20). Ed inoltre, significa che il rapporto reciproco con la cultura indigena tra l'individuo cristiano e l'anima di una comunità, insieme con la teoria teologica, si inseriscono nella vita pratica. Ecco, dunque che l'evangelizzazione comprende, insieme con l'evangelizzazione della cultura(Cfr. *RMi* 37)[171], anche l'evangelizzazione della realtà storica, superando con lo zelo dei martiri la sofferenza della divisione fra le due Coree.

Per questa evangelizzazione, un ruolo primario, come nella Chiesa primitiva della Corea, lo avranno i laici; i quali, riconoscendo la loro posizione e facendo attività propria nella Chiesa per svilupparne la ricchezza spirituale nel mondo, dovranno indagare e riflettere sul proprio apostolato.

1.1. Ruolo missionario dei laici nel contesto socio-culturale

La Chiesa Universale aveva diffuso il messaggio che i laici sono deputati da Dio all'apostolato mediante il battesimo e la cresima, ciascuno secondo la propria condizione, ad animare e perfezionare l'ordine delle realtà temporali con lo spirito evangelico e in tal modo rendere testimonianza a Cristo; essi devono orientare le proprie energie al fine di condurre una vita santa e di promuovere la crescita della Chiesa e la sua continua santificazione (Cfr. Cann. 210, 225; *LG* 33; *GS* 43; *AA* 2, 3, 7, 17; *AG* 21, 36).

Per questa ragione i laici, partecipando al sacerdozio, alla profezia e alla regalità in quanto hanno ricevuto la grazia da Cristo, realizzano

---

171. L'evangelizzazione della società moderna, che deve partire dall'evangelizzazione della cultura, deve realizzare un avvicinamento tra la Chiesa cattolica e le persone del posto e riformare le feste tradizionali della Chiesa, è questo un compito urgente.

fedelmente l'impegno della Chiesa. Essi rispondono alla vocazione missionaria su una base spirituale che comprende tutta la vita. Nell'unione con la gerarchia ecclesiastica, riformandosi interiormente con lo spirito profondo dell'obbedienza, ricostituiscono il rapporto con il mondo secolare e con le altre religioni, riconoscono la giusta autonomia della cultura e della scienza propria dell'uomo, e contribuiscono a realizzare la storia salvifica di Dio (Cfr. *ChL* 14-15).

I laici prima di tutto devono accettare di rinnovare sé stessi per servire totalmente la causa dello sviluppo della Chiesa e per partecipare praticamente all'attività della Chiesa. Devono praticare profondamente e continuamente una riforma intima, per essere "ciò che l'anima è nel corpo, così come i cristiani devono essere nel mondo"(*LG* 8); devono perciò riconoscere che, per primi, devono essere evangelizzati, così da poter evangelizzare il mondo secolare in cui vivono (*ChL* 16-).

Nell'ambito socio-culturale dove i laici si trovano, devono poi interpretare in modo cristiano la fede e l'adorazione rivolta "al dio sconosciuto", come S. Paolo, prototipo d'ogni missionario, annuncia il Vangelo al popolo di Atene. L'atteggiamento della missione di S. Paolo rispecchia l'idea continua nella tradizione dell'Antico Testamento, che "nell'anima dell'uomo è scritta la coscienza di Dio" (Ger. 31,33), poiché ogni uomo è creato a immagine e somiglianza di Dio (Gn. 1,27).

In base a tale concetto i laici coreani devono spogliarsi della loro povertà spirituale, assumendo il modo di ragionare altrui; dovranno reinterpretare la dottrina cristiana, affinché sia comprensibile universalmente e vivere rettamente nelle condizioni in cui si trova il popolo coreano. Per loro, ritrovare l'identità della Chiesa coreana non vuol dire ridurre l'universalità della Chiesa cattolica, ma anzi praticare il Vangelo di Cristo, luce e salvezza di ogni popolo, seguendo l'esempio dei primi cristiani della Chiesa primitiva (*ChL* 123-126).

I laici, nel rapido cambiamento socio-culturale di oggi, devono dunque avere una visione dell'uomo, calata nella realtà sociale, riconoscendo i segni dei tempi con un atteggiamento più pratico e aperto e rispondendo immediatamente alle richieste. Se ogni cristiano riconosce il senso dell'evangelizzazione, la Chiesa, sua comunità, si radicherà nella cultura del luogo in cui essa si trova; la fede nel Cristianesimo potrà finalmente essere accettata integralmente nella storia e nella cultura e promuoverà una nuova direzione allo sviluppo culturale della Corea.

1.2. Nuovo movimento di apostolato dei laici

Nell' *Apostolicam Actuositatem* del Concilio Vaticano II si dice che l'attività del corpo mistico, ordinata al fine di portare a Cristo tutta la terra mediante i laici, si chiama "Apostolato"(*AA* 2). I laici, inseriti nel corpo mistico di Cristo per mezzo del battesimo, fortificati dalla virtù dello Spirito Santo per mezzo della confermazione, sono deputati dal Signore stesso all'apostolato(Cfr *AA* 3) e contribuiscono alla salvezza dell'uomo, facendo penetrare e realizzare lo spirito evangelico nell'ordine del mondo reale e testimoniando il Cristo nel mondo. Essere chiamati come fedeli di Cristo vuol dire naturalmente essere chiamati all'apostolato(Cfr. *AA* 2).

Dunque, quest'impegno di apostolato dei laici generalmente può assumere tre forme: l'apostolato individuale, che consiste nel dare il buon esempio, nel pregare per gli altri ...; l'apostolato familiare, che consiste nel presentarsi come una tipica famiglia cristiana; l'apostolato organizzato, che consiste nel partecipare ad un'organizzazione e nell'impegnarsi in tale l'attività pubblica.

La testimonianza di tutta la vita dei laici, è ispirata da tre virtù teologali: fede, speranza e carità; si tratta di una forma tipica dell'apostolato individuale, un segno che Cristo vive in mezzo ai fedeli e che diventa un elemento missionario da non ignorare(Cfr. *AA* 16). Inoltre, la consapevolezza di essere una comunità salvata dall'amore di Cristo e di essere una famiglia cristiana si trasmette agli altri fratelli; impegnandosi nell'apostolato familiare si partecipa all'impegno missionario della Chiesa(Cfr. *AA* 85). Infine l'apostolato organizzato considera l'uomo con la sua natura di essere sociale, desiderando che tutti i cristiani si riuniscano in un corpo come popolo di Dio. Nel gruppo della Chiesa o nei diversi ambiti l'apostolato richiede l'attività in comune, ed essa porta frutti migliori rispetto all'attività individuale(Cfr. *AA* 18).

Un problema da affrontare per i laici, in questi vari impegni d'apostolato, è quello della comprensione del proprio apostolato e della conoscenza della dottrina, compito da assolvere urgentemente. Anche la Chiesa Universale su questo argomento aveva rilevato con preoccupazione la necessità che "molti laici acquistino una conveniente formazione nelle scienze sacre e che non pochi tra loro si diano di proposito a questi studi e li approfondiscano con mezzi scientifici adeguati. Affinché possano esercitare il loro compito, sia riconosciuta ai fedeli, tanto ecclesiastici quanto laici, una giusta libertà di ricercare, di pensare e di manifestare con umiltà e coraggio la propria opinione nel campo in cui sono competenti"(*GS* 62).

Un altro problema importante da affrontare è la dipendenza dal clero dei fedeli. La ragione di questa dipendenza risiede soprattutto nell'assenza di educazione alla fede e di dottrina e nella mancanza di consapevolezza di appartenenza alla Chiesa. Anche nel sistema della Chiesa uno dei problemi che appare legato ai fedeli laici è quello che le decisioni importanti vengono prese senza coinvolgere i laici stessi. Per questo "i laici, chiamati all'apostolato per l'evangelizzazione e la santificazione, debbono essere particolarmente formati a stabilire il dialogo con gli altri, credenti o non credenti, per annunziare a tutti il messaggio di Cristo"(*AA* 31). Così essi non solo devono imparare la dottrina della Chiesa, ma debbono comprendere senso e valore profondo della materia reale e ricercare sui vari problemi legati all'idea del materialismo, che domina il mondo moderno, con la fede.

I laici, dedicandosi all'apostolato con tutto il cuore, nella vita quotidiana devono seguire l'esempio di Cristo, falegname di Nazareth. Il cuore dell'attività dei laici sta nel servire l'uomo e la società e nel praticare ed annunziare il Vangelo, nel partecipare concretamente alla tutela dei diritti umani, specialmente difendendo il diritto alla vita e alla libertà politica ed economica, dove deve radicarsi il valore del Vangelo.

1.3. Promozione della qualità dei laici

Secondo una statistica sulla crescita dei cattolici in Corea nel 1996, tra i battezzati, i partecipanti alla Messa della Domenica erano solo tre su dieci. Si è cioè verificato che il 30% partecipa alla Messa e il 28% non è praticante. La percentuale restante è costituita da fedeli "tiepidi". Nella Chiesa coreana, oggi, si riscontra che il numero dei fedeli partecipanti alla Messa diminuisce ogni anno[172]; invece il numero dei fedeli non praticanti aumenta.[173] La Chiesa deve prestare attenzione al fatto che il tasso di crescita dei fedeli negli ultimi 10 anni[174] si è ridotto notevolmente.

In genere, il motivo di ciò si può individuare nell'apparente anonimato del fedele, causato dall'allargamento delle comunità parrocchiali e, conseguentemente, da una perdita del carattere comunitario; il che può far ridurre l'attività religiosa. Tra gli studiosi si sostiene che la Chiesa primitiva,

---

172. Cfr. Pyung-hwa Shin-mun (il giornale della pace), giornale settimanale cattolico, n.430(18 maggio 1997), 4.

	1992	1995	1996
percentuale	39.7%	35%	30%

173. Qui possiamo indicare anche il problema della catechesi della Chiesa Cattolica causato dalla mancanza del personale. Vi appare una base della fede più sicura attraverso un processo graduale e impegnativo che coinvolge il catecumeno e la comunità che lo accoglie, ed un'esigenza di continua cura pastorale.

174.

	'86	'87	'88	'89	'90	'91	'92	'93	'94	'95	'96
%	7.65%	7.62%	6.74%	5.88%	5.26%	6.28%	4.90%	4.67%	4.02%	3.36%	3.20%

costituita da laici ha dovuto perdere la sua forma autonoma a causa della Chiesa gerarchico clericale. Perciò la Chiesa nel XXI sec. dovrebbe ritrovare la visione della Chiesa trinitaria, dividendo i ruoli di ognuno in parti uguali e scongiurando una divisione fra ceti elevati e non, senza differenze tra laici, religiosi e clero. In base all'importanza dell'educazione dei laici, senza ricalcare la cultura occidentale e con il recupero della spiritualità religiosa profonda del popolo coreano, bisogna incarnare nella terra e nel sentimento della Corea la Parola di Dio e la vita religiosa.

In particolare, secondo l'indagine sul "problema dei fedeli cattolici", lo scoglio maggiore è la "mancanza dello sforzo per la missione".[175] Questo significa che la Chiesa coreana d'oggi ha il compito urgente di rifar vivere lo zelo missionario dei fedeli primitivi nel mondo d'oggi, i quali accettavano la mentalità religiosa naturale del popolo come la provvidenza e la grazia di Dio, andando oltre l'idea religiosa della rivelazione e della storia, e dedicandosi con impegno al sacerdozio.

In seguito, la Chiesa coreana, rammentando ai fedeli che "la missione è un dovere della Chiesa e un segno della fede", aveva proposto alcune indicazioni specifiche riguardanti i movimenti della missione. Secondo tali indicazioni, il principale oggetto della missione è "me stesso": solo se io cambio si può realizzare l'attività missionaria con efficacia, perché il successo o il fallimento della missione dipendono da come vive ogni fedele, ogni individuo, nella piena gioia della fede vissuta. È importante stabilire l'ambito della missione partendo innanzitutto dal proprio cambiamento ed aprirsi al prossimo, alla famiglia, agli amici, ai compagni di lavoro ... Dedicandosi ad essi con interesse e amore, curandoli con pazienza, è importante testimoniare Cristo che vive in mezzo a noi. Dunque il rinnovamento dell'identità del cristiano raggiunto attraverso l'unione della vita religiosa con la vita sociale di ogni fedele, sostenuto da una fede profonda e animato dalla forza della riforma e della santificazione della Chiesa, costituirà l'importanza e l'efficacia della missione nel futuro.

2. Vangelo inculturato

Gesù Cristo, nuovo Adamo, ha salvato gli uomini dall'isolamento. Egli ha mostrato almeno una parte dell'aspetto del Regno di Dio, accettando "gli

---

175. Il risultato di questa indagine pubblica lo vediamo nella seguente tavola:

	privo dello sforzo missionario	Privo della carità e comunione	Privo del Vangelo e dottrina	Privo della preghiera e devozione	Ecc.
percentuale	30.8%	28.8.%	13.4%	7.0%	20%

Cfr. Pyung-hwa Shin-mun, n.479(15 maggio 1998), 14.

uomini più bassi", umiliati e rifiutati socialmente, e perdonando i loro peccati. Per Cristo il rapporto tra Dio e l'uomo non poteva fondarsi sull'equivalenza tra peccato e colpa, tra merito e premio. Egli ha mostrato la libertà superiore dell'amore, opposta alla legge rigida e dura. "Anche oggi, dopo duemila anni, il Cristo appare a noi come Colui che porta all'uomo la libertà basata sulla verità, come Colui che libera l'uomo da ciò che limita, menoma e quasi spezza alle radici stesse, nell'anima dell'uomo, nel suo cuore, nella sua coscienza, questa libertà"(*RH* 12).

Dio, che vive nella vita del Popolo, ascolta il grido del *Han*, dà la forza di superare la sofferenza di questo mondo e diventa la fonte della speranza nella nuova storia. Per Dio non esiste la religione o la vita religiosa, ma esistono soltanto la sofferenza e la solitudine del Popolo. Se la Chiesa professa la fede in Dio, dovrà partecipare anche alla vita del Popolo per comprenderlo, per calarsi dove vive, diventando essa stessa Popolo.

Il Dio in cui crede il Popolo è un Dio che lo accompagna nella sua vita. Egli, con l'invito alla sua "comunità del pasto", diventa il suo *Bap*. Diventando "vero alimento" e "vera bevanda", si realizza la Parola "Chi mangia la mia carne e beve il mio sangue dimora in me e io in lui (Gv. 6,55-56)". Così, il Vangelo di Dio vive e dà la gioia della vera libertà e della liberazione incarnandosi totalmente nella vita del Popolo.

2.1. Chiesa del Popolo (*Min-jung*)

Come abbiamo visto precedentemente, il messaggio di Gesù Cristo era rivolto al popolo, dominato dai potenti che avevano l'autorità politica e religiosa; era quindi rivolto specialmente al popolo rifiutato, povero e isolato. Per questa ragione la teologia di Cristo è la teologia del *Min-jung*.

> "Lo Spirito del Signore è sopra di me; per questo mi ha consacrato con l'unzione e mi ha mandato per annunziare ai poveri un lieto messaggio, per proclamare ai prigionieri la liberazione e ai ciechi la vista; per rimettere in libertà gli oppressi..."(Lc. 4,18)

Cristo è il Salvatore della gente oppressa, dei prigionieri e dei carcerati. Egli si unisce totalmente a loro; questa è la ragione della missione della Chiesa.

La gente oppressa e sfruttata continua a gridare la sua sofferenza, ma la Chiesa coreana era stata avara nell'ascoltare il suo grido rispetto all'ascolto dedicato ai documenti del Papa, alle lettere dei cardinali o alle prediche magniloquenti. L'ambito della teologia era limitato al campo dello studio, non arrivava ai villaggi rurali, nei mercati o negli angoli tristi.

La teologia inizia dove c'è Dio. Ma Dio dov'è? Sicuramente ci sarà nei luoghi dove vive il Popolo oppresso. E quel Dio, andrà al Calvario insieme con il Popolo, cantando "*Arirang*",[176] mentre arriva al luogo del supplizio.

> *Arirang arirang arariyo*
> va passando il colle di *arirang*.
> il colle di *arirang* ha dodici curve
> va passando l'ultima curva.
>
> Nel cielo blu ci sono tante stelle
> nel nostro cuore porta tanta angoscia.
> *arirang arirang arariyo*
> va passando il colle di *arirang*.
>
> Il colle di *arirang* è un colle di sospiri
> il colle una volta che passa non ritorna mai più.
> *arirang arirang arariyo*
> va passando il colle di *arirang*.
>
> Dove siete voi ventimilioni di popoli?
> sono rimasti solo le superfici di tremila *Ri*.
> *arirang arirang arariyo*
> va passando il colle di *arirang*.
>
> Ora, sono solo un vagabondo che passa il fiume di *Am-nok*[177]
> ho perso pure le superfici di tremila *Ri*.[178]
> *arirang arirang arariyo*
> va passando il colle di *arirang*.

Se Gesù avesse conosciuto il canto di *Arirang*, lo avrebbe cantato mentre andava al monte Calvario. Lo avrebbero cantato con lui anche i suoi seguaci. Se non lo avessero cantato loro, lo avrebbero cantato le pietre. La

---

176. Il canto, cantato da tre secoli, è un tipico canto del popolo coreano. La sua storia è questa:

> "Vicino a Seul c'era una collina detta Arirang. Un albero di pino piantato in cima a questa collina fu usato come patibolo per la pena di morte nei numerosi secoli di oppressione del governo di *Cho-seon*. Milioni di persone sono state impiccate. Le salme sono state gettate accanto, nella valle. La maggior parte di questi sono poveri contadini e giovani ribelli che hanno lottato contro l'oppressione e l'ingiustizia sociale. Uno di questi giovani ha scritto questo canto in carcere e lo ha cantato incamminandosi verso il colle di *Arirang*. Dopo di ciò, ogni persona condannata a morte, cantando questo canto, ha salutato definitivamente la gioia e la tristezza propria. Questo canto, che spezza il cuore, è risuonato in ogni carcere della Corea. Prima di morire, a nessuno era impedito di cantare. .... Questo canto è un canto della morte, non della vita, ma la morte non perde mai, perché tra numerose morti rinasce il trionfo"(storia raccontata e trasmessa da Kim San)

177. È un fiume che attraversa il confine tra Corea e Cina, ed oggi si trova nel Corea del Nord.
178. Nel senso che ha perso tutto.

gente che cantò *Arirang* lungo il cammino verso il luogo della morte, cantò il canto della libertà, perché, come dice la Parola, "non vi spaventate per quelli che possono uccidere il corpo, ma non possono uccidere l'anima"; anche se legati nel corpo, la loro anima è rimasta libera. Il colle di *Arirang* è diventato perciò il primo colle verso il quale ci si incamminava per raggiungere il giorno della libertà e della risurrezione totale.

La Chiesa, mettendosi a disposizione di tale resurrezione, deve diventare la Chiesa del Popolo per dare forza illimitata alla gente oppressa e sfruttata; diversamente, essa non ha alcun senso.

La Chiesa deve costruire la libertà per far sentire liberi gli uomini che cercano una vita libera contro la potenza della schiavitù. Perciò la Chiesa stessa, presentando l'insegnamento della carità, della libertà e del servizio, deve avere una struttura che pratichi tale insegnamento. Quindi, ogni sistema, norma e organizzazione della Chiesa non deve avere come suo scopo di dominare il Popolo, ma deve avere un carattere di carità e di libertà.

In altre parole, quando la Chiesa sarà dedicata totalmente a servire il prossimo e la società, specialmente la gente che soffre nello spirito e nel corpo, avrà conservato l'identità della comunità salvifica nella carità e nella libertà.

2.2. Chiesa escatologica rinnovata

Gesù, venendo in questo mondo, si è spogliato di sé stesso ed è morto. Anche i cristiani, annunziando il Cristo devono essere disposti a morire. La particolarità del Cristianesimo annunzia Gesù, "andando e morendo", altrimenti il Cristianesimo non può trasmettere la vita di Gesù. La missione non vuol dire attirare gli uomini a me perché siano contenti o affliggerli con domande sull'esistenza sempre a modo mio, ma incontrare "io" Dio negli uomini, siano essi tristi, siano essi contenti e che facciano le domande sull'esistenza. In conclusione, sono io che dico al Signore "mandami! Secondo la tua volontà".

L'evangelizzazione è annunziare Gesù che è venuto per la salvezza di tutta l'umanità. Egli non è venuto solo per un popolo, ma ha aperto una via che porta al Regno di Dio tutta l'umanità. Anzi, lui stesso è diventato quella via. Per questo, non si deve occidentalizzare o uniformare la Chiesa secondo una cultura e una lingua. L'evangelizzazione è un'opera che trasmette Dio; in particolare, riconoscendo l'opera creativa di Dio in ogni popolo e in ogni cultura, l'evangelizzazione aiuta a vivere in essi. Le caratteristiche coreane e quelle cristiane non sono antitetiche, anzi al contrario. Scoprire le caratteristiche coreane è un dovere del Cristianesimo e l'adempimento di questo dovere è un compito dell'evangelizzazione.

L'annunzio del Vangelo è un'attività propriamente ecclesiale(*EN* 60), poiché quanto appartiene alla comunità perenne deve avere l'aspetto della Chiesa voluta da Cristo. Un albero su cui gli uccelli dell'aria possono nidificare tra i rami (Mt. 13, 32); la rete che raccoglie ogni genere di pesci (Mt. 13, 47), la rete di Pietro che raccoglie centocinquantatre grossi pesci (Gv. 21, 11); le pecore con un solo pastore (Gv. 10, 1-11): tali Chiese saranno universali senza confini e senza steccati (*EN* 61). Ciò si realizza in ogni Chiesa locale, composta da un popolo che ha lingue, culture, tradizioni, visioni di vita e storie diverse. La Chiesa, radicandosi in vari ambienti, nazioni, società e culture, avrà diversi aspetti ed espressioni in qualsiasi parte del mondo (*EN* 62).

Quindi la Chiesa sa che non deve considerare l'attività missionaria in vista della presenza escatologica del Regno di Dio come una colonizzazione teologica o una espansione imperialistica. Nel Concilio Vaticano II si era accennato all'importanza della stabilizzazione della Chiesa rispetto alla sua espansione (*AG* 6). L'attività missionaria, che esige l'unità dei popoli, deve realizzare l'incarnazione di Cristo nel mondo. La pienezza dell'incarnazione di Dio si ritrova nell'evento della Croce e della Resurrezione. La salvezza si compie soltanto attraverso la via della Croce e comporta, oltre alla conversione, anche la rinascita. Pasqua non è una creazione dal nulla. Le cose che risuscitano non sono altro che quelle morte in precedenza. Per questa ragione, la Chiesa sarà un aspetto dello Sciamanesimo rinato e lo Sciamanesimo diventerà un'immagine della Chiesa risorta nei Coreani.

La Chiesa anche in Corea deve essere sempre un segno per gli altri. Come l'essere cristiani è per gli altri, così la Chiesa di Cristo, assumendo un'atteggiamento di umiltà verso le altre religioni – come lo Sciamanesimo – nella società secolarizzata, contribuisce a promuovere una nuova rinascita, e così finalmente potrà testimoniare più efficacemente la sua identità di fronte al popolo.

Lo Sciamanesimo non era mai stato riconosciuto come la religione nazionale e come le altre religioni nella storia della Corea, dopo il periodo dell'antichità. Nonostante la continua persecuzione pubblica o segreta, esso ha mantenuto la sua identità, contribuendo sempre alla vita del Popolo ed alla costruzione della società. Esso aveva adempiuto il suo impegno indipendentemente dal riconoscimento altrui, dalle critiche e dalle altrui opinioni. Anche se il paese aveva perseguitato di continuo lo Sciamanesimo, questo invece, riconoscendo se stesso come Sciamano della nazione, celebrava il *Kut* per il paese e per la gente perseguitata e pregava per il compimento dei loro desideri.

La Chiesa è inizio del Regno di Dio e un segno sacramentale di esso e, in quanto pellegrina sulla terra, è la Chiesa della Croce. Pur temendo le critiche che possono scaturire durante il cammino del pellegrinaggio, il dovere fondamentale della Chiesa non deve essere ignorato mai, come ad esempio, la pratica della carità o il movimento per realizzare una società giusta.[179] Per questa ragione bisogna prendere come esempio la visione escatologica dello Sciamanesimo.

2.3. Fratellanza universale

Per i Coreani esiste *Ha-nu-lim*/Dio. Perciò i cristiani coreani accettano e credono senza nessuna obiezione in "Dio Padre che sta nei cieli". Anzi, non solo i cristiani, ma tutti i Coreani credono senza dubbio in un onnipotente che dimora nel cosmo, credono cioè nell'esistenza di dio. Inoltre essi credono che la volontà celeste non è diversa da quella terreste e che il regno celeste è uguale a quel regno che desidera l'uomo. Questo regno non è diverso dal regno di Dio del popolo cristiano, chiamato ad essere popolo di Dio, che Dio stesso ha iniziato a costruire in questo mondo fino al compimento nel giorno escatologico (*LG* 9). Il popolo cristiano deve rispettare il suo comandamento fino al tale giorno, il comandamento nuovo di "amare gli uni gli altri come Cristo ha amato l'uomo"(Gv. 13,34).

Quindi il cammino e lo sviluppo del popolo cristiano, legato a Cristo e verso l'incontro definitivo con Cristo, comprende l'attuazione della fratellanza particolare e universale. Anche se questo popolo realmente non comprende tutta l'umanità e spesso appare come un gruppetto, esso diventa il seme più forte dell'unità, della speranza e della salvezza per tutta l'umanità. Questo popolo, voluto da Cristo per la vita, la carità e la verità, comprende tutti gli uomini inviati nel mondo come la luce e il sale della terra (*LG* 9).

La comunione nella fraternità e nella carità della comunità ecclesiale propone lo stato della missione e la sua prospettiva particolare e universale. Per questo tutti i fedeli cristiani devono avere un atteggiamento missionario e riconoscere che la testimonianza evangelica, sentita sensibilmente nel mondo, è pensare all'uomo e compiere atti di carità verso i poveri, i deboli e

---

179. L'atteggiamento dei fedeli nella partecipazione sociale alla Chiesa coreana in questi ultimi anni si è dimostrato in notevole crescita. Significativi di tale partecipazione sociale sono il movimento della donazione di organi, l'aiuto ai clandestini e alla gente che soffre la fame, il movimento per la povertà urbana, del lavoro, della donna, del rifiuto dell'arma nucleare, il rifiuto dell'interruzione della gravidanza, l'abolizione della pena di morte, la riconciliazione del popolo delle due Coree, l'aiuto alla Corea del Nord, la difesa dei consumatori e il movimento ecologista .... Il tasso di questa partecipazione sociale è mostrato dalla seguente tabella:

	d'accordo su tutto	D'accordo	In contrapposizione	In contrapposizione assoluta
percentuale	20.0%	62.7%	15.7%	1.6%

Cfr. Catholic Shin-mun n.485(21 Giugno del 1998), 7.

i sofferenti. Questo atteggiamento e comportamento generoso, diverso dall'egoismo che si trova nell'intimo dell'uomo, suscita una reazione benefica, che fa rivolgere il cuore verso Dio e verso il Vangelo. Servire alla promozione della pace, della giustizia, del diritto dell'uomo e della umanità è una grande testimonianza evangelica (*RMi* 42). Inoltre, il Cristianesimo richiama l'amicizia universale, sollecita ad essere fedeli alla propria patria, al proprio popolo ed alla cultura tradizionale, e rileva che tutti gli uomini sono figli di un unico Dio-Padre e sono perciò fratelli e sorelle in Cristo (RMi 43).

La vita dei fedeli cristiani, che vivono in un contesto culturale multireligioso, deve essere come missione intesa in senso universale; Dio, non appartiene solo a un certo popolo; Egli deve essere annunziato universalmente in tutto il mondo. L'annunzio di Dio universale non può essere limitato da un obiettivo umano.

Dio è presente in ogni popolo e in ogni pensiero religioso tradizionale; è quel Dio che il Popolo del *Han* cercava con tutto il cuore; quel Dio invocato sempre nel canto dello Sciamano per togliere il *Han* del Popolo; quel Dio che S. Paolo aveva annunziato nell'Areopago di Atene come "quello che voi venerate senza conoscerlo, che io vengo ad annunziare a voi: il Dio che ha fatto il mondo e tutto ciò che in esso si trova (At. 17,23-24)". Nel manifestare Dio bisogna avere un atteggiamento universale. Così si riconosce una comunità di fratelli unita nel Dio universale, secondo la Parola di Cristo "tutto quello che avete fatto a uno dei più piccoli di questi miei fratelli, l'avete fatto a me", e si ritrova il motivo di praticare tale Parola.

3. Inculturazione *ad intra*

La Chiesa coreana ancora oggi si appoggia quasi tutto alla Chiesa occidentale, dalla teologia allo stile della liturgia, della vita spirituale, del movimento spirituale dei fedeli e alla forma architettonica degli edifici sacri.[180] Dopo il Concilio Vaticano II, il risultato dell'inculturazione nella Chiesa

---

180. La Prof.ssa Kim Sung-hae, dell'Università *Seo-kang*, già aveva rilevato questa realtà della Chiesa coreana:

> " L'aspetto della parrocchia che ritroviamo in Corea non è soltanto quello che imita l'architettura occidentale ridotta. Questo fenomeno è uguale in tutta la Corea. Persino il disegno delle vetrate della chiesa, appena costruita, invece di dimostrare lo sforzo di creare cose tipicamente coreane, rispecchia totalmente elementi occidentali. ... Nel campo della musica è lo stesso; impegnandomi nel lavoro di creare un unico libro di canto sacro, anche se ho cercato tanto il canto nuovo in melodie coreane, non ho trovato nulla. Se vado alla mostra della pittura cattolica in memoria del bicentenario dell'entrata della fede cattolica in Corea, l'opera propria che dimostra l'aspetto coreano è molto rara. ... È urtante che non abbiamo poesia e romanzo, pittura e musica, scultura e architettura che esprimano il cuore e la spiritualità tutta nostra. Un esempio che ha dimostrato questo nostro aspetto imitativo è l'altare preparato nella piazza di *Yui-do*

coreana, alla luce della natura e della necessità sottolineata dalla Chiesa universale, si può dire che sia la *Messa* celebrata in lingua coreana. La Commissione pastorale, costituita durante la commemorazione del bicentenario della Chiesa cattolica in Corea nel 1984, proponendo 12 argomenti, si è espressa con forza sulla necessità e sulla volontà dell'inculturazione, ma in realtà non ha portato quasi nessun frutto con tale azione, rimasta solo allo stato teorico. Questo fatto deriva dal convincimento sbagliato, molto presente anche nella Chiesa coreana che "modernizzazione" significa "occidentalizzazione". Gli studiosi hanno definito, dal punto di vista dell'inculturazione, la Chiesa coreana come una fotocopia della Chiesa occidentale, specialmente della Chiesa romana.

Per questa ragione la Chiesa coreana ha il compito di realizzare l'opera d'inculturazione in tutto l'ambito della vita ecclesiale. Se la natura dell'inculturazione sta nell'"incarnazione", poiché Dio Padre ha inviato suo Figlio in questo mondo, l'inculturazione non può essere considerata un argomento da scegliere e bisogna riconoscere che senza l'inculturazione non si può realizzare la vera evangelizzazione. Dunque, la Chiesa coreana dovrà cercare una giusta e coraggiosa soluzione sulla inculturazione della fede, liturgia e rito cristiano.

Pertanto condizioni imprescindibili per l'inculturazione sono l'atteggiamento di conversione di ogni singolo fedele per vivere da vero figlio di Dio, sforzandosi continuamente di rinnovare la fede propria, la retta coscienza dell'evangelizzazione della Chiesa stessa ed attuare una riforma vera e propria. Questo è un processo d'inculturazione "*ad Intra*". Partendo da questo punto vorrei proporre una prospettiva d'inculturazione della liturgia, della teologia e della spiritualità tipicamente coreana.

Bisogna rilevare, prima di tutto, che il discorso sulla "inculturazione della liturgia" è diverso da quello sulla "inculturazione della teologia", perché la teologia tratta la "*Lex credendi*", mentre la liturgia tratta la "*Lex orandi*". La teologia parla "di" Dio; la liturgia parla "a" Dio. Nella vita religiosa invece, non si possono dividere i due aspetti, poiché la liturgia è un completamento della vita ecclesiale, che inizia dalla fede (*Lex credendi*),

---

durante la canonizzazione di 103 martiri Coreani. ... Quando ho visto quell'altare meraviglioso ho provato una delusione, perché non vedevo aspetti Coreani. Anche se non posso spiegare che cos'è esattamente il patrimonio coreano, quell'altare poteva trovarsi dovunque nel mondo, a New York come a Parigi, come espressione della tradizione occidentale, segnata dal carattere greco. Io, superata la delusione iniziale, ho consolato me stessa dicendo che questo è l'aspetto d'oggi della Chiesa coreana e dobbiamo essere sinceri nell'accettare tale realtà".

Cfr. Kim sung-hae, Oggi e domani dell'inculturazione della Chiesa coreana, L'incontro tra filosofia e teologia, 324-325.

prosegue nella preghiera (*Lex orandi*) e si presenta nella vita (*Lex vivendi*); la preghiera si forma in quella vita stessa.

3.1. Liturgia

Il compito della Chiesa coreana nella direzione dell'inculturazione della liturgia è quello di ammettere primariamente una generale comprensione e tolleranza del sentimento popolare, seguendo il documento "Liturgia romana e inculturazione" di Giovanni Paolo II, dove si fissano le norme per adattare la liturgia all'indole e alle tradizioni dei vari popoli (*Liturgia romana e inculturazione* n.3; EV14/68), in armonia con la proposta del Concilio Vaticano II. Tenendo presente che, attraverso l'inculturazione, la Chiesa incarna l'evangelo nelle diverse culture e, nel contempo, introduce i popoli con le loro culture nella propria comunità (*RMi* 52), entrando in contatto con le culture, la Chiesa stessa deve accogliere tutto ciò che, nelle tradizioni dei popoli, è conciliabile con l'Evangelo, per apportarvi le ricchezze di Cristo e per arricchirsi essa stessa della sapienza multiforme delle nazioni della terra[181]. Così la liturgia della Chiesa non dev'essere estranea a nessun paese, a nessun popolo, a nessuna persona, e, nel medesimo tempo, essa supera ogni differenza di razza o di nazione (*Liturgia romana e inculturazione* n.18; EV14/87). Per questo *Liturgia est 'culmen' ad quod actio Ecclesiae tendit et simul 'fons' unde omnis eius virtus emanat(SC* 10).

Questa visione è già stata chiaramente sottolineata dal Concilio che invita a valorizzare quanto di positivo si trova nella liturgia-antropologica, nell'architettura, nella letteratura, nell'arte, nella danza, nella moda, nei materiali scenici, nella scenografia, nelle rappresentazioni:

> "La Chiesa, quando non è in questione la fede o il bene comune generale, non intende imporre, neppure nella liturgia, una rigida uniformità; rispetta anzi e favorisce le qualità e le doti di animo delle varie razze e dei vari popoli. Tutto ciò poi che nel costume dei popoli non è indissolubilmente legato a superstizioni o ad errori, essa lo considera con benevolenza e, se possibile, lo conserva inalterato, e a volte lo ammette perfino nella liturgia, purché possa armonizzarsi con il vero e autentico spirito liturgico"(*SC* 37)

La Chiesa coreana, riconoscendo che "per conservare la sana tradizione e aprire nondimeno la via ad un legittimo progresso, e che la revisione delle

---

181. Giovanni paolo II, Allocutio habita participantibus Sessioni plenariae Pontificii Consilii de cultura (17. 1. 1987), n. 5: AAS 79(1987), 1204:

> "En entrant en contact avec les cultures, l'Église doit accueillir tout ce qui, dans les traditions des peuples, est conciliable avec l'Évangile, pour y apporter les richesses du Christ et pour s'enrichir elle-même de la sagesse multiforme des nations de la terre".

singole parti della liturgia deve essere sempre preceduta da un'accurata investigazione teologica, storica e pastorale"(*SC* 23), vuole tentare l'inculturazione della liturgia secondo la tradizione e il carattere del popolo.

Secondo la norma del *Sacrosanctum Concilium*, oltre al rito funebre, anche la musica e la pittura, introdotte nella liturgia della Chiesa, sono utili per esprimere nuovamente la tradizione propria della Corea. Perciò, continuando la ricerca sul culto dei defunti, sul rito dello Sciamano che scioglie il *Han;* sui costumi, come il giorno del ringraziamento, la visita alla tomba ancestrale e il gioco di *Dae-dong;* la ricerca sulla musica, sul ballo e sull'arte, bisogna esperire vari tentativi di introdurre nella liturgia del Cristianesimo tali elementi tradizionali.

Poiché la liturgia è espressione della fede e della vita cristiana (*Liturgia romana e inculturazione* n.47; EV14/125) gli eventi legati intimamente alla vita dell'uomo, come il capodanno, la festa nazionale, l'inizio della scuola, il conseguimento della laurea, il giorno commemorativo ..., ed anche i riti di passaggio della vita dell'uomo come il compleanno, il matrimonio, il settantesimo compleanno e il funerale, devono essere valorizzati nella liturgia della Chiesa. In particolare, riconoscendo che "il culto degli antenati e il funerale sono un oggetto su cui è possibile conciliare la Chiesa cattolica in Corea con la tradizione", si sottolinea che è necessario "rianimare l'educazione sulla morte e lo spirito dei non credenti"

Considerando che la maggior parte dei fedeli cattolici avevano una volta credenze popolari prima di convertirsi[182]; tenendo presente che i fedeli

---

182. Le religioni dei fedeli cattolici prima del battesimo sono le seguenti:

	nessuna		protestantesimo		buddismo		confucianesimo		Altro	
Anno	'87	'98	'87	'98	'87	'98	'87	'98	'87	'98
%	58.5%	59.0%	14.7%	16.9%	21.3%	17.8%	3.9%	4.0%	1.6%	2.3%

Secondo questa tabella la percentuale che ha risposto "nessuna" comprende le persone che professavano la religione popolare, oppure avevano una visione molto positiva di tale religione. La maggior parte di esse, anche dopo il battesimo, avevano un'esperienza di contatto con le varie religioni popolari una sola oppure molte volte. Vediamo un'altra tabella, che ci dimostra il contatto con la religiosità popolare dei fedeli cattolici.

		Previsione annuale		Previsione del destino con la data della nascita e con il viso. Indovino		Scelta della data per un certo evento della vita e il nome		Kut	
	Anno	'87	'98	'87	'98	'87	'98	'87	'98
%	Diverse volte	71.3%	67.9%	79.6%	72.9%	86.9%	83.5%	97.5%	97.6%
	Una o due volte	22.4%	26.3%	18.0%	24.0%	11.9%	15.6%	2.0%	2.0%
	Mai	6.3%	5.9%	2.4%	3.4%	1.2%	0.9%	0.5%	0.4%

Cfr. Catholic Shin-mun, n.2097(12 aprile 1998), 12-13.

cattolici hanno un'opinione positiva circa la celebrazione del culto degli antenati in rito confuciano[183], proprio dell'identità dei Coreani, bisogna cercare di non fermarsi solo alla forma e di avere un pensiero di ringraziamento per il dono di Dio e degli antenati, accettando praticamente tale culto degli antenati nella liturgia della Chiesa. Per questa ragione, la bozza del "rito del culto degli antenati", presentata dalla commissione liturgica alla Conferenza Episcopale coreana, può considerarsi un passo significativo verso l'adattamento e l'inculturazione della liturgia.

Nell'inculturazione della liturgia non si deve, però, mai dimenticare che bisogna mettere in comunicazione la cultura generale, il senso del linguaggio e la mentalità, la visione del mondo, dell'uomo, della famiglia e della vita e della morte, la coscienza morale ..., con la dottrina della Chiesa. Per questo, per costruire "l'inculturazione della liturgia", si richiede anche la "culturalizzazione della teologia".

3.2. Teologia

La teologia del Cristianesimo cerca costantemente il senso dell'amore concreto di Dio (Dio che viene a salvare in Cristo) nella comunità degli uomini. L'ambito di essa è la vita del Popolo, perché la teologia attiva cresce nella vita del Popolo. La teologia non va imparata, ma vissuta. Essa è un evento di comunione radicato nell'amore di Dio. Comunione è sentire e riconoscere ogni popolo nel contesto in cui ha vissuto, non attraverso lo studio astratto.

Quindi, la "comprensione profonda" della teologia nella vita dei popoli richiede come base il linguaggio e lo stile di vita propri di ciascuno di essi. Con l'atteggiamento profetico la Chiesa deve cercare e sviluppare il valore comune della società coreana e del Vangelo.

La Chiesa coreana, in base a tale esigenza, per l'inculturazione nei vari ambiti ed innanzitutto in quello teologico, ha pubblicato un manuale della dottrina adatto ai Coreani. Nel 1967 è stato pubblicato per la prima volta dalla Commissione dell'istruzione del dogma della Conferenza Episcopale

---

183. Il risultato dell'indagine pubblica sulla risposta dei fedeli alla domanda sul modo e sull'opinione circa il culto degli antenati dice che l'88.0% dei fedeli celebra il culto in qualche modo. L'opinione sul culto degli antenati è la seguente:

	celebra		Non celebra	
Anno	'87	'97	'87	'97
percentuale	69.4%	87.9%	30.6%	12.0%

La percentuale riguardante la risposta dei fedeli sul modo in cui si celebra il culto degli antenati è:

	in rito confuciano	In rito modificato	non celebra
percentuale	54.8%	33.2%	12.0%

Cfr. Catholic Shin-mun, n.2097(12 aprile 1998), 12-13.

Coreana un manuale moderno a livello nazionale. Tuttavia, anche questo "manuale della dottrina"(prima edizione del 1967) si limita a presentare la dottrina classica occidentale. Anche se in tale manuale si propone la sovranità dell'insegnamento del cristianesimo, presentando anche gli insegnamenti delle altre religioni sotto l'argomento "via della vita", nell'introduzione, la maggior parte si esso è rivolta alla presentazione della dottrina secondo lo schema occidentale.

Finora l'educazione alla dottrina cattolica in Corea ha avuto un carattere solo teorico e non si è calata nella società coreana. Diffondendo la dottrina basandosi sulla mentalità occidentale e non sulla visione di Dio e dell'uomo tradizionale della Corea, si dà vita ad un sistema mentale peculiare della religione cattolica, lontano dalla storia, dalla geografia e dal pensiero coreani, con lo sviluppo di un'idea senza anima, che vive solo fisicamente in Corea.

Nell'opera dei primi fedeli della Corea c'era un'interpretazione della salvezza connessa alla cultura del popolo ed uno sforzo per radicare la fede cattolica nella società del tempo.

Se consideriamo il manuale della dottrina d'oggi, si avverte che la preoccupazione di trasmettere il "Regno di Cristo" appare senza legami con la società coreana ed è basata su una vita religiosa da essa lontana. Questo fatto dimostra che la fede cristiana non si è ancora adattata in modo adeguato al nostro tempo ed è anche segno che il Cristianesimo non è ancora inculturato nella società coreana.

Quindi, la Chiesa e la teologia coreane, facendo riferimento alla struttura sociale contemporanea e alla mentalità del popolo nella storia, devono riproporre il "Regno di Dio" attraverso una vera "Incarnazione della Parola". Quest'incarnazione del Vangelo esige fedeltà ad essa ma anche fedeltà alla cu-tura locale. A questo stesso principio deve ispirarsi anche la spiritualità della conversione e la riforma interiore dell'individuo e della Chiesa.

3.3. Spiritualità

La spiritualità è una vita di comunione trinitaria, che tutti i cristiani devono percorrere nella grazia dello Spirito, seguendo l'esempio di Cristo, verso il Padre santo e perfetto. Questa spinta si trova anche fra gli atei e le persone che negano l'esistenza di Dio, e si può definire un desiderio naturale che nasce dal cuore profondo dell'uomo.

La base delle molte forme di pensiero e di spiritualità orientali, oltre al Confucianesimo, deriva da questo anelito dell'uomo verso l'infinito. È certo che possono coesistere il Confucianesimo, in cui non esiste Dio, e lo Sciamanesimo, che si basa sull'esistenza di numerosi dei. Il Confucianesimo è stato riconosciuto come un insegnamento morale sorto dalla spiritualità dell'Asia nel corso dei secoli, mentre lo Sciamanesimo crede nell'esistenza del cielo e crede che quando l'uomo muore ed è bene accolto nel mondo dell'aldilà diventa spirito divino e antenato divinizzato che si prende cura della sua famiglia. L'uomo di questo mondo è legato costantemente allo spirito dell'aldilà. Questo è il vero motivo del culto degli antenati. Così, pur trattandosi di due religiosità completamente diverse, esse vivono insieme nella stessa società senza gravi problemi, entrando solo raramente in conflitto.

Se la teologia occidentale richiede una ragione e logica scientifica del fatto spirituale, essa è abbastanza lontana dalla spiritualità coreana. Se la spiritualità dell'uomo "diretto" verso Dio oppure verso un essere perfetto è occidentale, per la spiritualità orientale le cose che esistono si "riconoscono e accettano come sono". La mentalità occidentale è basata su un'idea profonda, che deriva dal ragionamento, mentre la mentalità coreana lascia tutto al "cuore" dell'uomo.

Per questa ragione, la preghiera del Cristianesimo e la vita eremitica hanno un legame stretto con la spiritualità asiatica e coreana. Applicando la meditazione *Zen* o *Yoga* alla preghiera cristiana, e lo stile dell'*Ashram* indù alla vita monastica cristiana, chiamato "*Zen* cristiano", "*Yoga* cristiano" oppure "*Ashram* cristiano", la base della spiritualità coreana può completare la spiritualità del Cristianesimo.

Alla base della spiritualità coreana vi è un fondamentale detto coreano: i martiri coreani sono morti non solo come cristiani, ma anche come Coreani. Con la morte, unendosi alla passione di Cristo con una fede forte, senza nessun aiuto di sacerdoti, hanno partecipato al mistero della passione, morte e risurrezione di Gesù, quando il Cristianesimo non era ancora pienamente conosciuto. La vera inculturazione del Vangelo comincia dall'incarnazione di Cristo; si sviluppa nella sua vita e si completa alla sua morte. Il martirio e l'offerta della vita nell'amore sono la migliore inculturazione. Quindi, l'inculturazione attraverso i martiri si realizza ad un livello diverso rispetto a quello dell'inculturazione teorica dei teologi, perché si esprime nella testimonianza del dare la vita. Questo è il valore della spiritualità dei martiri e della Chiesa coreana.

Inoltre, anche la forma del canto coreano, concepita per diffondere la fede e per convertire il popolo dei primi fedeli, ha contribuito alla vita spirituale. Il contenuto comune presente in tale canto abbracciava il mondo presente e quello futuro. La fruttuosa atmosfera spirituale escatologica è testimoniata dalla vita dei martiri, dalla castità e dalle tre virtù evangeliche, che sono presenti nella Chiesa primitiva della Corea.

Pertanto la Chiesa coreana d'oggi, con un atteggiamento missionario, già dimostrato dalla spiritualità dei suoi primi martiri, deve apprezzare e valorizzare le diverse espressioni di vita spirituale presente nella tradizione religiosa coreana, di promuovere una spiritualità connessa allo sviluppo della pace, della giustizia e della carità. È questo il compito della Chiesa coreana: leggere la sofferenza del Popolo nel mistero dell'incarnazione di Gesù Cristo; servire Dio che vive in mezzo al Popolo, per far rinascere la vita dell'uomo e di Dio.

4. Inculturazione *ad extra*

Il movimento missionario è un movimento di rinnovamento della comunità ecclesiale e della fede di ogni fedele. Il movimento missionario di un fedele non solo fa avvicinare le persone che non conoscono il Cristianesimo, ma diventa luogo di rieducazione della fede propria per chi conduce una vita religiosa formale e passiva. La vita propria dei cristiani nella società dimostra come la situazione religiosa in Corea diventi un mezzo della missione.

Per questa ragione, il prof. *Rho Kil-myung* dell'Università *Ko-ryo*, aveva sottolineato quanto segue nell'opera "Il mercato della missione della Corea e la Chiesa cattolica":

> "Nel mercato della religione della Corea dove compete innumerevolmente tra tante religioni, il valore commerciale della fede cattolica è ancora abbastanza alto e la sua l'economia è positiva. Se riesce ad applicare questa situazione vantaggiosa con l'interesse e lo sforzo attivo dei fedeli, la missione e l'evangelizzazione della Corea potrà ottenere un risultato molto buono"[184]

Dunque, la scelta degli elementi primari da considerare in una società multireligiosa come quella coreana, per realizzare una missione e l'evangelizzazione, richiede un'indagine adeguata sulla società e sulla cultura, per preparare un progetto missionario mirato.

Vorrei proporre un'indagine adeguata sulla società e sulla cultura coreana, dividendo la trattazione in tre parti: Dialogo con la società sciamanica; rinnovamento della cultura coreana; creazione di una cultura Cristiana.

4.1. Dialogo con la società sciamanica

Come abbiamo visto, lo Sciamanesimo ha creato una struttura di

---

184. Roh kil-myung, Mercato missionario in Corea e Cattolicesimo, la lezione speciale in occasione dell'Avvento della parrocchia Myung-dong, Catholic Shin-mun, n.2132(20 dicembre 1998.

ammirevole completezza nella cultura coreana, che è difficile trovare altrove, attraverso il processo di sincretismo con le altre religioni. In particolare, ha riunito gli elementi delle tre religioni: confucianesimo, buddismo e taoismo. Per questa ragione lo Sciamanesimo è molto diverso dagli altri Sciamanesimi che appartengono alla cultura del nord della Siberia. Anche oggi, i nuovi movimenti religiosi che appaiono nel panorama religioso coreano nascono continuamente sulla base dello Sciamanesimo.

Anche nell'attività missionaria l'influenza negativa dello Sciamanesimo appare continuamente. Si pensi alla credenza incentrata sul desiderio della fortuna materiale e alla fede sentimentale e cieca che contrasta con una visione riflesso della Chiesa, formata attraverso l'esperienza religiosa e storica. Si pensi ancora al fatto che, accettando il contenuto delle varie religioni e delle credenze popolari, la fede sincretica ostacola la purezza del Vangelo; si pensi poi al contrasto tra fede e azione nell'ambito della vita ed infine alla fede egocentrica solo per se stessi e non per la comunità.

L'atteggiamento magico-religioso dello Sciamanesimo non è esclusivo dei Coreani, è una peculiarità del popolo d'ogni nazione, perché in ogni religione esiste qualche carattere magico frammischiato alla fede religiosa. Quindi, l'inculturazione del Cristianesimo deve indirizzarsi non in modo da unirsi al mondo magico del popolo, ma deve indirizzarsi in modo che il popolo conosca la verità del Cristianesimo.

La retta conoscenza dell'influenza negativa dello Sciamanesimo nella società coreana diventerà una buona indicazione per la direzione dell'evangelizzazione nella cultura coreana, mentre l'aspetto positivo dello Sciamanesimo saprà offrire un contributo alla preparazione della Chiesa, affinché, attraverso il dialogo, venga a conoscenza della mentalità coreana.

Lo spirito divino, consolando col dire "non ti preoccupare" alla gente che prega con due mani durante il *Kut*, se ne prende cura. Per questa "cura" i seguaci portano tante offerte. Questa "cura" si può definire in altre parole "interesse".

Annunziando il Vangelo di Cristo nella società sciamanica, la Chiesa coreana, se ignora questa "cura-interesse" non sarà accolta, perché i Coreani sono un popolo abituato da secoli a questa "cura-interesse".

La Chiesa Universale aveva sottolineato che la "cura della Chiesa o cura pastorale"(*RMi* 33-34, 49) esclude ogni forma di indifferenza, di sincretismo e di sconsiderata concorrenza; bisogna vivere in carità e fratellanza seguendo Cristo, Buon Pastore, anche con i fratelli separati (*AG* n.15; *UR* n.3; *RMi* n.50), anche con quelle "pecore che non sono di questo ovile"(Gv. 10,16).

Considerando la mentalità religiosa tradizionale del popolo coreano, la preghiera e le suppliche dei fedeli d'oggi, non si può dire che si tratti di un dialogo o di una comunicazione tra sé e Dio. I Coreani si assumono l'errore fatto dai loro figli come una colpa propria e chiedono di essere puniti al posto dei propri figli; invocano per la realizzazione piena dei desideri dei loro figli attraverso la preghiera, la penitenza e il desiderio. Nei cattolici e nei protestanti si riscontra un atteggiamento simile a quello che una volta era riservato agli spiriti divini e agli antenati.

Inoltre, il dio della famiglia tradizionale non è un dio di ognuno; così il Dio celebrato in Chiesa, per i Coreani, non è un Dio di ognuno, ma è il Dio della famiglia. Tuttavia, anche se la Chiesa insegna continuamente a vivere nella speranza, superando ogni difficoltà col sacrificio e la carità invece di desiderare il *Bok* per il mondo reale, i Coreani restano molto concreti con un forte legame ai valori familiari.

Questa vita religiosa dei fedeli, così realistica e familiare, intrisa di desiderio del *Bok*, da parte della Chiesa va guardata anche positivamente. Questo dovrà essere un atteggiamento religioso universale dei cristiani, che devono vivere nella società e nella cultura coreana, perché vivendo nel loro mondo concreto non possono ignorare come esso è. I cristiani dovranno riconoscere che il mondo in cui vivono è voluto da Dio. Non può esistere il domani senza l'oggi, così come gli uomini non possono raggiungere la vita eterna senza questo mondo reale.

Dunque, questo luogo "secolare-oggi" diventa lo spazio dove si compie la missione del cristiano ed un suo mezzo; perciò l'esistenza e l'attività dei cristiani, devono diventare sale, luce e lievito nel mondo e nel tempo in cui vivono(Cfr. *ChL* 15).

4.2. Rinnovamento della cultura coreana

Nell'era del villaggio globale di oggi le cose popolari sono le più mondiali. Il Dio della Corea non si può trovare in altre religioni o sacre scritture; quel Dio desiderato continuamente dal popolo coreano si può trovare soltanto nel cuore dei Coreani. Per trovare tale Dio, innanzi tutto, bisogna rinnovare la cultura propria della Corea. Solo il rinnovamento delle "cose coreane", che progressivamente oggi si dimenticano sull'onda della cultura straniera, saranno una via per rinnovare l'autonomia della Corea e per ritrovare la sua identità. Sotto questa influenza si nota gradualmente il valore dello Sciamanesimo. Anche la Chiesa Cattolica aveva riconosciuto il contributo delle religioni locali al progresso della cultura e all'edificazione di una società più umana (*DA* n.45).

La cultura coreana, nonostante tante oppressioni e persecuzioni, durante i secoli non ha perso la sua identità, perché essa non apparteneva solo ad un ceto sociale, ma era sorta insieme col Popolo, oppresso e sfruttato nella società. Come abbiamo già visto, il ruolo dello Sciamanesimo ha influito molto.

Il compito primario nel campo della missione della Chiesa coreana d'oggi è coinvolgere il Popolo. Quando riconoscerà e ascolterà il suo *Han*, la Chiesa sarà dalla sua parte e potrà radicarsi in esso; solo attraverso esso la Chiesa potrà trovare il Dio della Corea, il Cristo della Corea, perché ritrovare Dio e Cristo in Corea sarà il modo migliore per realizzare la vera missione coreana.

L'incontro di Cristo, missionario per il Popolo e nel Popolo, con il Popolo nella cultura coreana, cioè l'incontro tra Cristo e cultura, sarà un incontro nuovo, maturo, un incontro nel Regno di Dio, sarà cioè la coreanizzazione della storia di Cristo. I cristiani coreani dovranno comprendere Cristo a partire dalla coscienza profonda della loro cultura. Quindi la conoscenza e valorizzazione della cultura coreana offre alla Chiesa una possibilità di apertura, di arricchimento, di maturazione teologica che contribuirà alla formazione profonda del cristiano coreano e allo sviluppo di una cultura cristianamente ispirata. Perché quando il Vangelo di Cristo si collega con la mentalità coreana, allora si può trovare il Popolo di Cristo.

Il rinnovamento della cultura coreana è un nuovo indirizzo della Chiesa coreana, perché la Chiesa coreana, attraverso la cultura, potrà formare un sentimento comune ed entrerà nel cuore del popolo. Dunque, se si realizza la missione attraverso il rinnovamento della cultura coreana, sarà breve il tragitto per creare una cultura cristianamente ispirata.

Come abbiamo notato precedentemente, la Chiesa coreana ha una peculiarità: la forza tradizionale e la coesistenza multireligiosa che si ritrovano nella profonda storia della religione in Corea. Nella storia mondiale, in seguito allo spostamento verso oriente della forza dell'occidente, il Cristianesimo è stato accettato, dopo ricerche e polemiche, da un piccolo gruppo di studiosi *Nam-in*; poi, subite gravi persecuzioni alla fine del periodo di *Cho-seon,* ha cominciato a radicarsi nella terra coreana, dove fiorirà per sempre. Durante tale processo di sincretismo, la Chiesa coreana non ha perso la sua identità, anzi è riuscita a comprendere il pluralismo, che ha rafforzato la sua identità ed ha trovato una via di convivenza.

Dunque, quanto è radicato profondamente nella "autonomia" coreana cambierà l'effetto dell'evangelizzazione; il compimento del "Regno di Dio", che viene con Cristo nella società del popolo coreano, si realizzerà al più presto, perché "il Vangelo stesso è un lievito della cultura", dato che il Vangelo incontra l'uomo sul piano della cultura.

4.3. Creazione di una cultura cristianamente ispirata
Nella formazione della cultura cristiana, la Chiesa può rivedere l'orme di S. Agostino. Nel processo d'inculturazione del Cristianesimo iniziato con crollo dell'Impero, seguendo tutti i suoi predecessori, rimproveravano la cultura di essere fondata su una paganesimo che continuo ricorrere alla mitologia, inseparabile dal culto degli idoli, prende di mira certi aspetti particolari della cultura classica come la base di una formazione della cultura cristiana.[185]

Egli condannado aspetti negativi della cultura classica: non soltanto pagana, ma immorale, formale e distoglie l'anima dalla realtà della moralità e della religione che ci fa allontanare dal pensiero di Dio al quanto iutile per la salvezza, ha accolto la cultura filosofica, studium sapientiae, che dà per la cultura cristiana il progresso interiore e l'arricchimento della conoscenza sovrannaturale.

E per la formazione della cultura cristiana e della intellettuale cristiano è importante innanzitutto chiarire il valore esatto della sua posizione e tradurre valori fondamentali culturale (propriamente umani) che si presentano all'anima religiosa. Cioè l'influenza della cultura antica impone a S. Agostino l'idea di una cultura preparatoria ed attraverso essa ha interpretato il contenuto del cristianesimo prestando dalla tradizione antica.

Non si tratta di un prestito inconscio, ma è in tutta la cognizione di causa dell'essere. E cosi pubblicava il *De doctrina christiana*, non perche soltanto dare un'insegnamento fondamentale della cultura cristiana; è anche, per l'accanto posto sulla limitazione dello studio, sul ruolo del manuale riassunto, una testimonianza molto curiosa della storia della decadenza, veri testamenti della cultura antica che trasmetteono al medioevo le ultime luci di una civiltà in via di estinzione.

Cosi, osservando tale figura della Chiesa romana dell'inizio del secolo, possiamo evidenziare il punto di vista sulla formazione della cultura cristiana che sta provando e dovrebbe provare nella Chiesa coreana d'oggi.

La fede cristiana non è una filosofia, ma una risposta dell'uomo alla rivelazione di Dio. Vivendo da cristiano fedele, unito a Cristo, si può avere un rapporto di amore con gli altri. Questo rapporto si attua lavorando e collaborando all'opera di servizio, realizzando la carità fraterna perché amare il prossimo è una testimonianza pratica dell'amore di Dio. Per questo la Chiesa coreana partecipa all'opera caritatevole della società in molti settori e collabora attivamente con essa.

Oggi, la Chiesa coreana promuove valori tali che possano diventare un

---

185 Quaestiones evangeliorum, 2, 33, PL XXXV, 1344-1345; Confessiones, 1, 16(25-26), pp.21-22 Lab.

sostegno della società, in cui si ritrovi la vera dignità dell'uomo, e contribuisce all'inculturazione della cultura cattolica.

Per comprendere integralmente e giustamente la cultura tradizionale della Corea bisogna condurre un'indagine sulla struttura sociale e sulla forma della vita tradizionale, avuto riguardo alla mentalità religiosa individuale. Per mettere in rapporto reciproco questi due aspetti dell'indagine bisogna cercare un modo per evangelizzare la cultura coreana.

L'evangelizzazione della vera cultura sta nel partecipare all'opera di Dio, che attua la sua salvezza nella storia, spiegando e correggendo in modo evangelico la storia del popolo come un luogo reale dove vivono i Coreani. Il raggio di luce della promessa escatologica si sforza di analizzare, giustificare e realizzare il passato e il presente del popolo. Quando vi riuscirà, il Vangelo della giustizia, della libertà e della pace, come speranza della fede cristiana, realizzerà e riunirà la storia del popolo e della salvezza.

Inoltre, il culto verso gli antenati, che i Coreani hanno celebrato da molto tempo, è stato riconosciuto come un fondamento della pietà filiale e un dovere dei figli. Allora per cristiani chi è Dio? I cristiani, che sono diventati figli di Dio mediante Cristo, oltre alla "pietà filiale" verso i genitori, hanno lo stesso sentimento verso Dio, Signore dell'universo. L'idea della "pietà filiale", tradizionalmente manifestata con il culto degli antenati, si è sviluppata in generale e non appartiene solo allo Sciamanesimo. Anche l'arte tradizionale si ispira allo Sciamanesimo con i suoi colori. Per questo la ricerca dello Sciamanesimo è stata fatta non dagli studiosi delle religioni, ma dagli studiosi della tradizione, della letteratura, del ballo e della pedagogia. La letteratura e il ballo della Corea hanno la loro origine dalla celebrazione del Cielo nel periodo antico, e la musica è quella del rito dello Sciamanesimo. Perciò, comprendendo e studiando la natura dello Sciamanesimo, si possono conoscere il carattere e la forma dell'arte del popolo tradizionale. Questa è una prova di quanto sia radicato lo Sciamanesimo nella cultura coreana.

Nella formazione della cultura cristiana in Corea, la Chiesa dovrà prendere come esempio lo Sciamanesimo. La "creazione della cultura cristiana" dovrà fondarsi sull' "inculturazione del Vangelo", e allorché tra queste due tendenze si sarà raggiunto un pieno equilibrio, finalmente l'evangelizzazione si compierà. Nel concetto di "cultura" si includono tante forme popolari, come la letteratura, l'arte, la lingua ecc. L'importanza della letteratura e dell'arte, che influiscono sulla vita ecclesiastica, è stata rilevata anche nel Concilio Vaticano II:

"Anche la letteratura e le arti sono di grande importanza per la vita della

> Chiesa. Esse cercano infatti di esprimere la natura propria dell'uomo, i suoi problemi e la sua esperienza nello sforzo di conoscere e perfezionare se stesso e il mondo; cercano di scoprire la sua situazione nella storia e nell'universo, di illustrare le sue miserie e le sue gioie, i suoi bisogni e le sue capacità, e di prospettare una sua migliore condizione. Così possono elevare la vita umana, che esprimono in molteplici forme, secondo i tempi e i luoghi"(*GS* 62).

Dunque, la Chiesa, se si limita alla propria cultura e al proprio linguaggio, non può compiere la sua missione nel mondo moderno. Per questo la creazione della cultura cristiana coincide con l'inculturazione del Vangelo.

La teologia coreana ha un ruolo primario nell'opera d'inculturazione, ispirandosi alla visione conciliare. Prima di tutto dovrà comprendere rettamente la verità del Vangelo, trasmesso attraverso la Chiesa di Cristo, comunità religiosa storica, che è una, santa, cattolica e apostolica. Poi dovrà trasmettere tale verità con un linguaggio che possa essere compreso dai Coreani.

La teologia coreana, servendosi di un linguaggio adatto ai Coreani, alla mentalità religiosa, al modo di pensare, al sentimento, alla struttura del linguaggio e alla forma della letteratura, deve far radicare più profondamente nella terra della Corea la verità del Vangelo. Tale verità dovrà incarnarsi nel "luogo della vita" del popolo coreano e con esso dovrà crescere e fruttificare.

Questa posizione era già stata annunciata anche dalla Chiesa universale.

> "Il Regno, che il Vangelo annunzia, è vissuto da uomini profondamente legati a una cultura, e la costruzione del Regno non può non avvalersi degli elementi della cultura e delle culture umane"(*EN* 20).

Il Vangelo, senza impiantarsi nella terra coreana, non ne avrà il sapore. Se non si conosce tale sapore, non si può condividere la "Parola". Il Vangelo di Cristo, quando conoscerà il sapore della terra della Corea si unirà ad essa e fermenterà in essa, avrà un nuovo sapore. Perché il vino nuovo si mette dunque in otri nuovi (Lc 5,38). Il Vangelo, acqua della vita, deve mettersi nella ciotola della Corea, nell'anima dei Coreani, così come aveva fatto lo Sciamanesimo nella terra della "*Calmo Mattino*"[186] e nel cuore dei Coreani. Va richiamato il principio: "cristiani non si nasce, ma si diventa"...

Concludendo, l'esigenza dell'inculturazione della fede, nell' atteggiamento positivo e aperto che la Chiesa deve avere di fronte alla società

---

186. Anticamente i cinesi avevano definito la Corea "Calmo Mattino". Oggi spesso si trova questa definizione nel titolo del libro che parla della Corea e nella Guida turistica.

secolare e alle altre religioni, e da considersi una logica conseguenza per annunziare il Vangelo nel modo che più adeguato alla tradizione e alla realtà della Corea. La Chiesa cattolica, continuando lo sforzo di comprendere meglio la cultura tradizionale, deve offrire prima di tutto una base su cui possano essere elevati culturalmente i valori morali e i buoni costumi tradizionali.

CONCLUSIONE

Lo Sciamanesimo coreano, costituendo la base religiosa e spirituale della Corea, è riuscito ad ottenere il suo posto definitivo come un contenitore che accoglie le religioni straniere. Ciò significa che ogni coreano porta con sé questo carattere muistico, e pertanto ogni religione straniera, come il Buddismo, il Confucianesimo, il Taoismo e il Cristianesimo, s'è inevitabilmente scontrata con lo Sciamanesimo.

Un'opinione negativa dello Sciamanesimo costituisce un elemento favorevole per le religioni straniere, perché esso è considerato una credenza superstiziosa, irreale, tendente al solo desiderio del *Bok,* avente un fondamento sincretico, incline alla propaganda del canto e del ballo come cultura tradizionale, tanto che i Coreani ne fanno una risorsa turistica. Questa è la realtà dello Sciamanesimo, considerato quindi una vergogna da nascondere.

La Chiesa Cattolica, nello sforzo di ritrovare la cultura tradizionale, riconosce l'importanza dello Sciamanesimo nel processo dell'inculturazione del Cristianesimo.

Tenendo presente che nella mentalità dei Coreani, a qualsiasi religione essi appartengano, sono latenti aspetti e credenze popolari o muistiche, prima di parlare di religione, ogni credenza popolare, incluso lo Sciamanesimo, deve essere compresa dai Coreani di oggi. Sorge quindi il problema di ricostruire la credenza popolare e, in particolare, lo Sciamanesimo come oggetto di un'analisi sistematica, in modo da poterlo comprendere in senso moderno. La missione che il Cristianesimo deve compiere si attua comprendendo e accogliendo la cultura tradizionale della Corea.

Oggi la Corea è chiamata "magazzino delle religioni". Ciò perché, oltre alle numerose religioni straniere che vi entrano continuamente, ve sono tante altre che nascono e spariscono nella terra stessa. La causa di questo fatto non dipende soltanto dalla posizione geografica o dalla storia del paese, ma anche dalla base psicologica che accetta facilmente qualunque religione. Possiamo affermare che lo Sciamanesimo ha preparato tale base; la quale, in particolare, si presta per comprendere il Dio del Cristianesimo, il mondo dell'aldilà e anche per cercare la salvezza.

Quindi, per intraprendere una vera evangelizzazione in Corea è necessario conoscere a fondo lo Sciamanesimo.

1. Concetti principali della ricerca
1-1. Il *Mu-sok*

Lo Sciamanesimo ha conservato, malgrado le difficoltà, la sua natura grazie ai *Min-jung* Coreani, dai quali è stato constituito il prezioso patrimonio culturale religioso detto *Mu-sok,* altro nome dello Sciamanesimo. Il *Mu-sok* manifesta una cultura formatasi sullo Sciamanesimo e perciò non si può escludere la sua religiosità.

La cultura di un paese non si forma da un solo ceto. Considerando che il patrimonio culturale tipico di un paese contiene il pensiero e il sentimento della maggior parte del popolo, lo Sciamanesimo ne è la più schietta espressione. Infatti, condividendo la vita, la morte, il dolore e la gioia con la maggior parte dei Coreani, cioè con il *Min-jung,* lo Sciamanesimo è riuscito, oltre che a conservare la sua vita stessa, anche a formare quella cultura coreana, che oggi si considera tradizionale.

Nella situazione di rapido cambiamento verificato alla fine del secondo millennio, a mano a mano che lo Sciamanesimo sparisce e tante altre religioni, che una volta avevano il potere politico, perdono la loro efficienza, lo Sciamanesimo, malgrado le persecuzioni, ha preso il loro posto nel cuore di tutti i Coreani, perché è sempre stato accanto al *Min-jung*.

Recentemente si è notato che un libro, scritto o da un pastore protestante, o da un sacerdote cattolico o da una suora è preso per un *best sellers* soltanto tra i loro fedeli; scritto invece da uno Sciamano, si diffonde in tutta la Corea. Questo dimostra che, nella società coreana, lo Sciamanesimo è la religione di tutti, perché lo Sciamano appartiene a tutti.

Dunque, nel trasmettere il Vangelo cristiano in Corea, il *Mu-sok* o lo Sciamanesimo sarà un buon mezzo per l'inculturazione.

1-2. Teologia del *Min-jung*

Malgrado il preconcetto che guarda allo Sciamanesimo come ad "un fenomeno religioso dell'antichità", e nonostante l'opinione diffusa, per la quale esso deve essere eliminato dal mondo moderno in quanto mera superstizione, lo Sciamanesimo manifestata la sua attrattiva specialmente sulle persone preda della disperazione, al punto che esse cercano lo Sciamano, sebbene, migliorata la loro condizione, le stesse sostengano di non professare alcuna religione (無-*Mu*).

Nella continua tempesta di questo maltrattamento, sottovalutazione, tradimento, lo Sciamanesimo, cioè la vita vissuta dallo Sciamano, è diventato una forza che comprende e consola il *Min-jung,* che vive la stessa situazione.

La teologia del *Min-jung* non è stata sviluppata assolutamente dallo

Sciamanesimo. Ma lo Sciamano, come membro del *Min-jung*, nei periodi difficili, rimane sempre con *Min-jung* e con *Min-jung* vive nel dolore e nella gioia. Per lo Sciamano l'amico e il padrone sono le persone in difficoltà e il *Min-jung* oppresso e sfruttato. Anche per il *Min-jung* il conforto e la compagnia derivano dallo Sciamano. Quando la politica e la filosofia non potevano proporre una soluzione alla vita faticosa del *Min-jung*, lo Sciamanesimo ne aveva condiviso quella vita. Questo aspetto dello Sciamanesimo ha proposto la teologia del *Min-jung* in una visione che si avvicina molto a quella cristiana.

2. Novità della ricerca

Un fatto è stato verificato da questa ricerca: Dio è esistito sempre nel cuore dei Coreani fin dalla nascita del paese, indipendentemente da qualsiasi religione.

È necessario rilevare che questo Dio è insito sia in ogni coreano sia nella cultura del popolo per riuscire a comprendere come si deve oggi accettare e vivere con quel Dio. Perché a questo è legato intimamente il processo di inculturazione che la Chiesa coreana sta affrontando.

2-1. Dio sta con il coreano

Il Dio confessato e tenuto dai Coreani che non conoscevano Cristo, è lo stesso Dio oggi annunciato dalla Chiesa cattolica: il Coreano ha confessato sempre il Dio che ha mandato suo Figlio per il bene dell'uomo (*Hong-Ik-In-Kan*), il Dio che insegna a temere il cielo e ad amare l'uomo (*Kyung-Chun-Ae-In*) e il Dio che illumina il mondo con la ragione, cioè con la giustizia (*Kwang-myung-ei-sae*), che è l'oggetto della loro fede.

Anche se l'esistenza di Dio è stata spesso riconosciuta o messa in discussione secondo la religiosità dello Sciamanesimo, per il popolo coreano Egli è stato sempre oggetto della ricerca e della nostalgia nelle difficoltà della vita. Non è stato pertanto troppo difficile, per i precursori della fede cristiana in Corea, ritrovare quel Dio.

2-2. Dio sta nella cultura coreana

Il *Mu-sok* è una cultura tradizionale coreana derivata dallo Sciamanesimo. La letteratura e l'arte che si trovano in esso, la parola e il ritmo che sta nel canto del *Mu* (巫), il canto stesso, il ballo, l'atto drammatico del *Kut*, sono propri della cultura coreana, e il linguaggio del corpo dell'uomo - Sciamano, *Ki-joo*, partecipanti - che vuole esprimersi in base a tale cultura è un colloquio dell'uomo con Dio.

Ciò significa che Dio sta al centro della loro cultura; che l'atto concreto che il Coreano vuole esprimere diventa un luogo dove incontrare Dio e che la sua azione è un atto culturale verso Dio: si può dire perciò che Dio è sempre stato nel cuore dei Coreani come base della loro cultura in quanto esprime concretamente da loro vita.

2-3. Identità del coreano-cristiano

I cristiani della Corea, prima di essere cristiani, sono Coreani, ciò perché la maggior parte dei cristiani ha scelto la fede da adulti, secondo il dettame della propria coscienza: non sono nati cristiani.

Perciò si deve riconoscere prima di tutto l'identità dei Coreani e non quella dei cristiani, perché da sempre esisteva Dio che i Coreani confessano, perché da sempre esisteva il carattere popolare con peculiarità muistiche e l'atteggiamento positivo e flessibile verso le altre religioni.

Quindi, un Coreano che riconosce la sua giusta identità potrà diventare buon cristiano grazie alla sua mentalità religiosa. Pertanto, proclamando adeguatamente in armonia con la cultura locale l'annuncio di Dio, la Chiesa cattolica per i Coreani potrà accorciare il tempo di evangelizzazione, di inculturazione e di instaurazione della cultura cristiana.

3. Prospettiva della ricerca

In questa ricerca ho rilevato l'importanza della cultura locale, ribadendo il punto che i nati in terra di Corea non nascono cristiani, ma Coreani. Ho esaminato accuratamente lo Sciamanesimo e la sua cultura che è alla base della cultura coreana, poiché convive con i Coreani e ne domina la mentalità.

Ora, alla soglia del nuovo millennio, desidererei che questo mio lavoro diventasse un'occasione per portare a conoscenza della Chiesa cattolico-romana la Chiesa coreana, e per sollecitare la Chiesa coreana – alla quale appartiene soltanto il 9% dei fedeli coreani – che si prenda cura di trovare una via per raggiungere il rimanente 91%.

3-1. La Chiesa del Coreano

Qui, descrivendo un aspetto positivo della Chiesa cattolica, che è segno e strumento dell'unificazione profonda con Dio e con l'umanità, vorrei capire quanto essa agisca come "Chiesa per i Coreani".

Innanzitutto, la Chiesa, comunità religiosa, deve diventare il luogo dove si incontra l'uomo reale con il Dio assoluto. Nello Sciamanesimo non esiste il concetto di luogo particolare o di orario, ché la realtà della vita del *Minjung* è il luogo dello Sciamanesimo dove la vita di *Han* (negativo) si trasforma in vita *Sin-myung* (positivo). Quindi, nel trasmettere il Vangelo, come ordinato da Cristo, la Chiesa coreana deve diventare il luogo dove si incontrano nella cultura propria i cristiani coreani con Cristo e dove si sviluppa una comunità attiva per la vita di *Sin-myung*.

Secondo, i riti comuni della Chiesa devono avere come oggetto il popolo di Dio. Infatti, nella comunità di Gesù il *Min-jung* è oggetto della salvezza così come il *Tan-gol* lo è nello Sciamanesimo. Quindi la Chiesa, con un atteggiamento universale, deve manifestare la volontà della salvezza e la gloria di Dio mediante il rito. A questo proposito occorre che la Chiesa si rivesta di umiltà.

Terzo, nella comunità ecclesiale deve affermarsi la libertà del *Min-jung*, il popolo di Dio. Quando si risveglia la solidarietà e la coscienza sociale mediante il rito ecclesiale, si potrà testimoniare in modo più convincente della salvezza del *Min-jung*, povero ed escluso. Infatti il dialogo tra Sciamano e *Tan-gol*, che si svolge nel *Kut*, ha come oggetto la vita concreta del *Min-jung*.

3-2. Riconoscimento della cultura tradizionale nel processo di evangelizzazione

Nell'annuncio del Vangelo il riconoscimento della cultura tradizionale della Corea è necessario, perché ignorarla vuol dire che la fede cristiana occidentale viene imposta al coreano senza che egli la comprenda : questo non è un buon modo di inculturazione. Come ho accennato precedentemente, Dio è venuto tra noi per salvarci, non siamo andati noi da Lui. In Corea per annunciare il Cristo si devono conoscere i Coreani e vivere in mezzo a loro; ma, per conoscerli veramente si devono conoscere le radici della loro vita. Da qui scaturisce una proposta per l'evangelizzazione che riconosca il valore della cultura tradizionale.

Per esempio, il rito e i temi della Chiesa devono tener conto delle esigenze della vita concreta del *Min-jung*. In questo senso, la ricchezza dei riti dello Sciamanesimo è si presente per molti aspetti nell'inculturazione della liturgia cristiana, ma occorre, se possibile, accettare altri elementi tradizionali della cultura del *Min-jung*. Questo significa che la liturgia deve, per quanto possibile, adeguarsi al sentimento coreano.

Infatti, quando l'evangelizzazione è accompagnata dal riconoscimento della cultura tradizionale la fede fiorisce.

3-3. Indirizzo dell'inculturazione per la creazione di una cultura cristiana

Il *Mu-sok*, la cultura dello Sciamanesimo, ha preso ormai un posto sicuro come cultura tradizionale nella società coreana e come tale ha consolidato la sua posizione; anche se non è stato accolto come religione, domina il coreano a livello di cultura tradizionale da una posizione che non può essere uguagliata da nessun'altra religione.

Lo spirito della Chiesa Universale in Corea è presente da quasi duecento anni; iniziandosi il terzo millennio, penso che sia arrivato il momento dell'incontro tra Cristo e la cultura coreana. In questo senso il cammino dello Sciamanesimo può essere una traccia per lo sviluppo della Chiesa Cattolica in Corea.

Ora, agli sforzi perché il seme del Vangelo cada nel cuore del 91% dei Coreani che ancora non conoscono il Cristo, deve accompagnarsi il processo d'inculturazione in modo che quel seme si radichi nella terra di Corea. Inoltre non si deve mai dimenticare che il processo d'inculturazione, tentato dalla Chiesa coreana in vari modi, deve favorire la formazione della cultura cristiana in Corea.

NOTA BIBLIOGRAFICA

AA.VV., *Constitutiones Decreta Declarationes Concilii Oecumenici Vaticani Secundi I-VI*, St. Paul Editions, Tokyo, 1968-1969.

------, *La mentalità tradizionale coreana e il Cattolicesimo*, ed. Tam-ku-dang, Seoul, 1995.

------, *La credenza Mu-sok*, Istituto dello studio per il costume popolare, ed. Kyo-mun-sa, Seoul, 1989.

------, *Pensiero della Corea*, Enciclopedia Cultura Coreana I-X, ed. Si-sa-young-ea-sa, Seoul, 1982.

------, *La mentalità religiosa tradizionale della Corea, Enciclopedia sulla mentalità coreana*, vol. I-IV, ed. Sam-sung, Seoul, 1983.

------, *Serie di inculturazione I-VII*, Seoul, CCK, 1995.

------, *Lo studio della teologia della religione I-VII*. ed. S. Benedetto, L'istituto della ricerca teologica della religione presso l'Università Seo-kang, Seoul, 1989.

------, *Mentalità del Cristianesimo in Corea I-VII*, Istituto per la mentalità del cristianesimo in Corea, Seoul, 1993.

------, *La fede Musok*, a cura dell'istituto di studi tradizionali, Enciclopedia degli studi tradizionali coreani, vol. I-III, ed. Gip-mung-dang, Seoul, 1989.

AN BYEONG-MU, *La storia della teologia del Min-jung*, Istituto Teologia della Corea, Seoul, 1990.

CASANOWICZ I. M., *Shamanism of the Natives of Siberia*, Annual Report of the Smithsonian Institution, Washington D. C., 1924.

CHO HONG-YUN, *Il Mu e la cultura etnica*, ed. Min-chok-mun-hwa-sa, Seoul, 1990.

CHOI DONG-HEE, *Reazione dello studio realistico di Cho-seon sulla scienza occidentale*, Istituto della cultura etica presso l'Università Ko-ryo, Seoul, 1995.

CHOI JUN-SHIK, *Storia della religione della Corea*, ed. Han-ul, Seoul, 1995.

CHOI KIL-SUNG, *Il mondo del Mu-sok*, Jung-eum-sa, Seoul, 1987.

CHOI NAM-SUN, *Domanda e risposta della conoscenza di Cho-seon*, Seoul, 1947.

CHON HAE-CHONG, *Research of relational history between Korea and China*, ed. Il Cho-gak, Seoul, 1970.

CHUN EU-DU, *La ricerca della struttura del Han*, ed. Mun-hak & Chi-seong-sa, Seoul, 1993.

CHUNG YAK-JONG, Le principali Dottrine della Chiesa, *I martiri e testimoni*, Istituto per la ricerca della storia della Chiesa Cattolica in Corea,

Seoul, 1982.
CLARK C. A., *Religion of Old Korea*, The Christian Literatrue Society of Korea, Seoul, 1929 (Reprinted 1961).
CROS L.J.M.,S.I., *S. François de Xavier, sa vie et ses lettres*, Privat, Toulouse, 1900.
DALLET Ch., *Histoire de l'eglise de Corée*, voll. I, II, III, Paris, Librairie Victor Palm Editeur, 1874, in trad. by Korean An Oel-ryl e Choi Suk-uoo, *La storia della Chiesa coreana*, voll. I, II, III, Istituto per la ricerca della storia della Chiesa in Corea, Seoul, 1990.
DHIN DUC DAO J., *Preghiera Rinnovata per una nuova era missionaria in Asia, Inculturazione*, Ed. Pontificia Università Gregoriana, Roma, 1994.
Documento del Re Soon-cho, n. 3, Dicembre del Primo anno di Regno di Soon-cho.
ELIADE M., *Le chamanisme et les Techniques archaïques de l'extase*, Payot, Parigi, 1951.
--------, *Shamanism*, Bollinger Foundation, New York, 1964.
ESQUERDA BIFET J., *Pastorale per una Chiesa Missionaria*, Pontificia Universitas Urbaniana 52, Roma, 1991.
FINDEISEN. H., *Schamanentum*, Kohlhammer, Stuttgart, 1957.
FRIEDLI R., *Mission oder Demission*, Universitatsverlag Freiburg, Schweiz, 1982.
FUCHS O., *Kontextueller Bibelbezug in Tradition und Pastoral*, in Bibel und Liturgie 69 (1996).
GALOT J., *Chi sei tu, o Cristo?*, Nuova collana di Teologia Cattolica 11, Libreria Editrice Fiorentina, Firenze, Settembre 1979.
GHIRARDI O., *Chiesa e Cultura, Nuove prospettive di Antropologia della Missione*, ed. Missionaria Italiana, Bologna, 1991.
GIGLIONI P., *Teologia pastorale missionaria*, Libreria edizione vaticana, 1996.
HAAG H., *Baal*, in H. Haag (Hrsg.), Bibel Lexikon, Einsiedeln, 1968.
HULBERT H. B., *The Passing of Korea*, New York (Double day) 1906 (Reprinted by Yeon-se Univ. Press, Seoul, 1969).
HWANG LU-SI, *Il Kut e Mu-dang dei Coreani*, ed. Mun-um-sa, Seoul, 1988.
HYUN YONG-JUN, *La mitologia del Musok e i dati storici*, ed. Ghip-mung-dang, Seoul, 1992.
JEONG JIN-HONG, *L'introduzione della cultura religiosa della Corea*, ed. Gip-mun-dang, Seoul, 1986.
KIM IN-HEO, *Lo studio della mentalità del Musok coreano*, ed. Ghip-mun-dang, Seoul, 1993.

KIM JI-HA, *Bap*, Benedict Press, Waegwan, 1984.
KIM JIN, *Comprensione di cultura religiosa*, ed. Università Ulsan, Ulsan, 1998.
KIM OK-HEE, *Il pensiero occidentale di Yi Byok,* ed. Cattolica, Seoul, 1979.
KIM SUNG-HAE, KIM SEONG-RYE, *Christianism and Shamanism*, Pauline, Seoul, 1998.
KIM TAE-KON, *La ricerca del Musok coreano*, Enciclopedia del Musok coreano I-VI, ed. Ghip-mun-dang, Seoul, 1995.
--------, *Raccolta dei canti del Mu(巫) coreano*, Enciclopedia del Musok coreano I-IV, ed. Ghip-mun-dang, Seoul, 1992.
Korean Catholic encyclopedia, Published by The Research Institute for Korean Church History, Seoul, Korea, 1985.
Kum jang-tae, *L'incontro tra Est ed Ovest e la mentalità coreana nel mondo moderno*, Seoul, 1993.
KYST D. S.I., *Il dramma del Musok e dell'irrazionalità, studio comparativo del dramma in forma originale*, ed. Università di Seo-kang, Seoul, 1986.
--------, *Korean Shamanist Ritual, Symbols and Dramas of Transformation*, Akadémiai Kiadó, Budapest, 1997.
LEE CHU-BONG, *Il ritrovamento del coreano*, ed. Mun-i-sa, Seoul, 1977.
LEE DON-HWA, *Storia della nascita del Cheondoismo (Dong-hak)*, ed. Kyung-in-mun-hwa-sa, Seoul, 1970.
LEE E-RYEONG, *Han(恨) e Won(怨, rancore), il cuore dei Coreani*, ed. Hak-Seong-sa, Tokyo, 1985.
LEE HUN-KU, *La religione tradizionale della Corea e la protestante coreana*, ed. Gloria, Seoul, 1991.
LEE NYUNG-HWA, *La storia del Musok coreano*, ed. Istituto della Cultura e della Antropologia Coreana, Seoul, 1968.
LEE SEONG-BAE, *Confucianesimo e Cristianesimo – Principio della teoria teologica coreana di Yi Beok*, ed. S. Benedetto, Waegwan, 1979.
LOKUANG S., *La sapienza dei cinesi, il Confucianesimo*, Officium Libri Catholici, Roma, 1957.
LUZBETAK L. J., *The Church and Cultures, New perspectives in Missiological Anthropology*, Orbis Books, Maryknoll, 1988
NEUNER J. & DUPUIS J. (ed.), *The christian faith* in the Doctrinal Documents of the Catholic Church. Revised edition, London (Collins) 1983.
NIORADZE G., *Der Schamanismus bei den Siberischen Völkern*, Strecker U. Schröder, 1925.
PANIKKAR R., *Il dialogo intrareligioso*, Cittadella Editrice, Assisi, 1988.

PARK IL-YOUNG, *Comprensione del Mukyo coreano*, Serie dello studio delle religioni vol. IX, ed. S. Benedetto, Wae-gwan, 1999.

RAHNER K., *Ateismo e Cristianesimo implicito*, in AA.VV, L'ateismo contemporaneo, a cura della facoltà filosofia della Pontificia Università Salesiana di Roma, vol. IV, Il Cristianesimo di fronte all'ateismo, Società Editrice Internazionale, Torino, 1969, p.93.

RAMSTEDT G. J., *Studies in Korean Etymology*, Helsinki, 1949.

RENDTORFF R., *El, Baal und Jahwe*, in Zeitschrift fur die Alttestamentliche Wissenschaft 78(1966).

RICCI M., *Vera dottrina di Dio*, trad. in coreano Lee Su-ung, ed. S. Benedetto, serie di Teologia n.23, Seoul, 1984.

RYU TONG-SHIK, *Cristianesimo e storia della Corea*, ed. Università Yeon Se, Seoul, 1997.

--------, *La storia e la struttura del Mukyo in Corea*, edizione Università Yeon-se, Seoul, 1985.

--------, *Religione popolare e la cultura coreana*, Hyun-dae-sa.sang.sa, Seoul, 1978.

--------, *The Christian faith encounters the religions of Korea*, ed. The Christian Literature Society of Korea, Seoul, 1993.

SANTANGELO PAOLO, *La vita e l'opera di Yu SuWon*, pensatore coreano del XVIII sec., Istituto Universitario Orientale, Seminario di Studi Asiatici, Napoli, 1981.

SCHMIDT W., *Der Ursprung der Gottesidee* (12 Bde), Aschendorff, Münster, 1935.

SCHÜTTE J. FRANZ, S. J., *Valignano's mission principles for Japan*, vol. I., 1980.

SEO NAM-DONG, *Studio della teologia del Min-jung*, ed. Han-kil-sa, Seoul, 1983.

SHIM SANG-TAE, *Cristiano anonimo, Studio critico della teoria di Karl Rahner,* Serie teologie I-VIII, ed. S. Paolo, Seoul, 1989.

SONG CHOAN-SENG, *Theology from the Womb of Asia*, Orbis Books, Maryknoll, NY, 1986.

-------, Third-eye Theology, Theology in formation in Asian settings, tradotto in coreano da Sung Yeom, Benedict Press, Waegwan, Korea, 1982.

SUH DAVID KWANG-SUN, *Liberating Spirituality in the Korean Min-jung Tradition*, Asian Christian Spirituality, Orbis books, New York, 1992.

WEBER M., *The religion of China: Confusianism and Taoism*, trad. da Gerth Hans H., New York, The Free Press, 1968.

YUN Kyung-soo, *La mitologia coreana e il simbolo originale della*

letteratura antica coreana, ed. Tae-hak-sa, Seoul, 1997.
YUN TAE-RIM, *Il Coreano*, ed. Hyun-am-sa, Seoul, 1970.

STAMPA: Febbraio 2005

presso la tipografia
"Giovanni Olivieri" di E. Montefoschi
ROMA • tip.olivieri@libero.it